Rupert Lay

Nachkirchliches Christentum

Rupert Lay

Nachkirchliches Christentum

Der lebende Jesus
und die sterbende Kirche

ECON

Vom selben Autor sind bei ECON erschienen und lieferbar:

Philosophie für Manager (1988)
Ethik für Manager (1989)
Kommunikation für Manager (1989)
Die Macht der Moral (1990)
Wie man sinnvoll miteinander umgeht (1992)
Die Macht der Unmoral (1993)
Wie man sich Feinde schafft (1994)

Die Deutsche Bibliothek – CIP-Einheitsaufnahme

Lay, Rupert: Nachkirchliches Christentum: Der lebende Jesus und die sterbende Kirche / Rupert Lay. 3. Aufl. – Düsseldorf: ECON, 1996
ISBN 3-430-15939-3.

3. Auflage 1996

Lektorat: Wolfgang Drescher. Gesetzt aus der Century und Frutiger, Linotype. Satz: Lichtsatz Heinrich Fanslau, Düsseldorf. Papier: Papierfabrik Schleipen GmbH, Bad Dürkheim. Druck und Bindearbeiten: Ebner Ulm. Printed in Germany. ISBN 3-430-15939-3.

Inhalt

Wenn aber der Menschensohn kommt –
wird er dann auf der Erde noch Glauben antreffen?
(Luk 18.8)

Vorwort

Dieses Buch ist das Ergebnis vieljähriger Erfahrungen im Zusammenleben mit Menschen, die zwar dem Leben und der Lehre Jesu nachfolgen wollen, nicht aber dem Leben und Lehren der Kirchen, die sich christlich nennen. Es sind in ihrer Mehrzahl Menschen, welche die Kirchen verlassen haben, weil sie religiös aus ihnen herausgewachsen sind. Sie wollen Christ sein (das meint dem Leben und der Lehre Jesu folgen) und fühlen sich in diesem Mühen durch die Institution Kirche eher behindert denn unterstützt.

Es ist töricht anzunehmen, daß es nur zwei Gründe gäbe, die Kirchen zu verlassen: die Kirchensteuer und die Vollstrekkung der lange zuvor vollzogenen inneren Kündigung. Es gibt einen dritten. Und der sollte die Kirchen sehr viel gründlicher nachdenken lassen: die Entchristlichung des kirchlich-etablierten Christentums in Europa.

Dieses Buch handelt also nur über die europäischen Kirchen. Es mag sehr wohl sein, daß in Indien oder Südamerika das Christentum im inneren Sinne noch kirchlich ist. (Ein Beispiel für ein im äußeren Sinne kirchliches Christentum begegnet uns etwa in Italien, einem Land, in dem das Christentum zwar noch äußerlich an Kirche gebunden ist, aber nicht mehr religiös und moralisch.)

Dieses Buch will also nicht Kirchen überhaupt kritisieren.

Seine Kritik gilt nur deren europäischen Erscheinungsformen. Es ist auch nicht in erster Linie die Kritik des Autors an den europäischen Kirchen, die hier zur Sprache kommt, sondern die jener Menschen, die außerhalb und jenseits der Kirchen ein christliches Leben zu führen versuchen. Der Autor nimmt diese Kritik ernst und stellt sie möglichst unverstellt vor. Er selbst ist überzeugtes Mitglied der römischen Kirche. Er erkennt zwar, daß Kirchen oft den Gefahren, die alle Institutionen bedrohen, nämlich an Menschlichkeit zu versagen, ausgesetzt sind. Zugleich aber erfährt er sie als seine emotionale und soziale Heimat, die man nicht verläßt, nur weil manches im argen liegt.

»Christentum« bezeichnet unbestritten das ernsthafte Bemühen, sein Leben an der Lehre und dem Leben Jesu (seiner Botschaft also) zu orientieren. Die Kirche machte aber aus Christentum einen ausgedehnten Katalog von Glaubensbekenntnissen und Dogmen, von Inhalten also, die zu glauben sind. Und die Kirchen machten sich zu Agenten dieser Dogmen. Sie verkündeten sie. Sie bestraften Abweichler. Wenn ich die vielen hundert Dogmen der katholischen Kirche auf ihre Wirksamkeit auf mein persönliches Christsein befrage, bleiben davon höchstens ein halbes Dutzend zu nennen – und die sind meist nicht etwa von der Kirche definiert, sondern von Jesus gelehrt.

So ist etwa das strenge Verbot des moralischen Verurteilens ein von Jesus gelehrtes Dogma – doch die Kirche hielt es für so nebensächlich und unerheblich, daß es in keiner ihrer Lehraussagen auch nur erwähnt wird. Im Gegenteil: Kirchen tun sich allemal leicht im moralischen Verurteilen. Wie rechtfertigen sie eigentlich ihren An-

spruch, Kirche des Jesus von Nazaret zu sein? Wie legitimieren sie ihre Existenzberechtigung, die sie darin sehen, das *»depositum fidei«* (den »Glaubensschatz«) zu verwalten? Doch nicht das Glauben macht den Menschen zum Christen, sondern die Nachfolge Christi. Das Lukasevangelium schreibt: »Glücklich sind jene, die das Wort Gottes hören und es befolgen« (11, 28). Der Glaube kommt nicht vom Hören, sondern vom Handeln, wennschon das religiös-orientierte Handeln das religiös-orientierte Hören voraussetzt.
Menschen, die dieses nachkirchliche Christentum leben, gilt es heute religiöse Geborgenheit zu geben – eine Geborgenheit, die sie – zu Recht oder Unrecht – nicht mehr in den Kirchen finden. Das böse Wort: »Jesus ja! Kirche nein!« droht zu einem schlagenden Wort um die Wende ins neue Jahrtausend zu werden. *Hanns Dieter Hüsch*[1] hat diesen Sachverhalt so formuliert:

»Als die Nachricht um die Erde lief, Gott sei aus der Kirche ausgetreten,
Wollten viele das nicht glauben. Lügenpropaganda und Legende, sagten sie,
Bis die Oberen und Mächtigen der Kirche sich erklärten
Und in einem sogenannten Hirtenbrief Folgendes erzählten:
›Wir, die Kirche, haben Gott, dem Herrn, in aller Freundschaft nahegelegt,
Doch das Weite aufzusuchen, aus der Kirche auszutreten

1 Hanns Dieter Hüsch über Gott und die Welt und die Kleinkunst, CD Intercord (INT 880.071) 1991.

Und gleich alles mitzunehmen, was die Kirche immer schon gestört:
Seine Leichtigkeit, und vor allem Liebe, Hoffnung und Geduld.
Seine alte Krankheit, alle Menschen gleich zu lieben.
Seine gottverdammte Art und Weise, alles zu verzeihen und zu helfen,
Sogar denen, die ihn stets verspottet. Großzügig bis zur Selbstaufgabe...
Darum haben wir die Kirche ihn und seine große Güte unter Hausarrest gestellt.
Möglichst weit entlegen, daß er keinen Unsinn macht
Und fast kaum zu finden ist.‹
Viele Menschen, als sie davon hörten, sagten, ist doch gar nicht möglich:
Kirche ohne Gott. Gott ist doch die Kirche, Gott ist doch die Liebe.
Und die Kirche ist die Macht – und es heißt die Macht der Liebe.
Andere sprachen: Auch nicht schlecht. Kirche ohne Gott, warum nicht?
Kirche ohne Gott ist doch gar nichts Neues. Gott kann sowieso nichts machen...
Doch den größten Teil der Menschen sah man hin und her
Durch alle Kontinente ziehn. Und die Menschen sagten: Gott sei Dank.
Endlich ist ER frei. Kommt, wir suchen ihn!«

Seit fast zwei Jahrzehnten versuche ich diese Menschen zu erreichen, die Christen sind, nicht weil sie einer Kirche angehören oder bestimmte Sätze (»Dogmen«) für wahr oder falsch halten, sondern weil sie im Leben und der Lehre des Nazareners eine Botschaft entdecken, die es ihnen erlaubt, für sich und andere menschlicher zu leben. Ich lehre sie beten, spende ihnen die Sakramente des von Jesus ausgerufenen Gottesreichs: die Taufe und die Eucharistie (das Abendmahl). Ich segne ihre Partnerschaften und spreche ihnen im Namen Jesu die Vergebung ihrer Sünden zu.[2] Und in diesem Mühen bin ich ziemlich allein, obschon von seinem Gelingen, das viele in den Kirchen für überflüssig halten, die Zukunft des Christentums abhängt. Auf diesen Erfahrungen gründet mein Buch.

Christentum ist für die meisten Europäer eine Angelegenheit, die eher in Museen besichtigt werden sollte denn konkrete Lebenspraxis bestimmt. Es ist eine Sache eines esoterischen Gettos geworden, das nur da seinen Ort findet, an dem es sich – esoterisch – aller rationalen Zugänge verwei-

---

2 In der Weiheliturgie der römischen Kirche spricht der weihende Bischof dem gerade geweihten Priester ein Wort zu, das der Hebräerbrief (5, 6) auf Jesus bezieht: »Du bist Priester auf ewig nach der Ordnung des Melchisedech.« Melchisedech ist der vorisraelitische (kanaanitische) Priesterkönig von Jerusalem. Das erste Buch des Moses berichtet von ihm: »Er war Priester des höchsten Gottes« (Gen 14, 18). Der höchste Gott war El'Eljon, ein zusammengesetzter Name, von dem beide Elemente eine Gottheit des phönizischen Pantheons bezeugten und hier dem Gott Abrahams gleichgesetzt wird. Die Kirchenlehrer sehen in ihm den ersten Priester des von Jesus verkündeten Gottesreiches. Das 2. Vatikanum versuchte, das Priestertum auf Kirche zurückzubinden, wennschon es im Kontext der Jesusbotschaft unstreitig auf das Gottesreich zu beziehen ist. Es gibt zweifelsfrei Menschen, die dem Gottesreich zugehören, nicht aber der Kirche. Zu ihnen spricht die Jesusbotschaft. Ihre Priester sind die Priester Jesu.

gert.[3] Dabei ist der Grundsatz des Christentums ebenso einfach wie leicht verständlich: Liebe ist nicht das Problem, sondern ist seine Lösung.[4]

Wir werden im Folgenden jedoch bedenken müssen, was »Liebe« meint. Dem Christentum geht es heute ähnlich wie der Philosophie: Beide sind in der Lage, eine Welt voller Rätsel und voller frappierender Lösungen vorzustellen.[5] Viel-

---

3 Ein nettes Beispiel dieser irrationalen Esoterik gibt eine von dem berühmten Biologen Richard Dawkins in einem Leserbrief an den »Spectator« 1994 vorgestellten Beschreibung des Glaubens des katholischen Historikers und Kolumnisten Paul Johnson: Neben anderen »bizarren« Dogmen glaube Johnson, »daß Gott seinen Sohn (der in einem verwirrten obskurantischen Sinn wiederum er selber war) für ein Verbrechen hinrichtete, das Adam begangen hatte und für das die gesamte Menschheit, trotz des felsenfesten Alibis, nach der Tat geboren zu sein, sonst die Prügel hätte einstecken müssen«. Heute aber akzeptiere selbst die Kirche die Evolutionslehre. Somit habe die Kreuzigung ein Verbrechen gesühnt, das anerkanntermaßen niemals begangen wurde. »Wir kennen seine (Johnsons) Gedanken schon, weil sie für ihn von einem alten Polen formuliert werden. Dieser Mann ist offensichtlich weniger gebildet als Paul Johnson und hat keine Qualifikationen außer der Wahl durch eine Gruppe anderer älterer Männer, meist Italiener.« (Vgl. dazu Patrik Bahners, Die tollkühnen Bischöfe in ihren fliegenden Kirchen, in: FAZ vom 3. 3. 1994, S. 33.)

4 Man kann selbstredend das »Wesen des Christentums« auch sehr viel komplizierter, wenn auch kaum erhellender darstellen, etwa, daß man daran glaube, daß Gott dreipersonal Vater, Sohn und Geist sei, daß der Sohn davon Mensch geworden sei, um uns von einigen Folgen der Erbsünde zu erlösen, daß er deshalb leiden und sterben mußte ... Eine ähnliche Vorstellung brachte anläßlich einer interreligiösen Tagung der christliche Vertreter zur Sprache. Der des Islam bestimmte einfacher in einem kurzen Satz: Im Islam glaubt ein Mensch, daß Gott der Allbarmherzige sei und daß deshalb Menschen miteinander barmherzig umgehen müßten. Ich fand damals diese Differenz erhellend.

5 Vgl. dazu das lesenswerte Buch von Jostein Gaarder, Sophies Welt. Roman über die Geschichte der Philosophie. München (Carl Hanser),

leicht hat eine christliche Theologie heute sich selbst in zahllosen immanenten Widersprüchen aufgehoben, und vor den Toren des Zukünftig wartet ein eher philosophisches und – wenn schon Reflexion sein muß – mit den Methoden profaner Wissenschaften reflektiertes Christentum auf uns.

Die Basisfrage jeder Philosophie lautet: »Woher weißt du das?« Und genau das ist die Frage, die reflektierende Menschen auf der Suche nach einer hilfreichen Religiosität heute stellen. Die theologischen Traktate über das Christentum verweigern sich in aller Regel dieser Frage oder aber beantworten sie auf eine esoterisch-unglaubwürdige Weise, wenn sie sich auf ein spezielles, diesem und nicht jenem Theologen teilhaft gewordenes Glaubenswissen zurückziehen. Wenn ich gelegentlich einer theologischen Vorlesung oder einer theologisch-eingefärbten Predigt lausche, wundere ich mich außerordentlich über die moralische Kühnheit: Mit Sicherheit kann der Redner auf diese Frage nach dem Woher seines Wissens kaum etwas anderes bemühen als seine eigenen, sehr persönlichen (und deshalb kaum allgemein-verbindlichen) Einsichten – oder (schlimmer gar) die eines anderen Theologen.

Dieses Buch möchte deshalb Christentum (verstanden als die Botschaft, die aus Jesus Leben und Lehre auf uns zukam) eher philosophisch, wenngleich ohne jeden Wissenschaftsanspruch, reflektieren. Gute Philosophie gibt keine Antworten, sondern stellt Fragen, für die jeder Mensch auf Grund seiner Erfahrungen, seiner Erwartungen, Interessen und

---

1994. »Wenn wir nicht wissen, wohin wir gehen, kann es sinnvoll sein zu wissen, woher wir kommen«, läßt Gaarder Sophies Weltschöpfer sagen. Und das ist auch einer der weisen Sätze des Christentums.

Werteinstellungen seine eigenen Antworten finden muß. Ich kenne also keine christlichen Antworten – aber eine Menge christlicher Fragen – und eine Menge möglicher Antworten, zwischen denen Christlichkeit sich ereignet. Es gibt keinen sicheren Weg zum Christentum – aber eine Menge von Sackgassen. Und Wegweiser in solche Sackgassen sind Patentantworten auf religiöse Fragen. Wir haben drei Möglichkeiten, wenn uns religiöse Fragen begegnen, zu denen uns Antworten fehlen:

① Wir können uns selbst belügen und so tun, als wüßten wir eine ewig-allzeit und für alle Menschen gültige Antwort.

② Wir können vor der Unbeantwortbarkeit der Fragen kapitulieren und aufgeben, irgendeinmal irgendwo weiterzukommen auf dem Weg in die Richtigkeit.

③ Oder wir können das Kind in uns fragen, welche Antwort es auf jene uns unbeantwortbare Frage geben würde. Das wäre dann eine philosophische Antwort.
Kinder sind große Philosophen, niemals aber kleine Theologen – und das macht sie so christlich. Viele Kinder haben noch einen ungebrochenen Zugang zur Welt »wie sie ist« und nicht zu jener Wahnwelt, die wir Erwachsenen um uns herum konstruieren. Sie erkennen (sehen, hören) noch mit dem Herzen. »Vielleicht merken wir nicht, daß sich hinter den Gittern des neuen Kinderbettes, das wir bei Ikea gekauft haben, etwas Magisches abspielt. Dort, zwischen den Gittern wird die Welt erschaffen... Typisch für die postmoderne Massenge-

> sellschaft ist, daß wir in Mosaiksteinen herumwaten. Alles wird in losgerissenen Brocken serviert. Viele spüren, daß ihnen der Überblick fehlt. Und dann kann der Versuch wichtig sein, die Mosaiksteinchen zu einem Bild zusammenzusetzen. Das brauchen wir alle – kein fixfertiges Weltbild, aber ein Denken des Ganzen, das sich stets weiterdenkt.«[6]

Der Joker des Christentums ist das ewige Kind, das sich weigert, sich die Welt der Erwachsenen zu eigen zu machen. Kinder sind noch in der Lage, Mosaiksteinchen zu Bildern zusammenzusetzen – und das in einer Konsistenz, die uns Erwachsene nicht wegen ihrer scheinbaren Weltfremdheit erschüttern, sondern wegen ihrer Realitätsdichte erstaunen lassen sollte. So spricht denn auch ein christliches Gebet:[7]

»Zerstreut unter die Völker müssen wir wieder
Wie Kinder von neuem beginnen, wie Kinder uns an Deinen Gaben freuen,
Wie Kinder dankbar sein, wie Kinder alles von Dir erhoffen.«

Nun höre ich schon meine Kollegen von den theologischen Fakultäten fragen: »Was bleibt aber mit der in allem Religiösen versteckten Wahrheitsfrage?«[8] Sicherlich fragt Religio-

---

6 Jostein Gaarder, Zurück ins Reich der Zwerge. Die neue Lust an der Philosophie, in: Der Spiegel, Heft 7 (1994), 178 f.

7 Der große Wochentagsschott II, Freiburg (Herder), 1976, 477.

8 Wir wollen uns zukünftig mit diesen Theologen an eine gemeinsame Definition der Wahrheit halten. Mit Aristoteles bestimmen wir: »Wahr ist eine Aussage genau dann, wenn sie von einem Seienden aussagt, es ist, und

sität immer nach dem, was ist, und nicht nach dem, was so oder auch anders sein könnte. Eine philosophische Reflexion des Christlichen verzichtet keineswegs auf Wahrheitsanspruch, doch ist dieser relativiert auf den des Jesus von Nazaret und auf unsere Möglichkeiten und Chancen, ihn dort ein- oder abzuholen.
Das folgende Kapitel wird zunächst zu beschreiben versuchen, was denn nun »Christentum« und »Kirche« meinen, Begriffe, die zunächst abgeklärt werden müssen, wenn man über »nachkirchliches Christentum« handelt.

---

von einem Nicht-Seienden, daß es nicht ist« (Met. IV, 6, 1011 b 26 f.). Dabei bezeichnet Aristoteles als »Seiend« sowohl das Dasein als auch das Sosein eines Sachverhaltes. Vor allem bei religiösen Streitereien spielt die Wahrheitsfrage – vordergründig – meist die zentrale Rolle. Unterschwellig verbergen sich hinter dieser Frage eines Menschen unreif-narzißtische (und in deren Folge auch unreif-aggressive) Emotionen, die gerade dieses Feld menschlicher Kultur nicht selten weitgehend bestimmen. Mitunter denke ich da an einen weisen Spruch von Cyril Vernon Connoly: »Der Strom der Wahrheit teilt sich in Arme, die sich irgendwo wieder treffen. Auf den Inseln dazwischen streiten sich Menschen ihr Leben lang darüber, welcher der Hauptstrom sei.«

1. Kapitel

1

Über nachkirchliches Christentum

I. Über Christentum

Der Name »Christen« scheint um 50 n. Chr. zunächst in Antiochien aufgekommen zu sein (Apg 11, 26). Der Begriff »Christentum« wird von den Kirchenvätern um 100 n. Chr. in die Sprache der Christen eingeführt.[9] *Origenes* nennt zwei Aspekte, wenn er einmal die dogmatische Seite betont (Jesus sei der Urheber der heilsamen Glaubenssätze des Christentums) und zum anderen die moralische Komponente (Christentum ist die Lebensführung im Sinne Christi).[10] Damit ist schon das Dilemma aufgewiesen, das die Geschichte des Christentums begleiten wird: Ist Christentum bestimmbar durch den Glauben an bestimmte Glaubenssätze, oder ist es definiert durch das Bemühen eines Menschen, Jesus in der Lebensorientierung nachzufolgen?

Johannes Chrysostomos folgt der zweiten Bestimmung, wenn er Liebe und Friedfertigkeit für das Wesentliche des

9 Die Formulierungen der apostolischen Väter sind eher zufällig und vage. So betont Ignatius von Antiochien um 100 n. Chr.: »Das Christentum ist nicht zum Glauben an das Judentum gelangt, sondern das Judentum zum Glauben an das Christentum.« Schon die Propheten hätten an Jesus geglaubt; deshalb sei es falsch, zur jüdischen Lebensweise zurückzukehren (Ad Magn. 10, 3). Interessant ist, daß Ignatius das Christentum für eine Lebensform hält und nicht für einen Dogmenkatalog.

10 De princ. 4, 1, 1; PG 11, 244 und Exhort. ad mart. 12; PG 11, 577.

Christentums ausmacht.[11] Das Mittelalter kennt den Begriff »Christentum« kaum mehr,[12] sondern verwendet statt dessen »Kirche« oder »Glauben«, eine Identifikation, die für die Folge fatal wurde.

Im Humanismus – immer noch selten – meint Christentum vorwiegend eine innerliche Beteiligung an der Jesusbotschaft. Die erste klassische Definition gibt *Erasmus von Rotterdam:* »Der besitzt einen guten Teil Christentum, der mit entschiedenem Herzen beschlossen hat, ein Christ zu werden.«[13] Ich denke, das ist fürs erste eine recht brauchbare Definition. *G. W. F. Hegel* sieht im Christentum der Kirchen ein abstrakt gewordenes Christentum, das im Leben nicht vorkomme.[14]

Das Luthertum versucht Christentum wieder zu einer lebendigen Sache zu machen. Das Hauptmerkmal des Christentums sei der tiefe, lebendige Glaube. So betont *J. Arndt* 1606, daß Christentum keineswegs in Wissenschaft oder Wortkunst bestehe, sondern »lebendige Erfahrung und Übung« sei.[15] Der Begründer des deutschen Pietismus, *Ph. J. Spener,* sagt 1675, daß »unser ganzes Christentum besteht in dem inneren oder neuen Menschen, dessen Seele der Glaube und

---

11 Hom. 31 in Ep. ad Haebr. 1; PG 63, 213.

12 Im Mittelhochdeutschen kennt ihn Walther von der Vogelweide: »Swelch kristen kristentumes gibt / An worten und an Werken niht, / Der ist wol halp ein heiden.« Gelegentlich kommt er auch in der Rechtsliteratur vor.

13 Erasmus, Opera omnia (hrsg. von Clericus, Leiden 1703–1706), V, 23.

14 »In allen Formen der christlichen Religion, die sich im fortgehenden Schicksale der Zeit entwickelt haben, ruht dieser Grundcharakter der Entgegensetzung in dem Göttlichen, das allein im Bewußtsein, nie im Leben vorhanden sein soll.« Der Geist des Christentums und sein Schicksal (1789–1800), in WW 1, 418.

15 Vom wahren Christentum, 1606, Vorrede.

seine Wirkungen die Früchte des Lebens sind«.[16] Als erster bindet um 1780 *J. S. Semler*, ganz dem Geist des Rationalismus verpflichtet, das Wesen des Christentums an die gegenwärtigen, konfessionell geprägten Kirchen.[17] Sehr einsichtig und auch heute noch bedenkenswert erkennt dagegen *Johann Gottlieb Fichte* (1762–1814): »Das Christentum ist unserer Meinung nach ... in seinem wahren Wesen ... noch nie zu allgemeiner und öffentlicher Existenz gekommen.« Es bestehe vielmehr die Gefahr, daß man die bisherigen sich in kirchlich-geschichtlichen Gestalten vorstellenden Gebilde mit »Christentum« verwechsle. Er spricht von »Christianismus«, wenn das Christentum sich im Festhalten überlieferter, konfessionsgebundener Formeln erschöpfe. Christentum bedeute vielmehr die Zugehörigkeit zum Reich der Freiheit: »Die Offenbarung dieses Reiches (des Gottesreiches), die Einladung, Glieder desselben zu werden, und die allgemeine Anweisung, wie dies zu machen, das ist das Wesen des Christentums.«[18]
Die protestantische Unterscheidung von Christentum und Kirche wird von den meisten katholischen Theologen nicht nachvollzogen. Für *Michael Schmaus* und *Romano Guardini* gehört die römische Kirche samt ihres Kirchenrechts zum Wesen des Christentums.[19] Ein nachkirchliches Christentum ist für sie undenkbar.

---

16 Pia desideria, hrsg. Aland (1940), 79. Der Pietismus brachte das Wort »Christentum« in die neuzeitliche Alltagssprache ein.

17 H. Hoffmann, Zum Aufkommen des Begriffs »Wesen des Christentums« in: Zeitschr. Kirchengesch. 45 (1927), 455f.

18 Grundlage der gesamten Wissenschaftslehre (1794), 13. Vorlesung in: WW (hrsg. I. H. Fichte) 7, 186f.; Die Republik der Deutschen, in: WW 7, 535; Die Staatslehre (1813), in WW 4, 513.

19 M. Schmaus, Vom Wesen des Christentums, 1947, 16, 19; Romano Guardini, Das Wesen des Christentums, (3. Aufl.) 1949, 33.

II. Über Kirche

Das Wort »Kirche« *(kyriakón)* bezeichnet ein Gotteshaus (genauer: ein zum Herrn gehörendes Haus). Erst in der Zeit der Reformation wird es als Übersetzung des griechischen *»ekklesía«* (bzw. des lateinischen *»ecclesia«*) verwendet. Beide Worte meinen »Gemeinde«. Aber selbst von Gemeinde sprach (der synoptische) Jesus selten (oder gar nie). Jesus sprach immer (nur) vom »Gottesreich« (im Matthäusevangelium, das zu Judenchristen sprach, die in jüdischer Tradition den Namen des Göttlichen: »Gott« nicht aussprechen wollten, vom »Himmelreich«). *Alfred Loisy* hatte recht, wenn er schrieb: »Jesus verkündete das Reich Gottes, und gekommen ist die Kirche.«[20] Erst die Apostelgeschichte berichtet von Gemeinden. Es ist interessant zu beobachten, wie Gottesreich bald nach dem Tode Jesu immer mehr aus dem Zentrum des religiösen Glaubens der Christen verschwand und an seine Stelle christliche Gemeinden traten. Endlich sollten aus diesen in Koordination miteinander verbundenen christlichen Gemeinden gar – seit *Konstantin* – eine einheitliche und den Gemeinden übergeordnete Institution werden, die der des Staates durchaus vergleichbar war. Das Ärgerlichste an der Sache ist, daß sich diese Institution immer noch *»ekklesía«* nannte – ein fataler Etikettenschwindel.

---

20 L'Evangile et l'église, 1902, 111.

Martin Luther sprach über »Kirche« als von einem »blinden, undeutlichen Wort«.[21] Er übersetzt *»ekklesía«* deshalb mit »Gemeinde« oder mit »Christenheit« und vermeidet so jeden Anklang an Institutionalisierung. Auch im modernen katholischen Sprachgebrauch wird auf die Gleichsetzung von *ekklesía* und Kirche immer häufiger verzichtet.[22] Das dürfte erheblich werden für eine zeitgemäße Übersetzung der Glaubensbekenntnisse. So heißt es im Bekenntnis des Konzils von Konstantinopel (381): *»Credo ... et in unam sanctam catholicam Ecclesiam«* (DS 150). Erst als die *ekklesía* unter *Konstantin* zu einer Institution gemacht wurde, die der politischen des Staats gleichberechtigt und ähnlich organisiert war, kann man von Kirche sprechen. Die Reformation und die Gegenreformation machten das Wort »Kirche« salonfähig. So nimmt es denn nicht wunder, daß nahezu jede christliche Denomination etwas anderes unter Kirche versteht. Im Folgenden werde ich vor allem das römische Verständnis von Kirche voraussetzen. Es wäre dennoch falsch, nicht wenigstens die Grundzüge des lutherischen und kalvinistischen Kirchenverständnisses darzustellen:

① *»Kirche« im Verständnis des römischen Katholizismus*

Nach katholischer Auffassung ist die Kirche von Jesus gewollt und daher eine originäre Schöpfung Gottes, die sich im Lauf der Geschichte unter mannigfaltigen Gestalten entfaltet. Insoweit ist allein sie »Kirche Jesu Christi«. Sie ist eine Vereinigung von Menschen, die sich unter die von Jesus

---

21 WW (Erlanger Ausgabe) 25, 354.
22 Belege bei U. Valeske, Votum ecclesiae, 1962.

selbst gestiftete Obrigkeit des Papstes und der Hierarchie stellen, den christlichen Glauben, wie er vom römischen Zentrum gelehrt wird, bekennen und durch die Sakramente miteinander verbunden sind. Die katholische Kirche ist absolutistisch geordnet.

② *»Kirche« im Verständnis des Luthertums*

Im Zentrum der Lehre Luthers steht die Lehre von der Rechtfertigung des Menschen vor Gott. Die Ursündlichkeit des Menschen werde nicht durch Tilgung, sondern allein durch die Zurechnung der Verdienste Jesu behoben. Der christliche Glaube beruht auf dieser Annahme. Die Kirche ist die Gemeinschaft der Glaubenden. Sie ist als solche unsichtbare Tat Gottes, wird aber sichtbar in der Verkündigung des Wortes Gottes und der Spendung der Sakramente (Taufe und Abendmahl). Hier wird der auferstandene Jesus gegenwärtig. Es gibt keine kirchliche Hierarchie. Die Ämter werden von der Gemeinde bestellt und in deren Auftrag verwaltet. An die Stelle der päpstlichen Anordnungen traten die der Landesherrn. Seit 1526 begann *Luther* seine Anhänger in Landeskirchen zu organisieren.

③ *»Kirche« im Verständnis des Kalvinismus*

Die reformierte Theologie unterschied die sichtbare Kirche von der eigentlichen, der unsichtbaren. Dieser gehören alle Menschen an, die Gott zum ewigen Leben bestimmte. Insoweit ist sie unsichtbar und keineswegs konfessionell gebunden. Die sichtbare Kirche dagegen ist die Gemeinschaft derer, die sich zu der Lehre Calvins bekennen. Die Kirche ist demokratisch geordnet.

In der Folge der Reformation kam es zur Ausbildung der Konfessions-Kirchen.[23] Erst im 18. Jahrhundert – vor allem bei *J. S. Semler* – wird der »denkende Christ« zum Gegenbegriff der institutionalisierten Kirche und ihrer Lehrordnung.[24] So kam es schließlich zu einem positivistischen Kirchenbegriff. Das Allgemeine Landrecht für die Preußischen Staaten verkündete unter dem 5. 2. 1794: »Religionsgemeinschaften, welche sich zur öffentlichen Feier des Gottesdienstes verbunden haben, werden Kirchen-Gesellschaften genannt.«[25] Von hierher war der Weg kurz bis hin zur Anerkennung der Kirchen als »Körperschaften öffentlichen Rechts« (1918).[26] Die katholische Kirche in der Bundesrepublik identifizierte sich – ganz gegen die Bestimmungen von Kirche in den Dokumenten des 2. Vatikanischen Konzils[27] – so sehr mit dieser Rechtsqualität, daß sie es verunmöglichte, die Körperschaft zu verlassen, ohne sich von der Glaubensgemeinschaft abzulösen.

---

23 Nur die altprotestantische Orthodoxie hält an der Universalität der Kirche in der Lehre von den drei Ständen (dem kirchlichen, dem politischen und dem kaufmännischen) fest, welche die Kirche als Gesellschaft konstituieren. Vermutlich bedeutet hier jedoch »Kirche« – »Christenheit«.

24 T. Rendtorff, Kirche und Theologie, 2. Aufl. 1970, 27 ff. und 37 ff.; H.-E. Hess, Theologie und Religion bei J. S. Semler (Diss. Berlin), 1974, 208 ff.

25 Teil II, Titel 11, § 11.

26 Nach dem Urteil des BVG vom 14. 12. 1965 ist in der BRD die Kirche gemeinsame Angelegenheit von Staat und Kirche.

27 Vgl. dazu W. Pannenberg, Thesen zur Theologie der Kirche, 1970; H. Küng, Die Kirche, 1967.

1. Das Entstehen der Kirche

Der Ursprung des Christentums ist recht komplex. Der jüdische Raum, in dem Jesus lebte, war durch das dringliche Hoffen auf eine Zeitenwende gekennzeichnet. Drei Erwartungstypen lassen sich dabei voneinander unterscheiden: der politische, prophetische und der apokalyptische. Selten traten sie in reiner Form auf. Mischgebilde waren häufig.

- Der politische wurde in seiner radikalen Form von den zelotischen Bewegungen vertreten. Ihnen ist, in der Tradition der Makkabäer[28] stehend, die Kooperation mit den Römern für Mitglieder des auserwählten Volkes unerträglich. Sie versuchten, durch politischen und militärischen Widerstand das messianische Reich vorzubereiten. Dieser politische Erwartungstyp führte zu den Kriegen 66–73

28 Die makkabäischen Kriege wurden ausgelöst durch die Verfolgung der gläubigen Juden durch Antiochus IV. Epiphanes, mit römischer Duldung König im Seleukidenreich und begeisterter Anhänger des Hellenismus. Die Anregung zum Aufstand gegen die Römer gab 167 v. Chr. der greise Priester Matthias zu Modin, der einen abtrünnigen Juden erschlug, wie auch einen syrischen Beamten, der von ihm verlangte, er solle ein heidnisches Opfer vollziehen. Er floh mit seinen fünf Söhnen in die Wüste und eröffnete einen Kleinkrieg gegen Heiden und abtrünnige Juden. Nach seinem Tode (166 v. Chr.) übernahm sein Sohn Judas Makkabäus sein kriegerisches Erbe. Mehrfach besiegte er die Feldherrn des Antiochus und erneuerte im Dezember 165 nach dreijähriger Unterbrechung den Tempelkult. Die Erinnerung daran wird unter Juden im Chanukka (Tempelweihfest) aufrechterhalten. Nach dem Tod des Antiochus (164) versuchte der Reichsverweser Lysias den Aufstand mit allen Mitteln niederzuschlagen. Als das nicht gelang, sicherte er den Juden 163 die freie Religionsausübung zu. Damit war der Religionskrieg zu Ende.

und 132–135 (unter *Bar Kochba*) gegen die Römer. Das heutige zionistische Judentum steht durchaus in dieser Tradition.

- Der apokalyptische Typus erwartete dagegen das Heil aus dem göttlichen Handeln. Er prägte die Begriffe von Weltgericht, Weltuntergang und Neuer Welt. In vorwiegend dieser Tradition entwickelte sich das Christentum, wennschon Jesus keineswegs unbesehen in diese Tradition gestellt werden kann.

- Eine typische Mischform entwickelte die Gemeinde von Kumran. Sie hofft einerseits auf Gottes Initiative, nimmt aber zugleich einen messianischen Priesterkönig an, der die Gemeinde in den Vernichtungskrieg gegen »Edom« (= Rom) führen wird. Die biblischen Geschichten vom »Einzug Jesu in Jerusalem« scheinen diese Tradition zu belegen: »Die Leute aber, die vor ihm hergingen und die ihm folgten, riefen: Hosanna! Gesegnet sei er, der kommt im Namen des Herrn. Gesegnet sei das Reich unseres Vaters David, das nun kommt. Hosanna in der Höhe « (Mk 11, 9–10).

- Der prophetische Typus scheint von *Johannes dem Täufer* vertreten worden zu sein. Er verzichtet gänzlich auf die Erwartung einer Neuen Welt und ist ganz dem Heute zugewandt, um Menschen auf das kommende Neue vorzubereiten. Dieses Neue entsteht nicht aus einer politischen Aktion, sondern aus der Rückkehr der Menschen zum bundestreuen Gott (*metanoeite*!). Er überwindet vermutlich als erster den Partikularismus der nationalen Erwählung Israels: »Gott kann aus diesen Steinen Kinder Abrahams machen!« (Lk 3.8).

Auffällig ist, daß auch in Rom eine Art Untergangsstimmung herrschte, die das nahe Ende der Epoche vermutete. Auch sie war verbunden mit der Hoffnung auf das Kommen einer besseren Welt.

- Die vierte Ekloge *Vergils* erhofft sich aus der Geburt eines göttlichen Kindes ein neues Zeitalter, das die Länder aus ihrer »unaufhörlichen Furcht erlösen«, die Spuren der alten Sünden löschen und eine neue Zeit heraufführen sollte.
- Diese Hoffnung wird von Kaiser *Augustus* in konkrete politische Form gegossen. Der Kaiser wird zum »Evangelium der Welt« und leitet eine große Friedensperiode ein.
- Der Vordergründigkeit dieser Religiosität entziehen sich die asiatischen Mysterienkulte. Gemeinsam ist allen diesen Religionen das Ineinander von Tod und Auferstehung: Alles Leben der Welt bewegt sich im Rhythmus von Tod und Wiedergeburt.
- Der Polytheismus war unter dem Anspruch der antiken Aufklärung zusammengebrochen. Der philosophische Monotheismus bleibt aber blaß.

Vor diesem Hintergrund erfuhr die Gestalt des Jesus von Nazaret ihre Leuchtkraft. Sie wurde zur Erfüllung der jüdischen und römischen Hoffnungen gemacht. Daß Jesus als die Antwort auf diese Sehnsucht empfunden wurde, bezeugt vor allem seine Auferstehung, als die seine Jünger sein Erscheinen unter anderer Gestalt erfuhren. Der Tod scheint überwunden. Ein neuer Anfang stellt sich ein. Von hierher erhält das Leben und die Lehre Jesu ihre Interpretation und ihre Wichtigkeit. Er ist es, der alles neu macht.[29]

Die Jesusbotschaft hatte gegenüber den jüdischen und heidnischen apokalyptischen Erwartungen den Vorteil, daß sie in Jesus konkrete Gestalt angenommen hatte, die sehr viel attraktiver erschien als die des Kaisers. Jesus wird zur Frohen Botschaft, die sich in seinem Leben und seiner Lehre entfaltet. Doch blieben dem Christentum viele jüdisch-magische Reste erhalten, waren doch die Jünger Jesu ausschließlich Juden. So kann es nicht wundernehmen, daß ihr jüdisches Apriori sich mit der Jesusbotschaft legierte. Mit Jesus beginnt zwar das Neue, das Gottesreich, aber es vollendet sich nach Meinung seiner Jünger in der schon bald erwarteten Wiederkunft, in der Jesus – nach Art des Gottkönigs der Leute von Kumram – wieder erscheinen wird.[30]

---

29 Die christliche Apokalypse, neben den Evangelien und Briefen eine dritte Version der Frohen Botschaft Jesu, läßt den auf dem Thron sitzenden Jesus sagen: »Seht, ich mache alles neu« (Apk 21, 5).

30 »Aber in jenen Tagen, nach der großen Not, wird sich die Sonne verfinstern, und der Mond wird nicht mehr scheinen. Die Sterne werden vom Himmel fallen, und die Kräfte des Himmels werden erschüttert werden. Dann wird man den Menschensohn mit großer Macht und Herrlichkeit auf den Wolken (die Wolken sind im AT meist der Ort der Erscheinung Jahves) kommen sehen, und er wird die Engel aussenden und die von ihm Ausgewählten aus allen vier Windrichtungen zusammenführen, vom Ende der Erde bis zum Ende des Himmels« (Mk 13, 24–27). »Amen, ich sage euch: Diese Generation wird nicht vergehen, bis das alles eintrifft« (Mk 13, 30). Dieser letzte Satz bezieht sich vermutlich auf die Zerstörung Jerusalems durch Titus im Jahre 70, dem Jahr, in dem auch das Markusevangelium geschrieben wurde. Der Verfasser des Evangeliums verbindet das Kommen des Menschensohns eng mit dem Untergang Jerusalems.

Der jüdische Monotheismus wird durch Jesus aus der Blässe der Philosophie in lebendige Religiosität überführt. Die Lehre und das Leben Jesu fielen auf vorbereiteten Boden. Und so entstand aus der Verbindung der Jesusbotschaft (und in der Auseinandersetzung) mit anderen lebenden Religionen (wie dem Judentum, dem römischen Kaiserkult, den orientalischen Mysterienreligionen, die, vor allem durch Soldaten und Kaufleute ins Römische Reich gebracht, viele Anhänger fanden) und den geistigen (etwa den Gnostikern) und politischen Mächten (besonders Roms), vor allem innerhalb des Römischen Reiches, das, was man Christentum nennt.

Den Römern, die um das Jahr 30 lebten, waren Jesus und seine Botschaft noch völlig unbekannt. Aus dem Zimmermannssohn aus Nazaret mußte erst in der Theologie des *Paulus*, dann von den drei späten Evangelien übernommen, der *Christos* (hebr. *»Messias«*), der Erlöser, werden. Die Jesusjünger verstanden sich vermutlich bis zur Mitte des 1. Jahrhunderts als jüdische Sekte. Erst als sie sich unter dem Namen »Christen« von der Synagoge abkoppelten, erhielten sie eine eigene Identität, die dadurch verstärkt wurde, daß sie die Privilegien, die Rom Juden einräumte, verloren. *Cornelius Tacitus*, Historiker im Rom des frühen 2. Jahrhunderts, berichtet, daß *Nero*, der 64 Rom in Brand gesetzt haben soll, »die Schuld auf andere schob und sie mit ausgesuchten Martern bestrafte. Es waren jene Leute, die das Volk wegen ihrer Schandtaten haßte und mit dem Namen Christen belegte ... Dieser verderbliche Aberglaube war für den Augenblick unterdrückt, trat später aber wieder hervor und verbreitete sich hin bis nach Rom ... Sie wurden weniger der Brandstiftung als des Hasses gegen das ganze

Menschengeschlecht überführt.«[31] Das war ein ziemlich schlechtes Image, vermutlich von der Überzeugung getragen, Jesus sei als Aufrührer gegen die römische Herrschaft, als »König der Juden« (J 19, 19), hingerichtet worden.
Etwa 20 Jahre nach Jesu Tod kamen seine Schüler unter dem Einfluß der Schriften des *Paulus*, die zumindest die Gemeinde von Jerusalem als falsches Evangelium heftig ablehnte, zu der Meinung, sie bildeten eine besondere Gemeinschaft. Diese scheinen sie *»ekklesía«* genannt zu haben (Apg 7, 38). »Ekklesía« bezeichnet im Griechischen eine offizielle Versammlung, im religiösen Kontext das »versammelte Volk Gottes«, also eine christliche Gemeinde. Das vorkonstantinische »Ekklesía« ist also keineswegs mit »Kirche« zu übersetzen, wenn man damit eine zentrale übergemeindliche Organisation vom Typ »Institution« versteht.
Bis hin zum Beginn des 4. Jahrhunderts paßt sich das christliche Gemeindeleben an die Stadtstrukturen des Römischen Reiches an. Die Gemeinden unterstehen der weitgehend autonomen Autorität eines von den Gemeindemitgliedern gewählten Bischofs.[32] In Rom bildete sich vermutlich schon recht bald eine christliche Gemeinde. Von hieraus verbreitete sich das Gemeindechristentum bald über ganz Italien. 251 zählte man 60 italienische Gemeindeleiter (Bischöfe) auf einem Gemeindeleitertreffen (Synode). Auch in Spanien

---

31 Annalen XV, 44.
32 Schon zu Beginn des 4. Jahrhunderts schlich sich, vermutlich unter dem Einfluß Konstantins, ein Mißbrauch ein: Gelegentlich wurde (vor allem in Rom) der Bischof nur durch den Klerus gewählt oder gar durch die Bischöfe einer bestimmten Region und nicht mehr von allen Gemeindemitgliedern. Vgl. dazu J. Rogier (Hrsg.), Geschichte der Kirche I (Einsiedeln 1963), 253.

blühte nach dem Zeugnis des *Irenäus* (* um 130), des *Tertullian* (* um 160) und des *Cyprian* († 304) das Gemeindeleben. Letzterer nennt die Gemeinden von León, Astorga, Merida und Saragossa[33] vor der konstantinischen Kirchengründung als Beispiele eines reichen frühchristlichen Gemeindelebens.

Spätestens seit dem römischen Kaiser *Konstantin* war das Christentum in den Bereichen, in denen es mittelbar oder unmittelbar mit der Staatsmacht verbunden war, übergemeindlich organisiert. Reines Gemeindechristentum gab es nur noch in Indien, in Ägypten und im frühen Persien, Ländern also, welche die konstantinische Kirchenbegründung nicht erreichte. Die »Thomaschristen« der indischen Malabarküste[34] mögen hierher gehören. Doch sind hier auch die

---

33 Irenäus, Adversus Haeres. I, 10; Tertullian Adversus Jud. 7; Cyprian Ep. 67. Ob Paulus je Spanien erreichte, ist zweifelhaft. Erst Papst Clemens von Rom (um 100) (1 Ko 5) und das Muratorische Fragment (um 180) (Zeile 38) behaupten seinen Aufenthalt. Noch problematischer ist die Annahme, der Apostel Jakobus der Ältere habe je Spanien erreicht.

34 Diese Christengemeinden leiten ihren Ursprung von Thomas, einem der Jesusapostel, her. Er sei im Jahre 52 n.Chr. in Cranganore (Mouziri) gelandet, um hier die Jesusbotschaft zu verkünden. Seine Zielgruppe seien, der urchristlichen Tradition folgend, zunächst aus Syrien eingewanderte und also syrischsprechende Juden gewesen. Ihre Sprache, das Syro-Chaldäische, sei deshalb religiöse Sprache der neuen christlichen Gemeinden geworden. Am Konzil von Nikaia (325) nahm in der Tat ein syro-chaldäischer »Bischof Johannes« teil. Da keine Gründe für die gelegentlich vertretene Annahme sprechen, daß erst um 345 (persische Christenverfolgung unter Schapur II.) oder gar erst um 745 syrische Einwanderer unter Führung des Thomas Cana die malabarischen Gemeinden gründeten, dürften die malabarischen Gemeinden schon vor 325 entstanden sein. Kosmas der Indienfahrer erwähnt um 535 in seinen »Christianikè topographía« (III, 169; XI, 445) Christen auf Male (Malabar?) mit einem in Persien geweihten Bischof. Als sie im 16. Jahrhundert

persischen Christengemeinden des 1. und 2. Jahrhunderts[35] sowie die ägyptischen Christengemeinden[36] zu nennen. Während in diesen dem Einfluß des Konstantin entzogenen Regionen noch lange ein vorkirchliches christliches Gemeindeleben blühte, wurden im Reich des Konstantin die Ge-

mit der lateinischen Kirche in Berührung kamen, waren sie Nestorianer. Vgl. dazu: P. Du Jarric, Thesaurus rerum indicarum, Köln 1615.

35 Das Christentum gelangte über Edessa nach Persien. Die Sage nennt Miri, einen unmittelbaren Schüler des Apostels Thomas, als Begründer persischer Christengemeinden. Auch hier wurden zunächst Juden, dann erst Andersgläubige »bekehrt«. Die späteren Nestorianer behaupteten, die »abendländischen Väter« hätten zu Beginn des 2. Jahrhunderts dem Patriarchen von Seleukia Autonomie von den westlichen Gemeinden zugestanden, das aber ist unbewiesen. Das Christentum erhielt erheblichen Auftrieb, als Schapur I. (241–272) römische, darunter auch christliche Kriegsgefangene in Persien ansiedelte. Es bildeten sich eine Reihe von Gemeinden mit einem Bischof an der Spitze (Arbel, Karka, Kaschkar, Bêt Lâpat, Susa, Rêw Ardaschir). Die Christenverfolgung Schapirs II. (340–379) zerstörte die meisten Gemeinden. Erst unter Jezdegerb I. (399–420) scheint es dem römischen Gesandten Marutha, Bischof von Maipherkat, gelungen zu sein, die persische Kirche unter dem Einfluß lateinischen Kirchendenkens zu reorganisieren.

36 Nach dem (etwas umstrittenen) Zeugnis des Eusebius wurden die ersten christlichen Gemeinden in Ägypten vom Petrusschüler Markus (dem möglichen Verfasser des 2. christlichen Evangeliums) gegründet. Sicherlich bestanden schon um das Jahr 100 in Ägypten Christengemeinden. Schon im 2. Jahrhundert werden 103 Gemeinden erwähnt, mit Bischöfen als Gemeindevorstehern. Hier entstanden das Einsiedler- und Klosterleben (Antonius, Pachomius), doch auch die »Häresien« des Arius und des »Monophysitismus«. Insofern Persien und Ägypten politisch relativ zentralistisch organisiert waren, schlossen sich auch die Gemeinden dieser Regionen zu Verbänden zusammen. Wer da nicht mitmachte, wurde schon bald als Häretiker ausgeschlossen. Die vorkonstantinischen Häresien und deren Verfolgung setzen jedoch keineswegs eine auf Subordination beruhende kirchliche Organisation voraus, wie sie Konstantin in seinem Reich errichtete.

meinden zu einer einzigen Kirche zusammengeschlossen, in der Gemeinden nur noch eine untergeordnete Rolle spielten. Das urchristliche Subsidiaritätsprinzip wurde aufgelöst, nach welchen auf der Ebene der Gesamtkirche nur solche Probleme zu lösen sind, die die Gemeinden nicht aus eigener Kraft lösen können. Den Gemeinden wurde – unter Verrat dieses Prinzips –, sowohl was Lehre als auch was Disziplin und Organisation anbetraf, verordnet, was wahr und gut, was richtig und sinnvoll ist. Das »Gesetz«, das die jüdische Religiosität prägte, feierte so in den christlichen Kirchen goldene Urständ, und das obschon *Paulus*, wennschon kein unmittelbarer Jesus-Schüler, sondern vielmehr der Begründer eines eigenen, des paulinischen Christentums, lakonisch feststellte: »Wenn ihr also durch das Gesetz gerecht werden wollt, dann habt ihr mit Christus nichts mehr zu tun; ihr seid aus der Gnade herausgefallen« (Gal 5, 4).
Dann also kam Kaiser *Konstantin.*
Konstantin ist eine der schillerndsten Gestalten unter den wahrhaft nicht immer unprofilierten römischen Cäsaren. Zu Beginn des 3. Jahrhunderts befand sich das Reich im Niedergang. Wirtschaftlicher Zerfall, geplünderte Städte, Geldentwertung bestimmten die Zeit. Die Menschen suchten Geborgenheit in esoterischen Religionen. Manche nannten die Gottheit Apollo, andere Mithras, einige »sol invictus« (die unbesiegte Sonne). *Diokletian* versuchte, das Reich zu stabilisieren, etwa durch ein Höchstpreisgesetz. Das funktionierte schon damals nicht. Auf *Diokletian* folgte eine Zeit der selbsternannten Kaiser. Im Juli 306 starb im Legionslager von York einer der Anwärter auf die kaiserliche Macht: der *Augustus Constantinus Chlorus*, Herrscher über Britannien und Gallien. Sein Sohn *Konstantin* prokla-

mierte sich 307 zum einzigen rechtmäßigen Kaiser des Westreichs. Im Spätsommer 312 marschierte er mit seiner kleinen Streitmacht über die Alpen. Während des Zuges nach Süden hatte er eine Vision – vermutlich einen Sonnenhalo, der durchaus Kreuzform haben kann.[37] Am nächsten Tag befahl er, das Labarum herzustellen, eine christliche Version der römischen Standarte, die am oberen Ende das Monogramm Christi in einem Kranz zeigt. Sein Gegner *Maxentius* erwartete ihn mit seinem Heer an der Milvischen Brücke, dem Ort, an dem die Via Flaminia den Tiber überquerte. Am 26. 10. 312 kam es zum Kampf. *Konstantin* siegte in der Überzeugung, der Sonnengott »Christos« habe hier seine Macht bewiesen. Schon in Mailand erließ er ein Toleranzedikt: »Wir haben uns entschlossen, den Christen und allen anderen die Freiheit zu geben, der Religion zu folgen, die sie wünschten, damit auf dem himmlischen Throne das göttliche Wesen – welches es auch sein mag – Uns und allen Menschen, die Unserer Macht untergeben sind, gnädig und gewogen sein möge.« Ihm folgte 313 ein Zirkularreskript an die Statthalter, die »Mailänder Konstitution«. Sie legte fest, daß das Christentum die allein berechtigte Religion im Reiche sei. Nun war das Christentum nicht nur als eigenständi-

37 Es kann sich jedoch auch um eine Halluzination gehandelt haben, denn in Gallien war ihm schon der Sonnengott Apollo erschienen. Seitdem verehrte Konstantin die Sonne als Gott. Eusebius zeichnet die Geschichte so auf: »Er rief zu Gott (also zu seinem Sonnengott) in ernsten Gebeten, er möge ihm offenbaren, wer er sei; er möge ihm seine Hilfe zu dem gefährlichen Unternehmen schenken. Während er noch betete, erschien ihm ein überaus wunderbares Zeichen am Himmel. Er versicherte, er haben gegen Süden mit eigenen Augen am Himmel ein Kreuz aus Licht gesehen, das über der Sonne schwebte, und es habe die Inschrift getragen: In diesem Zeichen wirst du siegen.«

ge und den anderen gleichberechtigte Religion etabliert, sondern es wurde zur Staatsreligion erhoben.[38] Der erste Schritt von der Gemeindekirche zur Staatskirche war getan. Und eine solche ist zumindest die katholische bis heute ihrer Struktur nach geblieben.

Durch zahllose Vergünstigungen des Kaisers hob sich bald das Christentum von allen anderen Religionen ab. Und das war kein bloßer politischer Schachzug, denn im Westreich bildeten die Christen eine Minderheit von meist unterprivilegierten Menschen. Aber es gab auch in *Konstantins* Nähe Christen. Da ist vor allem seine Mutter *Helena* zu erwähnen.

Immer wieder mußte *Konstantin* in innerchristliche Dispute eingreifen, die vor allem die Christen des Ostens erzeugten. 325 rief er als »Pontifex maximus«, ein dem heidnischen Kaiser eigener Titel, der mit Unfehlbarkeit verbunden war, nach Nikaia ein allgemeines Konzil ein, dem er selbst, noch ungetauft, präsidierte. Es sollte entschieden werden, wie die Metapher »Jesus ist Gottes Sohn« zu interpretieren sei. Ein alexandrinischer Priester, *Arius*, lehrte, Gott habe seinen Sohn Christus erschaffen, der, obschon der Erste der Schöpfung, Gott nicht wesensgleich sei. *Konstantin* war der gleichen Meinung. Er wollte, daß das Konzil sie bestätigte. Aber es kam anders: Ein alexandrinischer Diakon, der *Arius* nicht leiden mochte, *Athanasius*, vertrat engagiert die Ansicht, Jesus sei, dem Vater wesensgleich, Gott. Er setzte

---

38 Strenggenommen wurden die christlichen Gemeinden im römischen Herrschaftsbereich erst 380 zu einer Staatskirche zusammengeschlossen, als Kaiser Theodosius I. den von den Bischöfen zu Rom und Alexandrien vertretenen (athanasianischen) Glauben für alle Bürger des Reichs verbindlich machte. Eine Reichskirche bildeten sie jedoch seit Konstantin.

sich durch. Die Germanen übernahmen zwar zumeist noch das arianische Christentum, und *Konstantin* ließ sich auf dem Totenbett von einem arianischen Bischof taufen (er starb in der Überzeugung, daß der Christengott sein Sonnengott sei), aber das Dogma des *Athanasius* setzte sich auf die Dauer formal durch. Ich vermute, daß viele Christen aller Zeiten eher arianisch glaubten und glauben als athanasianisch.

Wie schon verschiedentlich erwähnt, haben das Reichs-Christentum des *Konstantin* und erst recht das Staats-Christentum des *Theodosius* recht wenig mit dem der vorkonstantinischen Christengemeinden zu tun. Das Christentum des *Konstantin* war ein merkwürdiges Gemisch aus einem Sonnenkult[39] und einigen christlichen Elementen. Sein Christentum soll eine von möglichst vielen seiner Untertanen akzeptierte Religion sein. Das aber konnte nur eine synkretistische leisten.[40] So vereinigte der Kaiser christliches, ma-

---

39 Der Sonnengott (»Sol invictus«), zu dessen Ehren Konstantin 321 den Sonntag für seine Soldaten als arbeitsfreien Tag kreierte und dessen Geburtsfest (Winter-Sonnenwende) er mit dem des Christengottes zusammenlegte, wurde im ganzen Römischen Reich verehrt, in Gallien als Apollo, bei den Soldaten als Mithras. Der Kaiser selbst behauptete, Apollon sei ihm 310 in einem diesem Gott geweihten Heiligtum in Gallien erschienen. Wenn ihm – nach dem Zeugnis des Lactans aus dem Jahre 318 (De mort. pers. 44) – in der Nacht vor der Schlacht an der Milvischen Brücke am 28. 10. 312 nicht Jesus erschienen wäre, der ihn im Kreuzeszeichen den Sieg verheißen habe, eine Schlacht, die den Mitkaiser Maxentius Thron und Leben kostete, wären wir Europäer vermutlich Anhänger des Sonnengottes Apollon.

40 Daß er keineswegs einfach als »orthodoxer Christ« vereinnahmt werden kann, zeigt, daß er sich von dem Arianerbischof Eusebius von Nikomeidne taufen ließ, obschon dieser vom Konzil von Nikaia verbannt worden war. 335 verbannte er wiederum den Arianergegner Athanasius, der ihm in Nikaia eine empfindliche Schlappe zufügte, nach Trier. Den Streit

nichäistisches[41] und orientalisches Gedankengut miteinander.[42]

---

um die Lehre des Arius, den das von ihm berufene Konzil von Nikaia schlichten sollte, nannte er schlicht ein »unnützes Gerede« (vgl. dazu: Josef Lortz, Geschichte der Kirche I, Münster 1962, 121). Seine Entscheidung für das Christentum wurde sehr begünstigt durch seinen Kampf gegen seine Mitkaiser, die zumeist das Christentum ablehnten und Christen verfolgten. Er huldigte dem politisch-pragmatischen Prinzip: Die Feinde meiner Feinde sind meine Freunde. Erst als er seine Mit-Kaiser besiegt hatte, näherte er sich persönlich etwas dem Christentum an. Die Staatsgötter ließ er weiter verehren. Er duldete es, als Sonnengott dargestellt zu werden. Erst sein Freund, Eusebius von Cäsarea, stilisierte ihn in seiner »Vita Constantini« zum christlichen Heroen.

41 Mani (ca. 216–276), der Stifter der religiösen Gruppe der Manichäer, versuchte, vermutlich 242, zunächst die Religion des Zoroaster zu reformieren. Da ihm König Schapur I. nicht günstig gesonnen war, verstand er sich nach Buddha und Jesus als den letzten Offenbarer Gottes, als den von Jesus verheißenen Parakleten. Er predigte seine Lehre mit erheblichem Erfolg zunächst vor allem außerhalb des Persischen Reiches. Als er auch in Persien erfolgreich war, wurde er von König Bahrem I. gefangengesetzt und gekreuzigt. In seiner Lehre verbinden sich neben christlichen und buddhistischen Vorstellungen auch Ideen altbabylonischer Naturreligionen und manche Gedanken des Zoroaster: Zwei Mächte stehen einander gegenüber: das Reich des Guten und das des Bösen. Aus einem Gemisch des Reiches des Guten und des Bösen schuf ein Engel die Erde. Im Menschen sind Licht und Finsternis miteinander verbunden. Jesus kam und warnte vor Sexualität als der Begegnung mit der bei der Frau überwiegenden Macht des Bösen. Das Leiden wird zu einem Instrument der Befreiung vom Bösen. Die Guten werden in den Himmel (das Lichtreich des Guten) kommen, die Bösen auf ewig in die Hölle (das finstere Reich des Bösen) verbannt. Seine Lehre verbreitete sich bald über Persien, Mesopotamien, Syrien, Palästina und Nordafrika. Lange Jahre zählte Augustinus zu den Manichäern. Obschon die römischen Kaiser nach der Stiftung des konstantinischen Christentums sie meist heftig bekämpften, wurde sie nicht ausgerottet. So kennt das Mittelalter noch manichäistische religiöse Gruppen (etwa die Katharer).

42 Vgl. dazu R. Lay, Wie man sich Feinde schafft, Düsseldorf (ECON) 1994, 192 f.

Die weitere Kirchengeschichte ist im wesentlichen bestimmt durch das Bemühen, Menschen, die anderes oder anders glaubten als das römische Zentrum, aus der Gemeinschaft der kostantinischen Kirche zu exkommunizieren. Die strukturelle Einheit der Kirche war zu einem so wichtigen Gut geworden, daß in ihr die Pluralität verschiedenen Glaubens, in dem sich die Christusbotschaft auslegen konnte, keinen Platz mehr hatte. Die antike Staatskirche war geboren. Und sie blieb das Urbild der meisten christlichen Kirchen bin ins Heute.
Die Bischöfe wurden zu Staatsbeamten (wie etwa heute die meisten Bischöfe in der BRD) und waren somit dem Staat verpflichtet. Und die Mächtigen in der Kirche folgten dem fatalen Sog der Macht. Der Papst übernahm mit dem »Pontifex maximus« den Titel heidnischer Kaiser, an dem die Gabe der Unfehlbarkeit hing, und folgte so dem Anspruch kaiserlicher Unfehlbarkeit. Es dürfte nur schwer zu bestreiten sein, daß ekklesiale Unfehlbarkeitsansprüche in denen der heidnisch-römischen Kaiser ihren Ursprung haben.[43] Sie partizipieren am heidnischen Aberglauben römischer Kaiser und verraten so die Jesusbotschaft an ihrer Wurzel, nach der dem Kaiser nur das zustand, was ihm gehört: das römi-

43 »Indem die kaiserliche Macht unter ihrer Hoheit die gesamte römische Welt, die zivilisierte Welt vereinigte, erscheint sie als irdisches Abbild der Herrschaft des einen Gottes. Die sichtbare Kundgebung Gottes auf der Erde, als eine wahrhaftige Theophanie, fühlt sich der Kaiser ... verantwortlich vor diesem für das Heil seiner Untertanen und nicht nur für ihr zeitliches Wohl; er fühlt sich aufgerufen, das Menschengeschlecht zur wahren Religion zu führen, die er verkündet und lehrt« (L. J. Rogier u. a. (Hrsg.), Geschichte der Kirche, a.a.O., 254 f.).

sche Münzwesen (Mt 22, 19–21).[44] Es gibt immer noch Autoren, die das schnelle Wachstum des Christentums auf dessen immanente Kraft[45] und nicht auf kaiserliche Aktivitäten zurückführen. Gegen diese Annahme spricht jedoch, daß die Christengemeinden außerhalb des kaiserlichen Einflußbereichs meist schwach und unbedeutend blieben.
Die antike Staatskirche überstand nicht die Wirren der großen Völkerwanderung. Denn die Zeit zwischen Antike und Mittelalter (550–800) war auch für die Kirche eine Zeit der strukturellen und funktionalen Wirren. Erst gegen Ende des ersten Jahrtausends faßt sie wieder Tritt. Manches übernimmt sie aus der staatskirchlichen Ordnung der Antike – etwa den Primat des römischen Bischofs und die hierarchische Ordnung. Doch als Ganzes wird sie eine neue Kirche, mit einer Struktur, die nicht mit der der antiken Kirche identisch ist.

---

44 Das soll jedoch nicht heißen, daß es den Kaisern immer leichtfiel, sich alle Christen gefügig zu machen. Der (wegen seiner Intoleranz) typische Rechtsabweichler Athanasius von Alexandrien (295–373), der Sieger von Nikaia, verbrachte siebzehneinhalb Jahre seines Episkopats (328 bis 373) im kaiserlich verordneten Asyl. Ins erste Exil nach Trier verschickte ihn Konstantin, weil er sich weigerte, Arius wieder in die christliche Gemeinschaft aufzunehmen. 339 wurde er von der Synode zu Antiochien abgesetzt und floh ins zweite Exil nach Rom. Auf der Synode von Arles und Mailand setzte der Kaiser seine Verurteilung als Ketzer durch. 356 wurde er beim Gottesdienst überfallen und floh in sein drittes Asyl zu den Mönchen in den Wüsten Ägyptens. Kaiser Julian befand, er störe den religiösen Frieden und asylierte ihn auf der Synode zu Alexandrien (362) zum vierten Mal. Ein fünftes Mal wurde er 365 unter Kaiser Valens verbannt.

45 So z. B. Karl Baus, Von der Urgemeinde zur frühchristlichen Großkirche, in: H. Jedin (Hrsg.), Handbuch der Kirchengeschichte I, Freiburg 1965, 473 f.

Die Kirche des Mittelalters ist weitgehend durch den Einbruch monastischen Denkens nach der Reform, die von Cluny ausging,[46] bestimmt. Die katholische Kirche der Neuzeit übernahm das antike Erbe, das sich ins Mittelalter hinübergerettet hatte, und zudem vieles von den monastischen Strukturen des Mittelalters (Priesterzölibat, Fastenzeiten, Buße).[47]
Die Kirchen der Reformation dagegen versuchten (wenngleich in sehr unterschiedlicher Weise) den Spagat zwischen der mittelalterlichen Kirche und dem Denken der Neuzeit. Die katholische Kirche gründete ihre Moral weitgehend in einer Erfindung des Mittelalters, der »Natur des Menschen«[48], während die Kirchen der Reformation sich stärker an den biblischen Geboten und Verboten orientierten.

---

46 Die Reform von Cluny ging von der dort zwischen 908 und 910 gegründeten Benediktinerabtei aus. Auf der Grundlage der Benediktregel zielte die Reform erststellig auf die Erneuerung des monastischen Lebens. Mittelbar wirkte sie so um die Jahrtausendwende dem allgemeinen Verfall christlicher Tradition entgegen, indem eine Verchristlichung des Feudalsystems angestrebt wurde.

47 Dabei soll nicht bestritten werden, daß an der Schwelle zur Neuzeit selbst die heilige Inquisition mit dem Übergang vom Gottesurteil zur Folter und vom Anschuldigungsprozeß zum Verhörprozeß einen gewissen Fortschritt hin auf neuzeitliches Denken machte.

48 Die »Natur des Menschen« bezeichnet das allen Menschen gemeinsame metaphysische Wesen. Eine realistische Begriffstheorie ging davon aus, daß unser Verstand (der Intellectus passibilis) im Erkennen eines äußeren Sachverhalts dessen Wesen herauserkenne und speichere. Mit dem beginnenden 15. Jahrhundert (Petrus Aureoli, Wilhelm von Ockham) wurde dieser »Begriffsrealismus« zunehmend vom Konzeptualismus abgelöst, der annimmt, daß wir unsere Allgemeinbegriffe nicht bilden im Rückgriff auf das erkannte Wesen, sondern durch Induktion. Um zu erkennen, was das Denkzeichen (= der Begriff) »Mensch« bedeutet, genüge es nicht, einmal einen Menschen zu sehen und dabei sein Wesen

Um die Funktion von Kirchen zu verstehen, müssen wir uns nach den Ergebnissen ihrer Aktivitäten fragen. Sicherlich sind die der Kirche der Antike anders als die der des Mittelalters, und diese wiederum unterscheiden sich erheblich von denen der Kirchen der Neuzeit. Doch die Resultate kirchlichen Bemühens sind einander sehr ähnlich. Der nachkonstantinische Staat verstand sich (von kurzen Episoden unterbrochen) als christlich und mischte sich entsprechend in kirchliche Belange ein.[49] Selbst in Fällen offensichtlichen Moralversagens konnten sich christliche (im Gegensatz zu kirchlichen) Vorstellungen kaum durchsetzen. So wurde zwar 374 die Kindestötung untersagt, die übliche Methode des Aussetzens neugeborener Kinder aber kaum abgestellt. Zwar wurden schon 325 Gladiatorenkämpfe untersagt, doch setzte sich das Verbot erst gegen 435 durch: Nun kämpften in den Arenen nicht mehr Menschen gegen Menschen um ihr

---

auszumachen, sondern man müsse eine Anzahl von Menschen sehen und das ihnen Gemeinsame erkennen. Dann wird man in Zukunft wissen, ob man es bei einem erkannten Sachverhalt mit einem Menschen zu tun habe oder nicht. Da der katholisch-mittelalterliche Begriffsrealismus empirisch falsifiziert wurde und der Konzeptualismus dem gegenwärtigen Stand des hirnphysiologischen Wissens bei der Bildung allgemeiner Begriffe entspricht, dürfte auch insoweit die katholische Moral ihre Rechtfertigungs- und Grundlagen-Probleme haben, insofern der Begriff »Natur des Menschen«, wenn schon gebildet, ein leeres Konstrukt vorstellt.

49 So finden sich im 16. Buch der zwischen 429 und 439 zusammengestellten Theodosianischen Gesetzessammlung etwa 150 Bestimmungen, die unmittelbare kirchliche Angelegenheiten betreffen. 390 untersagte eine Konstitution des Kaisers Theodosius Frauen, die sich »entgegen den göttlichen und menschlichen Gesetzen« die Haare schneiden lassen, das Betreten einer Kirche und stellte Bischöfe unter Strafe, die solche Scheußlichkeit zulassen.

Leben, sondern Menschen gegen wilde Tiere. Es galt für das ekklesiale Bemühen bis hin zum Heute: »Aber wenn auch auf diese Weise der christliche Einfluß in einer gewissen Zahl von Einzelfällen eine wohltuende Wirkung auslösen konnte, so ist es doch nicht gelungen, die Ursache dieser Ausartungen in ihren Wurzeln zu erfassen oder die Folgen aufzuhalten, die im Prinzip des bestehenden Systems selber begründet waren.«[50]

Die konkreten Kirchen waren und sind nicht selten der wichtigste Widerpart einer gelingenden Christianisierung. Sie sind – wie alle Institutionen – stets zuerst darauf bedacht, ihren Erhalt und ihren Einfluß zu sichern. Neben diesen endogenen systemischen Zwecken werden nur immer von Einzelnen innerhalb oder außerhalb der Institution lebenden Menschen, niemals von der Institution selbst, dem System exogene Ziele vorgegeben – etwa der Versuch, die Botschaft Christi in seinem Leben für sich und andere wirksam zu machen. So engagierten sich zu allen Zeiten in den Kirchen Einzelne für Arme, Obdachlose, Aussätzige, Kranke, Bettler, Vaganten, Irre. Sie gründeten sogar gelegentlich Asyle und Gemeinschaften, die sich dieser Menschen annahmen. Aber alles das waren keine Aktivitäten der Kirche, sondern von Menschen, die in den Kirchen versuchten, die Jesusbotschaft zu leben. Es wäre nun aber falsch, diese Aktivitäten ausschließlich dem christlichen Denken und Handeln zuzuschreiben. Ähnliches Mühen bildete sich auch im Buddhismus oder Islam aus.

Neben der moralischen Impotenz (oft verbunden mit erheblichem moralischem Anspruch, ja moralischem Wollen) zeigt

---

50 L. J. Rogier u. a. (Hrsg.), Geschichte der Kirche I, a.a.O., 327.

sich in den zahllosen Kirchenspaltungen ein typisches System der Institutionen, die es nicht zulassen können, daß sich an der Peripherie Gruppen bilden, welche den Forderungen, Bestimmtes zu glauben oder nicht zu glauben und den Primat des Zentrums anzuerkennen, widersprechen. Institutionen (und keineswegs nur kirchliche) nehmen nicht selten für sich das Recht in Anspruch, festzulegen, was gut und böse, was wahr und falsch ist. Sie behaupten sich als Hort der Rechtgläubigkeit (der Orthodoxie).
Da ich mich seit Jahren mit dem Problem der »Rechtgläubigkeit« beschäftige, will ich hier von einem Experiment berichten, das ich 1964 unternahm. Ich vertrat damals für einige Zeit den Pfarrer einer Großstadtgemeinde in Norddeutschland. Gerade hatte das Zweite Vatikanische Konzil die »Dogmatische Konstitution von der Kirche« verabschiedet. Ich gründete einen Gesprächskreis, in dem etwa gleichzahlig katholische und evangelische Christen vertreten waren, um den Text gemeinsam zu bedenken. Da mir auffiel, daß die evangelischen Christen sehr viel näher dem katholischen Dogma zu stehen schienen als die katholischen, machte ich einen Test. Ich übersetzte zehn dogmatische Lehraussagen des Konzils von Trient über Erbsünde und Rechtfertigung[51]

51 Einige der dogmatischen Lehraussagen lauten:
- Ohne die vorausgehende Eingebung des Heiligen Geistes und ohne seine Hilfe kann niemand glauben, hoffen und lieben oder Buße tun, wie es sich geziemt (richtig nach DS 1553).
- Auch für den gerechtfertigten und in der Gnade lebenden Menschen ist es unmöglich, die göttlichen Gebote zu befolgen (falsch nach DS 1568).
- Das Evangelium enthält außer dem Gebot zu glauben, keine anderen Gebote (falsch nach DS 1569).

und legte sie den 31 Teilnehmern im Arbeitskreis mit der Bitte vor, doch diejenigen anzukreuzen, die ihrem Glauben entsprächen. Die evangelischen Christen (vorwiegend Lutheraner) hatten im Durchschnitt 6,3 »Treffer«, die Katholiken jedoch nur 3,1. Offenbar hat »Rechtgläubigkeit« weniger mit Glauben denn mit der Zugehörigkeit zu einer Kirche zu tun.

2. Die kopernikanische Wende zur Nach-Neuzeit und das Dogmenproblem

Das »Dogmenproblem« ist vor allem ein Problem der römischen Kirche. »Dogma« bezeichnet infolge des Sprachgebrauchs des *Vinzens von Lerinum* (um 434)[52] einen »Satz, der Gegenstand der *fides divina et catholica* ist, den also die Kirche ausdrücklich als von Gott offenbart so verkündet, daß seine Leugnung als Häresie verworfen ... wird«[53]. Das

- Jesus wurde den Menschen nur als Erlöser (nicht aber als Rechtsetzender) gesandt (falsch nach DS 1571).
- Adam, der erste Mensch, verlor, als er im Paradies ein göttliches Gebot übertrat, augenblicklich seine Heiligkeit und Gerechtigkeit, in der er erschaffen worden war (richtig nach DS 1511).
- Die Sünde des Adam wird durch Vererbung, nicht durch Nachahmung übertragen (richtig nach DS 1513).
- In der Taufe werden wir von den Folgen der Erbsünde (nicht aber von ihr selbst) erlöst (falsch nach DS 1515).

52 Vinzens polemisierte in seinem »Commonitorium« gegen das Alter und die Allgemeinheit einer theologischen Aussage als Wahrheitskriterien. Er sprach von einem »Dogma catholicum«, das, von Gott geoffenbart, der Kirche anvertraut ist und als Auslegungsnorm der Heiligen Schrift dient.

53 Lexikon für Theologie und Kirche 3, 439.

Wort »Dogma« kommt in diesem Sinne im Mittelalter nicht vor. Erst der Humanismus entdeckte den Wert der Wortschöpfung des *Vinzens von Lerinum* wieder.[54] Das Konzil von Trient fand 1546 an diesem Wort neuen Gefallen (DS 1505), und das 1. Vatikanum scheint es endgültig in die Theologie eingeführt zu haben (DS 3020, 3041, 3073). Eine Nachwirkung der Sprachregelung durch *Vinzens* kennt auch das Luthertum. »Dogma« bezeichnet in der Konkordienformel eine Lehrnorm der Schrift. Doch mit der Neuzeit sollte auch diese Definition untergehen.

Der Schock der Kirche (nicht des Christentums) über die sie in Frage stellenden Naturwissenschaften war kaum überwunden, da traten zwei weitere Wissenschaften an, deren Einsichten dem Selbstverständnis der Kirche noch sehr viel gefährlicher wurden: die Kommunikationswissenschaft und die Kognitionstheorie. Die Sache wurde deshalb dramatisch, weil die Kirche vom griechischen Denken (vor allem von *Aristoteles*) eine in anderen Kulturen unbekannte Bestimmung von Wahrheit übernommen hatte, die wahr und falsch als einander kontradiktorisch entgegengesetzt bestimmte: Wahr sei eine Aussage nur dann, wenn sie keinerlei Täuschung und Irrtum enthalte. (In nahezu allen anderen Denkwelten gibt es zwischen wahr und falsch alle möglichen Übergänge, wie etwa zwischen Schwarz und Weiß.) Wie selbstverständlich nahm die Kirche an, daß in den theologischen Schriften – etwa des *Paulus* – und in den von ihr formulierten Dogmen (im aristotelischen Sinn) wahre Informationen enthalten seien. Sie ging damit einer fatalen Täuschung auf den Leim.

---

54 Johannes Sichard veröffentlichte seine Schrift 1528 in Basel.

Zwar wußte schon *Aristoteles*, daß unsere Begriffe (= Zeichen, mit denen wir denken, Denkzeichen) durch eine Art von Induktion aus der Wahrnehmung von Einzeldingen gewonnen werden.[55] Das aber bedeutet, daß – wegen der Verschiedenheit und dem Ausmaß der Verschiedenheit der Erfahrungen, die der Begriffsbildung bei verschiedenen Menschen zugrunde liegen – auch sehr verschiedene Begriffe gebildet werden. Dieser Sachverhalt wird oft verkannt, weil die Worte (= Sprachzeichen), in welche die Begriffe übersetzt werden, bei Menschen mit ähnlichem Erfahrungshorizont und ähnlicher Sprachverfügung oft Ähnliches oder gar Gleiches zu bezeichnen scheinen. Es gibt jedoch – wie die im Anhang kurz ausgeführte moderne Kognitionstheorie zeigt – keine objektiven Bedeutungen von Sätzen, wenn man damit meint, daß es nicht-triviale Sätze (also Sprachzeichen)[56] gäbe, die bei auch nur zwei Menschen dieselben Informationen erzeugen. Wenn und insofern aber Dogmen ebensolche Sätze zu sein beanspruchen, sind sie paradox.

Noch sehr viel nachdrücklicher wird dieser an sich triviale

---

55 Anal. post. II, 19; 100a f. Über Einzeldinge bilden wir nach Aristoteles keine Begriffe, sondern speichern sie ab als Bilder. Auch die modernen Begriffsbildungstheorien gehen davon aus, daß die Klassen von Sachverhalten bezeichnenden Begriffe (»Allgemeinbegriffe«) auf Grund von individuell als den Sachverhalten gemeinsamen und als sie bestimmenden Merkmalen oder Beziehungen gebildet werden. Vgl. dazu E. Hanfmann und J. Kasanin, A method for study of concept formation, in: J. Psychol. 3 (1937), 511 ff.; B. E. Hunt, Concept learning. An information processing problem, New York 1962.

56 Trivial sind Sätze, die aus Konstrukten in Sprache übersetzt werden, wenn diese Konstrukte auf allgemein menschliche Erfahrungen zurückgehen. So ist etwa der Satz: »Ich habe Hunger« trivial. Trivial sind also nur Sätze, denen eine unmittelbare Erfahrung entspricht. Dogmen sind in aller Regel nicht-trivial.

Sachverhalt von den modernen Kommunikationswissenschaften, diesmal mit erdrückendem empirischen Material gestützt, festgestellt. Sie widerlegt die für die Neuzeit typische realistische Interpretation der Containermetapher.[57] Diese Metapher versucht zu erklären, was denn Kommunikation bedeutet. Und sie erklärt sie so: Ein Sprecher verfügt über eine bestimmte Information A. Diese packt er in einen Container, etwa einen Satz. Dieser Container wird vom Verstehenden ausgeleert, so daß er nun über eine gleiche oder doch sehr ähnliche Information A verfügt wie der Sprecher. Solange man sich der Metaphorik dieser Erklärung bewußt blieb, war das recht problemlos. Wenn man jedoch die Metapher realistisch interpretiert, fällt man auf eine Tücke unseres Verstandes herein, der uns glauben machen will, daß unsere Erklärungen Abbilder von Realität sind. Das bedeu-

---

57 Wir unterscheiden wissenschaftstheoretisch vier Klassen von Erklärungen: Theorien (vor allem in den Naturwissenschaften gebildet), Modelle (vor allem die Handlungswissenschaften beherrschend), Geschichten (vor allem von den Geschichtswissenschaften verwandt, um historiographisch erhobene Daten zu verbinden) und Metaphern (vor allem in Theologie und Kommunikationswissenschaften verwandt, um komplizierte, sich der Sprache entziehende Sachverhalte durch Analogiebildung zu erklären). Die Neuzeit neigte dazu, alle Erklärungstypen als Realität abbildend (also realistisch) zu interpretieren. So werden aus Theorien »objektive Naturgesetze«, aus Modellen »objektive ökonomische Gesetze«, aus Geschichten »objektive Geschichte«. Diesem Erklärungsrealismus liegt die (inzwischen falsifizierte) Vermutung zugrunde, unser Verstand könne in seinen Erklärungen täuschungs- und irrtumsfreie primäre Erkenntnis gewinnen. Wir Menschen haben noch niemals in den Bereichen, die der Erfahrung offenstehen, über unüberholbares Wissen verfügt. Warum sollte es gerade in den Bereichen, die der Erfahrung verschlossen sind, solches Wissen geben? Im Prinzip ist über jede Sachverhaltsmenge eine Vielzahl gleichberechtigter Erklärungen möglich.

tet für die Containermetapher: Im Gegensatz zu unserer Verstandesvermutung befinden sich im Container keine Informationen, sondern nur Signale, die unter bestimmten Umständen das kognitive System eines Menschen dazu bringen können, Informationen zu erzeugen (vgl. dazu den Anhang).

Sätze, seien sie geschrieben oder gesprochen, enthalten also nur Signale. Informationen werden nur von Großhirnrinden erzeugt und verarbeitet. Kommen die Signale von außen, wie etwa beim Hören oder Lesen, durchlaufen sie das limbische System, werden hier mit Emotionen angereichert und erregen – bei allen Menschen deutlich verschieden – bestimmte Attraktoren auf der Großhirnrinde, wobei sie unter bestimmten Umständen zu Informationen verarbeitet werden. Die Produktion und Verarbeitung von Informationen ist nicht mehr ein physikalischer Vorgang (physikalisch ist nur ein »Gewitter« auf der Großhirnrinde festzustellen), sondern ein informationeller. Zuerst werden Empfindungen erzeugt, dann Anschauungen (Empfindungen werden im Nebeneinander – räumlich – geordnet), Erscheinungen (Empfindungen und Anschauungen werden im Nacheinander – zeitlich – geordnet) und Erkenntnisse (Erscheinungen werden gedeutet). Im Denken werden dann solche Erkenntnisse mit anderen (aber auch mit Erscheinungen und Anschauungen) verbunden. Konstrukte (Denkzeichen) werden gebildet. Das kann zu Erklärungen führen.

Daß von gleichen Signalen erzeugte Informationen von Mensch zu Mensch sehr verschieden sind, konnten unschwer sowohl die empirischen, mit soziographischen Methoden arbeitenden Verstehenstheorien wie auch die Hirnphysiologie aufweisen (vgl. dazu im Anhang: »Signale

und Informationen«). Doch bei der Frage nach der Möglichkeit von Dogmen wird noch ein weiterer Sachverhalt erheblich. Die Containermetapher bezieht sich auf Nachrichten, die in der Regel im Rekurs zwischen kommunikativ Interagierenden grobe Mißverständnisse (also erhebliche Differenzen zwischen A_1 und A_2) kommunikativ aufdecken, die man jedoch – wenigstens teilweise – beheben kann. Von Nachrichten sind jedoch sorglichst Botschaften zu unterscheiden, bei denen ein solcher Differenzen aufzeigender und sie in Grenzen behebender Rekurs nicht stattfindet, weil – aus welchen Gründen auch immer – zwischen dem Erzeuger der Signale und dem Verarbeiter der Signale keine rekursiven Interaktionen stattfinden (können).
Allgemein kann man davon ausgehen, daß A_1 und A_2 einander ähnlich sind, wenn, ähnliche Sprachbeherrschung vorausgesetzt, wenigstens zwei Bedingungen erfüllt sind:

- Wenigstens eine der vier klassischen Sozialisationen (die sozio-kulturelle Basissozialisation durch die Eltern, die Ausbildungssozialisation, die Partnerschaftssozialisation, die Berufssozialisation) vermittelt ähnliche Erkenntnisse und Wertungen.
- Interessen, Bedürfnisse, Erwartungen und Werteinstellungen der miteinander Kommunizierenden sind zureichend ähnlich.

Dann können die Interaktionspartner ein gemeinsames Sprachspiel aufbauen, in dessen Horizont die beiden über eine zureichend ähnliche Information kommunizieren. »Zureichend ähnlich« wollen wir solche Informationen nennen, die zu Handlungen oder Entscheidungen führen, die im

Erwartungshorizont des jeweils anderen Interaktionspartners liegen.
Beide Bedingungen sind bei Botschaften selten erfüllt. Ist doch eine Botschaft eine Information, die durch einen Signalgeber erzeugt wurde, mit dem keine rekursiven Interaktionen möglich sind, etwa weil er nicht in sozialer oder zeitlicher Reichweite liegt. In diesem Fall gibt es keinerlei Kriterium herauszufinden, ob die durch die Signalmenge erzeugte Information der des Signalgebers zureichend ähnlich ist. Man kann allenfalls Vermutungen darüber anstellen. Diese sind immer dann zureichend gerechtfertigt,

- wenn aus dem Wissen um den Kontext die vom Erzeuger produzierte Signalmenge zu einer zureichend konsistenten und kohärenten Informationsmenge verarbeitet werden kann und
- wenn die Handlungen und Entscheidungen, die aus der Informationsbildung folgen, mit Handlungen der Vergangenheit eine kohärente und konsistente »Bedeutungsgeschichte« bilden.

Nun gibt es zweifellos zahlreiche Möglichkeiten, aus den Berichten (= Signalmengen) über das Leben und die Lehre Jesu mit dem jeweils individuellen Verstehen dieser Berichte Informationen zu erzeugen, die zu hinreichend konsistenten und kohärenten Handlungen und Entscheidungen führen. Wenn man diese Erkenntnis auf das Leben und die Lehre Jesu anwendet, verfügen vermutlich alle christlichen Denominationen, ja jeder einzelne Christ, der sein Christsein verantwortet reflektierte, über solche zureichend gerechtfertigte Interpretationen des Lebens und der Lehre

Jesu. Sie sind also, insofern rekursive Handlungen nicht (mehr) möglich sind, an und unter sich gleichberechtigt, wenn auch nicht gleichwertig. Jeder Mensch hat das Recht, seine Interpretation jeder anderen für überlegen zu halten, wenn sie nur zwei Bedingungen erfüllt: Sie darf 1. der Jesusbotschaft nicht offensichtlich und unbestreitbar widersprechen, und sie darf 2. nicht zu sozialunverträglichem Handeln führen. (Was im christlichen Sinne dieses »sozialunverträglich« meint, wird im vierten Kapitel auszuführen sein.)

Alle Theorien, die von der möglichen identischen Reproduktion von Informationen zwischen Signalgeber und Signalverarbeiter ausgehen, sind heute falsifiziert. Das ist natürlich für eine Kirche, die sich im Besitz ewiger und allgemein-gültiger Wahrheiten wähnt, eine katastrophale Einsicht, jedenfalls katastrophaler als jene, die einst den Streit mit *Galilei* auslöste, nach der die Erde nicht Mittelpunkt der Welt sei. Diesen Streit konnte sie mit einigen Blessuren überleben, ob sie aber den mit den modernen Kognitions- und Kommunikationswissenschaften in ihrer neuzeitlichen Gestalt überleben wird, steht auf einem ganz anderen Blatt. Jedenfalls wird die dann überlebende Kirche nicht mehr die von heute sein.

Selbstverständlich sind Dogmen, die niemals triviale spekulative Inhalte enthalten, von denen zu unterscheiden, die triviale historiographische Daten vorstellen. Zu den letzteren gehören etwa und vor allem die historiographischen Tatsachen, daß Jesus gelebt hat, daß er am Kreuz gestorben ist, daß seine Jünger glaubten, er sei auferstanden, daß viele Christen an ein ewiges Leben glauben ... Für diese Sätze gelten selbstredend unsere Bedenken nicht. Dagegen sind die »spekulativen Dogmen« durchaus von der Problematik der Containermetapher und des unvermeidlichen Subjektivismus des Konstruktivismus (vgl. den ersten Exkurs des Anhangs) betroffen.

Die Dogmenproblematik erhielt in der katholischen Kirche ihre letzte Zuspitzung durch das Dogma von der Fähigkeit des Papstes, in der Tradition eines heidnischen Pontifex maximus stehend, Dogmen zu verkünden.[58] Dieses Dogma entsprang dem fundamentalistischen Denken der Neuzeit. Ich nehme nun an, daß das jeder Erfahrung widersprechende Beibehalten einer realistischen Interpretation der Botschaftsmetapher die Zentren aller christlichen Kirchen als recht intolerant erscheinen läßt. Wer sich im qualifizierten, ja alleinigen Besitz aller religiösen Wahrheit behauptet, macht sich, weil er alle anderen in die Bereiche des Irrens verweist, wegen seiner als arrogante Intoleranz empfundenen Ansprüche Feinde.[59] Da nun aber Intoleranz, vor allem, wenn sie mit Arroganz gepaart ist, heute eher abstößt, wird sie der vorwiegende Grund für das Absterben der Kirchen in ihren heutigen Gestalten sein.[60]

---

58 Das 1. Vatikanum definierte unter dem 18. 7. 1870 das Dogma: »Wenn der römische Bischof ex cathedra spricht, das ist, wenn er in seinem Amt als Hirt und Lehrer aller Christen unter dem Anspruch seiner höchsten apostolischen Autorität eine Lehre über Glaube oder Sitte, die von der ganzen Kirche zu halten ist, definiert, dann nimmt er unter göttlichem Beistand, den er selbst den seligen Petrus versprochen, an jener Unfehlbarkeit teil, durch die der heilige Erlöser seine Kirche im Definieren einer Doktrin über Glaube und Sitte ausstatten wollte. Daher sind solche Definitionen des römischen Bischofs aus sich, nicht aber aus der Zustimmung der Kirche unabänderlich« (DS 3074).

59 Noch das 2. Vatikanum lehrt: »Denn nur durch die katholische Kirche Christi, die ›das allgemeine Hilfsmittel des Heiles‹ ist, kann man Zutritt zu der ganzen Fülle der Heilsmittel haben« (Ökomenismusdekret Nr. 3).

60 Anette Tietenberg berichtet in der FAZ vom 24. 2. 1994 (Seite 37) in ihrem Artikel: »Die Angst ist die Krankheit der Moderne«, daß solcher

3. Das Ende der Kirchen in Europa

Es soll hier nicht etwa dem absoluten Ende jeder europäischen Kirche das Wort geredet werden, sondern nur dem relativen der Bedeutungslosigkeit. Kirchen werden vermutlich noch Jahrhunderte lang bestehen – aber es werden Kirchen im Getto sein.
Die Reduktion auf eine Gettokirche ist besonders für die römische wahrscheinlich. Als »Kirche der Dogmen« ist sie – im Gegensatz etwa zu kalvinistischen Kirchen – im Allgemeinen Bewußtsein der Vielen schon längst gestorben. Menschen werden sich in großer Zahl von ihr lossagen, ohne ihr Christentum aufgeben zu wollen, weil sie für sie zu eng wurde und zu intolerant, um glaubwürdig die Jesusbotschaft zu beherbergen und zu verkünden. Und die Zahl der Seelsorger, die ihnen eine andere Kirche vorleben könnten, wird ebenfalls dramatisch abnehmen.
Dieser Sachverhalt ist soziographisch vergleichsweise einfach zu belegen: Im Januar 1994 veröffentlichte das »soziale und kulturelle Planbüro (SCP) in Rijswijk eine Studie: »Säkularisierung in den Niederlanden 1966–1991«[61]. Die For-

---

scheinbare Relativismus schon das Problem zu Beginn der Moderne war: »Das also war das Ergebnis mühsamer wissenschaftlicher Experimente und intensiver Bibelexegese: Alles, worauf man bisher guten Glaubens vertraut hatte, entpuppte sich als fauler Zauber. Diese Enttäuschung konnte man im Barock – genau wie heute – nur mit Hilfe prunkvoller Täuschungen erträglich machen.« Damals versuchte das Konzil von Trient (1545–1563), dem christlich-katholischen Glauben wieder ein sicheres Fundament zu geben – wie auch die Philosophie des René Descartes (1596–1650) dem Wissen und die Physik des Isaac Newton (1643–1717) den Wissenschaften.

61 Vgl. dazu den Artikel: »Die Kirchenbindungen lösen sich auf«, in: FAZ vom 19. 2. 1994, Seite 5.

scher interpretierten »Säkularisierung« nicht als ein Leben ohne Normen, sondern vielmehr so, daß Menschen ihr Verhalten nicht mehr an den Normen ihrer Kirchengemeinschaft orientieren. Ein paar Zahlen mögen das belegen:

- Von 1958 bis 1991 sank die Zahl der Kirchenmitglieder von 76 auf 43 %.
- 1991 gaben 52 % der befragten Niederländer an, sehr oder doch einigermaßen gläubig zu sein. 49 % glaubten an ein Leben nach dem Tod. 28 % verstanden sich als außerkirchlich (im Sinne eines außerkirchlichen Christentums), 33 % als entkirchlicht. Nur 11 % verstanden sich als ausgesprochen kirchlich (regelmäßiger Kirchenbesuch). Die meisten entkirchlichten Christen waren Katholiken, ihre Zahl halbierte sich im Untersuchungszeitraum.
- 1991 behaupteten 14 % der Katholiken, sie gingen regelmäßig zur Kirche, das gleiche gaben 30 % der Niederländisch-Reformierten (seit 1950 stabil geblieben) an und 43 % (von 1950 90 %) der Kalvinisten.
- 1991 liberalisierten die verbliebenen Mitglieder der katholischen Kirche zu über 90 % ihre moralischen Auffassungen. Sie emanzipierten sich in ihrer überwiegenden Mehrheit von ihren kirchlichen Autoritäten (horizontales Schisma).

Sprecher der katholischen Kirche in der BRD bestätigten, daß ihre Untersuchungen mit den Feststellungen der SCP-Studie übereinstimmten. Die katholische Kirche der BRD-West verließen:[62]

62 Der Spiegel (40) 1993, 111.

- 1960–1967 pro Jahr 20 000,
- 1970 70 000,
- 1974 85 000,
- 1990 105 000,
- 1991 145 000 Menschen.

Die Austrittsgründe sind nach einer Allensbacher Befragung vor allem (Mehrfachnennungen möglich):

- Die Kirche hatte mir nichts mehr zu sagen . . . . . 69 %
- Die Kirche hat eine andere Moralvorstellung als ich . . . . 68 %
- Kirchensteuer . . . . 59 %
- Die Kirche hat mich enttäuscht . . . . 55 %
- Religion sagt mir wenig . . . . 32 %

Es waren also vor allem kirchenbezogene und nicht etwa religiöse Gründe, die zum Kirchenaustritt führten. Das bestätigt sehr drastisch die Theorie vom nachkirchlichen Christentum.
Kardinal *Georg Sterzinsky* antwortete in einem »Spiegel«-Interview auf die Frage nach dem Grund der Austritte: »Die Frage an die Kirche heißt: Was haben wir falsch gemacht, daß wir nicht mehr verstanden werden? ... Die Kirche gibt möglicherweise Antwort auf Fragen, die gar nicht gestellt werden.«[63] Für die Kirchenflucht sei bedeutsam, daß die Botschaft der Kirche nicht verstanden werde. »Wird die Botschaft gar nicht mehr gehört? Wird sie so verzerrt weitergegeben, daß sie gar nicht mehr verstanden werden kann?

63 »Was machen wir falsch?«, in: Der Spiegel 40 (1993), 108–117.

Oder haben die Menschen kein Interesse mehr an ihr?« Ich denke, der Kardinal hat recht. Die Kirche verabsäumt es, die Jesusbotschaft frei von irgendwelchen theologischen Schnörkeln in der Sprache der Welt von heute vorzustellen. Die Kirche denkt angebots- und nicht nachfrageorientiert.

Auf diesen Vorwurf pflegen Bischöfe mit dem einfältigen Hinweis zu antworten, daß die Kirche nicht den Menschen nach dem Mund reden dürfe, nicht nur Angenehmes sagen könne. Das soll sie auch nicht! Hat Jesus etwa allen Menschen nur das gesagt, was sie hören wollten? Nein! Im Gegenteil! Und dennoch hat er ihnen etwas gesagt, das ihnen half, eigenes und fremdes Leben menschlicher zu gestalten.

Statt dessen streiten sich katholische Amtsträger mit *Eugen Drewermann* über Fragen, die vielleicht theologisch relevant, religiös heute aber ohne jede Bedeutung sind. So ist es für einen Menschen, der die Jesusbotschaft in seinem Leben erheblich machen will, völlig gleichgültig, ob das Hymen Mariens unverletzt blieb, als sie Jesus gebar. Die Frage hat allenfalls Kuriositätswert, und wer sie bejaht, muß damit rechnen, als esoterischer Spinner abgetan zu werden. Zwar gibt es zu dieser Frage päpstliche Äußerungen aus den Jahren 521, 557, 693 und 1555, die jedoch niemals den Rang von Dogmen erhielten. Und so konnte denn auch *Adolf Mitterer*, der bekannte Wiener Theologe, schon zu Zeiten *Pius XII.*, eines in keiner Weise Neuerungen verdächtigten Papstes, völlig ungerügt schreiben, daß die Jungfräulichkeit Mariens in der Geburt Jesu nichts anderes bedeute, als daß sie Jesus ohne Schmerzen geboren habe. Sie habe nicht unter dem »göttlichen Fluch« gestanden, mit dem Gott den paradiesischen Ungehorsam der Eva rächte: »Unter Schmerzen wirst du deine Kinder gebären« (Gen 3, 16).

Eine Umfrage des FORSA-Instituts ergab im Mai 1994 für die Bundesrepublik folgende Werte:[64]

	Glauben Sie an Gott?		An welchen Gott glauben Sie?	
	Ja	Nein	An den christl. Gott	An eine Gottheit
Gesamt	66	32	63 (41)	34
West	74	24	64 (47)	34
Ost	31	66	57 (18)	71
24–29 Jahre	57	42	53 (30)	41
30–49 Jahre	61	36	63 (38)	35
über 49 Jahre	75	23	68 (51)	31

Die zweite Frage wurde nur denen gestellt, welche die erste bejahten. Die eingeklammerten Werte der dritten Spalte geben an, wieviel Prozent der Befragten an einen christlichen Gott glauben. Es sind in der BRD-Ost nur noch 18% und der Schicht der 30- bis 49jährigen nur 38%. Die Zahlen mögen belegen, wie sehr die Vermutung *Friedrich Nietzsches*, der Gott der Theologen sei gestorben, zutrifft. Selbstverständlich ist hier die Frage wichtig, ob das Christentum – auch das nachkirchliche – überhaupt eine Chance hat. Ich denke, die jeden kirchlich gebundenen Christen erschrekkenden Zahlen kommen zum guten Teil durch das Versagen der Kirchen zustande. Hätten sie den Gott, den Vater Jesu,

64 Götter, Geister und Gelehrte, in: »Die Woche« vom 19. 5. 1994. S. 27.

gepredigt, würden die Zahlen anders aussehen. Andererseits zeigen sie, wie wichtig Seelsorge in einer nachkirchlichen Zeit geworden ist.

Aufschlußreich für die Situation der Kirchen in der Bundesrepublik ist auch ein Ergebnis einer EMNID-Umfrage unter jungen Menschen (14- bis 29jährigen) über die Glaubwürdigkeit von Institutionen im Oktober 1994: Greenpeace erreichte 64 Prozent, Amnesty International 50 Prozent, Gewerkschaften 17 Prozent. Weit abgeschlagen (unter 10 Prozent) folgten Kirchen und Parteien (FAZ vom 4. 11. 1994).

Bedeutet das Ende der Kirchen nun auch ein Ende des Christentums? Ganz sicher nicht. Es lebt und organisiert sich jedoch außerhalb der Kirchen.

III. Zu einem gemeindlich-kirchlichen Christentum

Daß es heute ein nachkirchliches Christentum gibt, dürfte unbestritten sein. Jeder, der nicht im kirchlichen Milieu geistig und geistlich gefangen bleibt, wird diesem Christentum alltäglich begegnen. Es wird getragen von Menschen, die sich außerhalb der Kirchen der Botschaft des Jesus von Nazaret verpflichtet fühlen – und das ohne alle kirchliche Bindung. Zwar gibt es betriebsblinde Theologen, die den Begriff »nachkirchliches Christentum« für eine *contradictio in terminis* halten, da sie sich Christentum nur als kirchliches vorstellen können. Diese Behauptung ist empirisch falsch (die Soziologie war genötigt, den Begriff »entkirchlichtes Christentum« einzuführen) und theologisch und – das ist das wichtigste – auch religiös nicht nur falsch, sondern infam. Spricht sie doch allen Menschen, die außerhalb und zum Teil gar gegen die institutionalisierten Kirchen christlich leben wollen, ihre Glaubwürdigkeit und ihre religiöse Authentizität ab. Ich jedenfalls bin außerhalb der Kirchen mehr überzeugenderen Christen begegnet als innerhalb. Zudem werden die Kirchen kaum in der Lage sein zu beweisen, daß Jesus sie in ihren heutigen Gestalten gewollt oder auch nur geduldet hätte.

Nachkirchlich kann ein Christentum aus zwei Gründen genannt werden:

① Die Zeit der Kirchen ist, wie schon einst der berühmte Abt *Joachim von Fiore* (1145–1202) vermutete,[65] vorüber. Hier gilt es jedoch zu bedenken, daß die drei großen Epochen europäischer Geschichte (Altertum, Mittelalter und Neuzeit) sehr verschiedene Formen christlicher Kirchlichkeit ausgebildet haben und wir heute nur am Ende der neuzeitlichen Kirche stehen. Es mag sein, daß einmal das Christentum wieder zurückkehrt in die Kirchen, aber das werden dann andere Kirchen sein.

② Manche Menschen wuchsen und wachsen religiös aus der Kirche heraus, lassen sie hinter sich, weil sie ihrem Christsein eher schädlich denn nützlich sind.

Dieses Buch handelt von der zweiten Form der Nachkirchlichkeit. Ihr voraus geht ein horizontales Schisma. »Die da oben« (Papst und viele Bischöfe) können sagen und schreiben, was sie wollen, »die da unten« (Laien, viele Priester, manche Bischöfe) tun das, was sie für richtig halten und vor ihrem christlichen Gewissen verantworten können. Gäbe es

65 Im »Ewigen Evangelium«, in dem 1254 der Franziskaner Gherado vom Borgo San Dommino die drei Hauptschriften des Joachim zusammenfaßte, ordnete der heiligmäßige Abt den »drei trinitarischen Personen« drei Weltzeiten zu:

Reich des Vaters	*Reich des Sohnes*	*Reich des Heiligen Geistes*
Schöpfung	Erlösung	Befreiung
Gesetz	Gnade	Liebe
Plagen	Arbeit	Kontemplation
Angst	Glaube	Liebe
Knechtschaft	Kindschaft	Freundschaft
Halm	Ähre	Frucht

Zwar verurteilte die römische Kirche einige der Thesen des Abtes von Fiori über die Trinität (DS 803–807), nicht aber ihn selbst und nicht seine Drei-Reiche-Lehre.

dieses Schisma nicht, würden noch mehr Menschen die Kirchen verlassen.
Der so gelebte (mitunter gar bekannte) Ungehorsam wird zur Institution. Es gibt Gemeinden, in denen Christen ihr wieder gemeindlich-kirchliches Christentum, das die Reste der konstantinischen Staatskirche überwand, leben können. Aber es sind, trotz der aufopfernden Bemühungen vieler Pfarrer, nicht sehr viele. Manche – und immer mehr – verabschieden sich von der hierarchischen Kirche, weil sie der Überzeugung sind, daß ihre verkrusteten Strukturen nicht mehr aufzubrechen sind und daß in ihrem Inneren Christentum verkomme.
Ich möchte diesem Kapitel noch eine Notiz anfügen, die mir erst nach Drucklegung zur Verfügung stand. Als ich Ende Oktober 1994 meine Gedanken zur Dogmenproblematik vor dem Anspruch moderner Kognitions- und Kommunikationstheorien den Dogmatikern unserer Hochschule vortrug, machten sie keinerlei Einwände. Sie verwiesen zu Recht darauf, daß gemeinsames Handeln ein zu reicher Ausweis für ein zureichend ähnliches Verstehen von Dogmen sei. Es gibt also nicht wenige Theologen, die sich von dem klassischen Verständnis von »Dogma« abgelöst haben. Die Praxis zeigt das in sehr verschiedenen dogmatischen Ansätzen.

2. Kapitel
Religiosität und Sprache

2

Das Allgemeine Bewußtsein bringt sich in Sprache zum Ausdruck. Aus der Weise, wie eine Zeit, eine Gruppe von Menschen (etwa Theologen) von und über Gott spricht, läßt sich sehr wohl ausmachen, ob Gott in ihnen lebt oder nicht. Zwar kann Theologie auch von einem Atheisten – vermutlich als eine konsistente und kohärente, alle wesentlichen Inhalte christlichen Glaubens bedenkende Lehre – entwickelt werden, doch wird er sich am Gebrauch des Wortes »Gott« entlarven. Er wird den Gebrauch nicht religiös verantworten und das Wort völlig unbefangen verwenden. Im Regelfall wird er nicht einmal seinen Atheismus erkennen, sondern sich als einen gläubigen, vielleicht gar wegen seines Theologendaseins ausgezeichnet gläubigen Menschen verstehen. Ich bin sicher, daß es solche kryptisch-atheistischen Theologien gibt, daß es Theologen gibt, die ohne über den Begriff »Gott« zu verfügen das Wort »Gott« verwenden. Wenn wir sagen, Gott sei in der Sprache der Theologie verstorben, dann sind ebensolche Theologien gemeint. Die Kirchenverdrossenheit nicht weniger Christen gründet sicher nicht zuletzt auch in dem fahrlässigen Umgang mit »Gott«, der in diesen Kirchen betrieben wird. Es ist nicht auszuschließen, daß sich das »wahre Christentum« im außerkirchlichen Raum, der frei ist von fahrlässigem Theologengerede, etabliert.

Religiosität ist zunächst keineswegs ein sprachliches, sondern vielmehr ein psychisches Geschehen bzw. ein psychischer Zustand. Dabei umfaßt Religiosität alle menschlichen Lebensbereiche: das emotionale wie das soziale Leben, das intellektuelle wie das volitive, das moralische wie das kulturelle, das private wie das berufliche. Religiosität hat also eine hoch integrative Funktion. So wie sie alle menschlichen Lebensbereiche miteinander verbindet, beeinflußt sie sie auch. Sie ist gleichsam der Stern, dem ein Menschenleben folgt. Und so beeinflußt sie auch alle Dimensionen des personalen Lebens im Handeln und Entscheiden.
Religiosität setzt voraus, daß ein Mensch über religiöse Denkzeichen (Begriffe) verfügt, denn sie allein können den religiösen Universalismus sichern. Doch diese Begriffe dürfen nicht isoliert sein von allen anderen Denkzeichen, die etwa unsere Emotionalität (wie Liebe und Haß, Hoffnung und Trauer, Begeisterung und Niedergeschlagenheit . . .), unser ökonomisches, politisches, kulturelles, soziales Orientieren und Einstellen und damit mittelbar auch unser Handeln und Entscheiden beeinflussen. Eine isolierte Religiosität, die sich nicht erfahrbar macht, ist keine, die den Namen verdiente.
Es gilt also sorglichst zu unterscheiden zwischen Religiosität und den verschiedenen Formen von Pseudo- oder Areligiosität. Hierher gehören etwa:

- Alle vermeintlich religiösen Ausdrucksformen, die nicht in das personale Leben integriert sind (etwa die »Sonntags- oder Kirchenreligiosität«), oder Ausdrucksformen, die nahezu ausschließlich dazu dienen, den emotionalen Lebenshaushalt auszugleichen.

- Alle vermeintlich religiösen Ausdrucksformen, in denen ein Mensch sich selbst zum höchsten »religiösen Gut« macht – und nicht mehr seinem Stern folgt, sondern seinen eigenen Interessen und Bedürfnissen. Nicht selten wird solche »Religiosität« zu einem Epiphänomen einer kränkelnden oder kranken Psyche, die sich auf diese Weise zu stabilisieren versucht. Religiosität ist aber kein Psychopharmakon, sondern gründet in der Anerkennung der eigenen Grenzhaftigkeit, die dazu nötigt, Größeres über sich anzunehmen – eben jenen Stern, der in den Wirrungen der eigenen strukturellen und funktionalen Desorientierungen einen Lebensweg weist. Wie dieser Stern gefunden werden kann, darüber wird vor allem das 4. Kapitel dieses Buches handeln.

- Alle vermeintlich religiösen Ausdrucksformen, die in einer pseudo-religiösen Orientierung gründen, die nicht zu Handlungen und/oder Entscheidungen führen, deren Ausgang personales Leben eher mehrt denn mindert.

Wie aber läßt sich Religiosität anders zur Sprache bringen als durch biophiles (= personales Leben eher mehrendes als minderndes) Handeln und Entscheiden? Man wird über Religiosität auch sprechen müssen – und sei es auch nur zu dem Zweck, die eigenen religiösen Konstrukte einer Bewährung auszusetzen.[66] Und da begegnen wir einer

66 Unser Großhirn ist nicht in der Lage, Bilder von Realität zu rekonstruieren, sondern ist so sehr in seinen eigenen Mechanismen verfangen, daß es sich auf Grund innerer und/oder äußerer Signale Konstrukte bildet. Diese Konstrukte sind die Grundlage menschlichen Handelns, Entschei-

ernsten Schwierigkeit. Religiosität formuliert sich – wenn überhaupt – zunächst in Denkzeichen (Begriffen).[67] Diese sind von Sprachzeichen (Sätze) wesentlich unterschieden. Während unsere Sprachzeichen einer binären Logik folgen, gehorchen die Denkzeichen einer analogen. Denkzeichen sind unscharf. Ihre »Fuzzy-Logik« kennt keine binären Unterscheidungen wie wahr und falsch, gut und böse, sinnvoll und sinnlos, brauchbar und unbrauchbar, sondern auch alle möglichen Übergänge zwischen diesen polaren Elementen. Wenn unser Großhirn versucht, religiöse Begriffe in Sprachzeichen zu übersetzen, sind Übersetzungsfehler schlechterdings unvermeidbar. Religiöse Inhalte lassen sich also, weil ursprünglich durch analoge Zeichen dargestellt, nicht – was eine Voraussetzung sprachlicher Darstellung ist – binär kodie-

---

dens und Verhaltens, denn nichts anderes steht uns erkenntnismäßig zur Verfügung. Diese Konstrukte bedürfen der Bewährung. Die effizienteste Bewährungsform ist die »bewährende Interaktion« mit anderen Menschen, mit anderen Konstrukten. Diese Konstrukte müssen zwar zureichend ähnlich sein, damit Interaktionen überhaupt sinnvoll sind. (Von sinnvollen Interaktionen sprechen wir, wenn die interaktionelle Reaktion im Erwartungshorizont der Partner liegt und als sinnvoll akzeptiert wird.) Bewährend ist eine Interaktion, wenn sie zwei Bedingungen genügt:

- Sie stabilisiert nicht, sondern dynamisiert Konstrukte. Interaktionen zwischen Menschen mit (nahezu) identischen Konstrukten (die sich meist als ähnliche Vorurteile verbalisieren) bestätigen bestehende Konstrukte und vergrößern damit die Gefahr, daß sich diese realitätsfern etablieren.
- Sie optimieren biophile Dispositionen der beteiligten Interaktionspartner. Ist diese Bedingung erfüllt, ist ein wichtiges Kriterium für Realitätsdichte realisiert.

Weiteres dazu im Anhang.

67 Über den Unterschied zwischen Denk- und Sprachzeichen und die Problematik, beide ineinander zu übersetzen, vgl. Anhang.

ren, ohne erhebliche Sinnentstellungen und Sinnverluste.[68] Jesus hat dieses Problem durch einen Trick zu umgehen versucht, indem er die Analogie der religiösen Denkzeichen in die von Gleichnissen und Wundern übertrug.[69] Beide organisieren sich nicht binär. Beide gehorchen einer Fuzzy-Logik.
Doch gehen wir noch einen Schritt zurück, und fragen wir uns, was denn »Religion« eigentlich ausmache. Religion bezeichnet jede Verehrung eines den einzelnen Menschen transzendierenden Etwas. Religiös ist ein Mensch, der etwas als real gegeben annimmt, das größer ist als er selbst. Wenn ein Mensch sich selbst zum höchsten Wesen macht, sich also vergöttlicht, obschon er doch ständig an seine Grenzen

---

68 Dieser Sachverhalt ist philosophisch ebenso trivial wie empirisch gut bezeugt. So schloß Thomas von Aquin sein »Summa theologica« nicht ab, weil er erkannte, daß alles, was er versucht hatte, über Gott zu schreiben, nichts als leerer Wahn gewesen sei. Auch die Dominikanermystik wußte darum, daß alles Sprechen von Gott nicht auf das Göttliche zutrifft. Meister Eckhart (1260–1328) war der Ansicht, daß nur die mystische Intuition und die Erfahrung des Herzens, nicht aber der Verstand das Göttliche erreiche. Heinrich Seuse (1295–1366), von 1322 bis 1324 Schüler Meister Eckharts in Köln, folgte darin seinem Meister. Johannes Tauler (1300 bis 1361) stellte fest, daß der Weg zur Einigung des »Seelengrundes« mit dem Göttlichen über das »Gelassensein« von allen geschaffenen Dingen und allen bestimmten Zwecken führe.

69 »Da kamen die Jünger zu ihm und sagten: Warum redest du zu ihnen in Gleichnissen? ... Deshalb rede ich zu ihnen in Gleichnissen, weil sie sehen und doch nicht sehen, weil sie hören und doch nicht hören und nichts verstehen ...« (Mt 13, 10,13). Damit bringt Jesus die Sache des religiösen Redens auf den Punkt. Wird es nicht in Gleichnissen analogisiert, wird es mißverständlich: Menschen glauben zu sehen und sehen nichts, glauben zu verstehen und verstehen nichts. Nur wer die Jesusbotschaft mit dem »Herzen hört«, bedarf nicht der Gleichnisrede und der Wunder. Wenn wir im Folgenden die heiligen Schriften der Christen zitieren, dann zumeist in der »Einheitsübersetzung«. Nur bei deutlichen Abweichungen vom Urtext werden Korrekturen nötig.

stößt – oft genug sind das Grenzen, die andere Menschen sehr viel weiter draußen gezogen haben –, wird er in seinem sehr unreif gebliebenen Narzißmus an sich selbst leiden oder andere an sich leiden lassen. Er ist unreligiös, weil er sich selbst vergöttlichte.

Bei der Definition dessen, was »religiös« bedeutet, taucht die Schwierigkeit auf, daß nur die Sprachen, die das lateinische *»Religio«* aufgenommen haben,[70] über dieses Wort verfügen. In vielen anderen Sprachen muß der Begriff in Wortfelder übersetzt werden. F. M. Müller ist zum Beispiel der Ansicht, im Sanskrit müsse »religio« mit dem Wortfeld: *Dharma* (= Sitte, Ordnung), *Srutri* (= Hören), *Bhakti* (= gläubiges Vertrauen), *Sraddha* (= Glaube an eine Gottheit) beschrieben werden.[71]

---

70 Dabei ist der Begriff auch im Lateinischen schwer in Worte zu übersetzen. Das Konstrukt »religio« scheint bei verschiedenen Menschen sehr verschiedene Merkmale zu enthalten. Religio kann »Gewissenssache« bedeuten (Plautus) oder Kulte (Livius). W. F. Otto betont, daß »religio« kein Gefühl wiedergebe, sondern eine Handlung, die in Rücksicht und Vorsicht dem Numen gegenüber vorgenommen werde. Sie umfasse einen Kult und die von einem Numen erzeugte Scheu, die zu Handlungen oder Unterlassungen führe (Religio und Superstitio, in: Arch. Rel.-Wissenschaft 12 [1909], 533–544). Im Mittelalter bedeutet »religio« religiöser Orden; aber auch ein dem Menschen angeborenes Vermögen, auf Grund dessen ein Mensch Gott zugetan sei (so Abaelard, Anselm, Albert der Große, Bonaventura). Erst Nikolaus von Kues verwendet den Begriff modern, wenn er von der »Einheit der Religionen« (concordia religionum) spricht.

71 F. M. Müller, Natürliche Religion, 1890, 89–97. Im modernen Indien übersetzt man zumeist »Dharma« mit »Religion«. Annäherungsbegriffe des Griechischen könnten sein: nómos (religiöser Brauch), eusébaia (Frömmigkeit), aidós (Scheu vor den Göttern).

I. Das Sprechen von Gott

Von einem »realen Gott« zu sprechen ist paradox. »Gott« ist kein Eigenname, denn Eigennamen bezeichnen singuläre erfahrbare Sachverhalte (wie Personen, Dackel, Städte, Völker).[72] »Gott« ist aber auch kein Name für eine Klasse von Sachverhalten, denn solche Klassennamen betreffen eine Vielzahl ähnlicher Sachverhalte (wie Rosen, Computer, Menschen). Wir müssen vielmehr davon ausgehen, daß das kognitive System mancher Menschen auf Grund von Erfahrungen oder Erzählungen ein Konstrukt (ein Denkzeichen, einen Begriff) vom Göttlichen erzeugt. Wird dieser Begriff vom Göttlichen in Worte übersetzt, verwenden sie im Deutschen zumeist das Wort »Gott«.[73] Das mit dem Wort Gemeinte ist welt- und damit sprachtranszendent, dürfte doch *Lud-*

---

72 Es soll nicht geleugnet werden, daß nicht wenige Menschen eine Erfahrungserkenntnis Gottes hatten und haben. Für sie kann »Gott« ein Eigenname sein. Doch sie werden sich hüten, ihn zu verwenden, da die Begegnung mit dem Ganzanderen sie zum Schweigen über dieses Ganzandere bringt. Jeder Satz, in dem dieses Wort vorkommt, ist unrichtig. Der Grund: Worte, die nicht in Sätzen vorkommen können, sind eigentliche Unworte – und »Gott« ist ein solches Unwort. Man kann, denke ich, die Frömmigkeit eines Menschen daran messen, wie sehr er das Wort »Gott« zu vermeiden versucht.

73 Über den Unterschied und die Verbindung von Denkzeichen (»Begriffen«) und Sprachzeichen (»Worte« oder »Sätze«) vgl. den 2. Exkurs des Anhangs.

wig Wittgenstein recht haben mit seiner Vermutung: »Die Grenzen meiner Sprache bedeuten die Grenzen meiner Welt« (Tr. S. 6).
Menschen, die wie der Dominikanermönch *Meister Eckhart* (1260–1328) über eine Erfahrungserkenntnis des Göttlichen verfügten, formulierten Sätze wie: »Wer Gott lobt, verhöhnt Gott« (DS 506), »In jedem Tun – auch im bösen – leuchtet die Herrlichkeit Gottes auf« (DS 505), »Wir werden völlig in Gott verwandelt« (DS 960). Die Kirche verurteilte solche Sätze (1329). Die Erfahrung des Göttlichen (das Erlebnis des *»Satori«*) läßt sich nur schwer in Worte fassen. Sie ist verbunden mit der Erfahrung des Fragwürdigen der Unterscheidungen von innen und außen, von Subjekt und Objekt, die Erfahrung der Belebtheit (der »Gotthaltigkeit«) und der Einheit aller Dinge. Die Mystik (und das meint »Erfahrungserkenntnis Gottes«) aller Religionen führt zu dem für die Philosophie und die Theologie der Neuzeit alles andere als beruhigendem Einsehen: *»Das* Ich ist ein Irrtum!«
Das fahrlässige Reden von Gott, das unverantwortete Geschwätz über ihn und von ihm und zu ihm, zu dem so manche Theologie verführt,[74] besorgt das Sterben Gottes in Men-

74 Unter den Händen der katholischen Theologen der Neuzeit verkam dann Gott zum »ens a se« (Seiendem aus sich). So lehrten F. Toletus († 1596), L. Molina († 1600), G. Vasques († 1604) P. de Ledesma († 1616), S. Maurus († 1687), J. B. Du Hamel († 1706), H. Tounely († 1729), H. Kilber († 1783), S. Tongiorgi († 1865), J. Perronne († 1876), J. B. Franzelin († 1886), M. Liberatore († 1892), G. M. Cornoldi († 1892). Als Gründe für die »Aseitas« erkennen die Skotisten die Unendlichkeit, andere die Notwendigkeit, das reine Sein oder das subsistierende Sein. Erst die Theologie der Gegenwart wendet sich in einigen ihrer Vertreter (H. U. von Balthasar, W. Kasper, H. de Lubac, K. Rahner, J. B. Metz, J. Ratzinger) wieder den biblischen Grundlagen zu.

schenherzen. Und so konnte es dazu kommen, daß Waffen bis hin zur Hiroshima-Bombe von Geistlichen aller Konfessionen »feierlich im Namen Gottes« gesegnet wurden. Das Wort *Friedrich Nietzsches* vom »Tode Gottes« ist so wahr wie nur wenige. Wenn Gott lebt,[75] dann in dem Herzen von Menschen (und nicht in ihrem Hirn!). Wenn er hier gemeuchelt wurde, ist er tot. »Als Zarathustra aber allein war, sprach er also zu seinem Herzen: Sollte es denn möglich sein! Dieser alte Heilige hat in seinem Walde noch nichts davon gehört, daß Gott tot ist!«[76]

Das Gotteskonstrukt Europas stammt von *Platon*, der sich zu Recht scheut, von »Gott« zu sprechen. Das Göttliche ist nicht nur ewig, selig, allmächtig im Rahmen des überhaupt nur Möglichen, allwissend, unwandelbar, unkörperlich nur dem Denken zugänglich, sondern auch uneingeschränkt gut und Ursache alles Guten und nur des Guten, daher kann er nicht neiden, ist unfähig zu täuschen.[77] *Plotin* ist der Meinung, das Göttliche sei nicht oder allenfalls negativ bestimmbar (wie etwa im Wort »unendlich«). Aus diesem Grund ordne ich bevorzugt dem Denkzeichen »das Göttliche« auch das Sprachzeichen »das Göttliche« zu. Das Wort ist weniger verbraucht, weniger der Anschaulichkeit ausgeliefert, weniger der Verbildlichung verfallen als das Wort »Gott«, mit dem die meisten Menschen positive Merkmale verbinden.

---

75 »Leben« meint selbstredend etwas anderes als »existieren«, wennschon auch die Aussage »Gott existiert« paradox ist. Aber im Sprechen vom Göttlichen können wir uns des paradoxen Redens nicht entziehen. Er ist das schlechthin Unaussprechliche. Aus der Aussage vom toten Gott folgt nicht die »Nicht-Existenz Gottes«.

76 Also sprach Zarathustra, 2. Vorrede, in: WW (ed. G. Stenzel, 1985) I, 293.

77 Platon, Apologie 20 e ff.; Nomoi 901 d; Resp. 381 d; Phaidros 246 cd.

Das jüdische Denken verzichtet darauf zu sagen, wer Gott ist, sondern beschreibt, wie er sich verhält. Das birgt in sich die Gefahr, Gott in einiger Entsprechung zur menschlichen Person zu denken. Um das zu vermeiden, verbietet das zweite mosaische Gebot, das übrigens auch für Christen verbindlich ist, sich ein Bild von Gott zu machen (Ex 20, 4 ff.). Jesus verkündet die »Frohe Botschaft« vom gütigen, verzeihenden und schenkenden Gott. Er gibt jedoch seinem Begriff von Gott einen personalen Bild-Namen: *»Abba«* (= Papa). Die Heiligen Schriften fügen diesem Bild-Namen drei weitere bei: Leben, Liebe (1 J 4, 16) und Jesus. Die Bild-Namen »Leben« und »Liebe« verbieten eine grobe Personalisierung.

II. Das Sprechen zu Gott

Das fahrlässige Sprechen von Gott kann dazu führen, daß Menschen, weil sie über das Wort verfügen vermeinen, auch über Gott verfügen zu können. Wie ein Kind, das nach seinem Vater ruft, ihn in aller Regel auch herbeiruft, weil es über das Wort »Vater« verfügt. In Analogie zum Vaterkonstrukt bilden sich Kinder ein entsprechendes Gotteskonstrukt. *G. W. F. Hegel* meint dazu: »Dieser Kindessinn hat den religiösen Einrichtungen und Gebräuchen und Vorstellungen (besonders Opfer – Gebet und Abbüßung) den Ursprung gegeben, die der Vernunft oft bizarr und lächerlich, oft verabscheuungswürdig erscheint – und das am meisten, wenn sie sieht, daß Herrschsucht die guten Herzen der Menschen dabei betrogen.«[78] Ein solcher Gott ist ein Götze und nicht die umschließende, bergende, einhüllende Liebe, in der wir leben, uns bewegen und sind.

Von hierher wird die Bedeutung der religiösen Bildung deutlich: Sie hat dafür zu sorgen, daß das Gotteskonstrukt sich vom Vaterkonstrukt emanzipiert. Das Gotteskonstrukt soll-

78 G. W. F. Hegel, Fragmente über Volksreligion und Christentum (1793/94), in: WW 1, 55 f. »Dieser Kindessinn sieht Gott als einen mächtigen Herrn an, der im übrigen Neigungen, Leidenschaften, auch gar Launen hat... bei dem man sich einschmeicheln kann, gegen den man mehr Furcht, höchstens Ehrfurcht empfindet, als man ihm Liebe weiht« (ibd., 55).

te seine Merkmale aus Erfahrungen aller Erlebnisbereiche beziehen und nicht vorwiegend von dem Erlebnis des Vaters.
Nicht selten rührt der Überdruß an der Kirche aus ihrem Anspruch, einen solch manipulierbaren Gott zu verwalten. Mag sein, daß sie das mitunter tut – doch dann wäre ihr Gott ein Götze. Der schreckliche Verdacht *Hegels,* daß religiöse Institutionen das Bedürfnis des Betens in herrschsüchtiger Absicht zu usurpieren versuchen, ist wohl nicht immer von der Hand zu weisen. Nicht selten wird das »Einbezogensein in das Beten der Kirche« als wichtige Voraussetzung für »wahres Christsein« behauptet.
Nicht alle Religionen kennen das Beten, so etwa nicht die Massai. Man kann also nicht sagen, daß das Gebet zwingende Ausdrucksform des Religiösen ist. Nicht das Beten, sondern Interaktionen (von denen eine das Beten sein kann) sind unverzichtbare Ausdrucksformen des Religiösen. Für einen Christen ist das Beten eine sich in den Begriff des Göttlichen versetzende Entgegennahme der Liebe dieses Göttlichen. Die christlichen Gemeinden sind Gemeinden der gemeinsamen Entgegennahme der göttlichen Liebe. Der betende Christ bindet sich ein in die Trinität des Liebenden, des Geliebten und der Liebe. Es ist nicht eigentlich er, der betet, sondern im Beten vollzieht sich das Göttliche in ihm selbst. *Paulus* meint dazu im Römerbrief: »Denn wir wissen nicht, worum wir in rechter Weise beten sollen; der Geist selber tritt jedoch für uns ein« (8, 26). Insofern ist das Beten für den Christen ein unverzichtbarer religiöser Grundvollzug. Es ist jedoch nicht notwendig an Worte gebunden. Der Begriff »Gott« muß nicht in Sprache übersetzt werden. Er kann bei sich, im sprachlosen Denken blei-

ben. Das Beten ist also die Vergewisserung der Anwesenheit des Göttlichen, das alles, auch den Betenden, durchdringt.

Das Bittgebet hat nicht die Aufgabe, Gott zu manipulieren, ihn dazu zu bringen, »etwas zu tun oder zu unterlassen, was er anders nicht tun oder unterlassen würde«,[79] sondern es ist ein Beten um Gott. Das Bittgebet verändert nicht Gott, sondern den Bittenden. Er erkennt seine Grenzen, seine Ohnmacht, seine Sorgen, seine Ängste an und entgöttlicht sich so selbst, läßt dem Göttlichen in sich Raum. Jesus sagt das so: »Wenn ihr betet, sollt ihr nicht plappern wie die Heiden, die meinen, sie werden nur erhört, wenn sie viele Worte machen. Macht es nicht wie sie, denn euer Vater weiß, was ihr braucht, noch ehe ihr ihn bittet« (Mt 6, 7 f.). So kennt das

---

79 Sicherlich kann man von Gott nur anthropomorph sprechen, denn die Worte, die uns zur Beschreibung dessen, was das Höchste in unserer normalen Erfahrung ist, beziehen sich auf Menschen. Das macht es ja so gefährlich: Das anthropomorphe Sprechen verführt uns, uns ein anthropomorphes Gotteskonstrukt zu bilden und ihm menschliche Eigenschaften (wie Personsein, wie Manipulierbarsein, wie Geduldigsein, wie Gütigsein ...) zuzusprechen. Der Begriff »Gott« enthält legitim nur ein Merkmal, nämlich »Gott«, den Namen für ein Konstrukt vom Göttlichen. Und dieses Konstrukt ist ebenso leer wie das Konstrukt »Ich«, das nur dann zu leben beginnt, wenn es mit einen Verbum verbunden ist. Nun kann man das Konstrukt »Gott« legitim nicht mit anthropomorphen Verben verbinden, wie »Gott hilft«, »Gott liebt«, »Gott verurteilt«. Um von Gott zu sprechen, um über ihn zu denken, benutzen wir »Hilfsverben« – das meint alle Verben, und die von diesen abgeleiteten Adjektive werden beim Denken über Gott, beim Sprechen von Gott zu Hilfsverben, die eigentlich nur in Verbindung mit anderen Verben Sinn machen. Diese aber sind uns unbekannt, stehen uns wesentlich nicht zur Verfügung. Das Denken über Gott und das Sprechen von Gott ist nur dann legitim, wenn man über die unvermeidbaren Übersetzungsfehler Bescheid weiß – und das dem Hörer auch mitteilt.

christliche »Vater unser« nur eine scheinbar »profane Bitte«: »Gib uns heute das Brot, das wir brauchen.« Der Koran kennt ausschließlich religiöse Bitten. So heißt es etwa in der ersten Sure (der Eröffnenden), die von Moslems häufig gebetet wird: »Im Namen Allahs, des Allbarmherzigen. Lob und Preis, Allah, dem Herrn aller Weltbewohner, dem gnädigen Allerbarmer, der am Tage des Gerichts herrscht. Dir allein wollen wir dienen, und zu dir flehen wir um Beistand. Du führe uns den rechten Weg, den Weg derer, die deiner Gunst sich erfreuen – den Pfad jener, denen du huldvoll bist, über die nicht gezürnt wird, die nicht irregehen.«[80]

---

80 In der Regel folge ich bei Korantexten der Übersetzung von Ludwig Ullmann. Auch die letzte Sure, die 114., läßt den Moslem beten: »Im Namen Allahs, des Allbarmherzigen. Sprich: ›Ich nehme Zuflucht zu dem Herrn der Menschen, zum König der Menschheit und zum Gott der Menschen, daß er mich befreie von dem schleichenden und dann fliehenden Bösen, der schlechte Neigungen in das Herz der Menschen flüstert. Befreie mich von bösen Geistern und schlechten Menschen.‹«

3. Kapitel
Gott

3

Das Denkzeichen »Gott« (konstruktivistisch: das Konstrukt *»Gott«*) bilden wir Menschen entweder in der Erfahrung eines Größeren über uns oder auf Grund eines Sozialisationsprozesses, der uns die Überzeugung vermittelt, es gäbe etwas Größeres, das unser Schicksal lenkt, in dem wir geborgen sind, das uns liebt.
Leider wird dieses Sozialisationskonstrukt »Gott« meist in domestizierender Absicht vermittelt. Das hat zur Folge, daß es wesentliche Elternelemente enthält. So werden in das Konstrukt »Gott« Elemente der elterlichen Autorität (früher auch einmal: Elemente kirchlicher Autorität) um ein vielfaches verstärkt eingebaut: Gott lohnt und straft, Gott liebt und verabscheut, Gott lobt und verurteilt – und das alles und intensiver, als menschliche Autorität das jemals vermöchte. »Gott« kann ewige Strafen verhängen (die »Höllenstrafe«), und so den Barbarismus der Menschen, wie er sich etwa im Vollzug der Todesstrafe manifestiert, um ein maßloses übertreffen. Als Instrument der domestizierenden Erziehung ist das Konstrukt »Gott« also letztlich Machwerk menschlichen Denkens und menschlicher Strategie.
Bei vielen Menschen kann das zu (ekklesiogenen) Neurosen führen, andere werden das Konstrukt so entleeren, daß es unbedeutend wird. Dann erlischt jede Religiosität, selbst wenn das Sprechen von Gott unbefangen und unbelastet

durch den Begriff »Gott« über die Lippen geht. Das Musterbeispiel dieses Falles ist die im vorhergehenden Kapitel erwähnte kryptisch-atheistische Theologie. Die Aufgaben, die hier der religiösen Bildung zufallen, wurden schon erwähnt.

Ehe wir uns einem christlichen Gottesbegriff in religiöser Absicht nähern, soll zunächst die Position des Buddhismus vermitteln, daß es durchaus religiöse Lehren gibt, die ohne das Wort »Gott« auskommen, ja selbst dem Konstrukt vom Göttlichen keinen Namen geben, es nicht einmal zum Bewußtsein bringen.

I. Buddhismus – Religion ohne Gott

Vermutlich ist es nützlich, um ein verantwortetes Konstrukt »Gott« auszubilden und nicht im Getto der semitischen Großreligionen unterzugehen, in eine der nicht-semitischen Religionen hineinzuschauen. Und so versuchen wir zunächst, das Göttliche in der Lehre *Buddhas* auszumachen.
Buddha (= *der Erwachte*) lebte von 560 bis 480 vor Christus. Geboren wurde er als *Gautama* oder *Siddharta* in den nepalesischen Vorgebirgen. Als er knapp 30 Jahre alt war, verließ er seine Frau und seine Kinder und suchte in langen Jahren der Askese die Erlösung vom Leiden. *Gautama* setzt sich zunächst mit einer religiösen Anschauung auseinander, die durchaus ähnlich der semitischen (jüdischen, christlichen, islamischen) Mystik oder auch der römischen Stoa entstammen könnte. »Nicht wohl hat *Uddaka Rama* diese Lehre verkündet, lediglich um den Glauben zu erwecken: ›Aus sich selbst begriffen, verwirklicht, verweile ich in ihrem Besitz‹.«[81] Doch bald erkennt er: »Diese Lehre führe nicht zum Überdrüssigwerden, nicht zum Suchtfreiwerden, nicht zum Aufhören, nicht zur unmittelbaren Einsicht, nicht zur höchsten Weisheit, nicht zum Verlöschen, sondern nur bis

---

81 Buddha, Auswahl aus dem Palikanon (Ariyapariyesana sutta = Die Lehrrede vom edlen Streben), übersetzt von Paul Dahlke, Wiesbaden (Fourier), o. J., 18.

zum Wiederauftauchen im Bereich der Wieder-Wahrnehmung noch der Nicht-Wahrnehmung« (19 f.).

In der Nähe der Stadt Uruvela sah er eine Baumgruppe, unter der er sich niederließ und zum »Erleuchteten«, zum »Buddha«, wurde. Endlich fand er – selbst der Geburt, dem Altern, der Krankheit, dem Sterben, dem Kummer, der Beschmutzung unterworfen – die unvergleichliche innere Beruhigung, frei von Geburt, Altern, Krankheit, Sterben, Kummer und Beschmutzung: das Verlöschen. In seiner berühmten Predigt zu den fünf Asketen nennt er seine Lösung: Das »ist ein schwer ersichtliches Ding, nämlich: das Zur-Ruhe-Kommen, das Alles-Werden, das Aufgeben aller Behaftungen, das Schwinden des Lebensdurstes, die Entsüchtigung, das Aufhören, das Verlöschen« (22).

Er brach auf, seine Botschaft zu verkünden: Seine berühmte Predigt vor den fünf Asketen im Gazellenhain Isipatana bei Benares war der Ausgangspunkt seiner Lehre und der von ihm gestifteten Religion.[82] Zunächst wollten die Asketen

82 Eigentlich gibt es sehr verschiedene Formen des Buddhismus. Die beiden wichtigsten Buddhismen trennten sich schon recht früh voneinander. Schon das 2. buddhistische Konzil (380 v. Chr.) führte zur Spaltung. Die laxere Mönchspartei belegte die konservative Richtung mit dem Spottnamen: »Hinajana« (kleines Fahrzeug, weil mit ihm nur wenige zum Ziel kämen). Dieser Spottname entwickelte sich zur ehrenden Selbstbezeichnung der Konservativen. Ihm steht bis heute der »Mahajana« (= großes Fahrzeug) gegenüber. Im Hinajana-Buddhismus fehlt der Glaube an einen Gott. Er ist in Sri Lanka (hier oft mit Resten des Hinduismus verbunden), Birma, Thailand und Kambodscha verbreitet. Im Mahajana-Buddhismus dagegen wird Buddha vergöttlicht. Mit der Transzendierung des Buddhas wird die historische Person des Siddhartha Gautama relativiert zugunsten eines seit ewigen Zeiten existierenden Buddha, der aus Mitleid Mensch wurde. Das Mitleid (und nicht die Befreiung vom Leiden) gilt in ihm als höchstes religiöses Ideal. Dieser Buddhismus ist

nichts mehr von ihm wissen: »Da nimmt, ihr Freunde, dieser Büßer Gautama, üppig geworden, ungesammelten Strebens, der Üppigkeit zugewandt. Der soll nicht begrüßt werden« (29). *Buddha* fand jenseits aller brahmanistischen Askese einen Weg zwischen Sinnenfreude und Askese. Das wird seinen Freunden zunächst mißfallen haben. Doch als er ihnen nahe war, verging ihnen ihr Vorsatz, und Buddha begann seine berühmte Rede: »Nicht doch, ihr Mönche, redet den Tathagata (den Ans-Ziel-Gelangten) mit Namen und mit dem Titel ›Freund‹ an. Ahara (der von allen Leidenschaften Geheilte), ihr Mönche, ist der Tathagata, der vollkommen erwachte. Leiht ihm, ihr Mönche, das Ohr! Das Todlose ist gefunden ...« (29).
Zentrum dieser Lehre und somit Zentrum auch des Buddhismus sind die »Vier edlen Weisheiten«[83]. Sie sollen hier skizziert werden: *Brahma*, der Schöpfergott des Hinduismus, sandte *Buddha* zu lehren. Es gäbe zwei Arten von Geschöpfen, die Verstehenden und jene, die nur ein kleines Dämmern von Verstehen in ihren Augen haben. Und zu diesen solle *Buddha* gehen. »Erleuchtet sein« bedeutet, lebenslang die Vier Weisheiten, die keineswegs etwas Absolutes begründen, keineswegs metaphysisch interpretiert sein wollen, zu bedenken:

① Es gibt Leiden.
② Es gibt einen Ursprung des Leidens.

---

vor allem in Zentral- und Ostasien verbreitet (China, Mongolei, Korea, Japan).

83 Die Dhammacakkappavattana Sutta. Vgl. The four noble Truths, Hertfordshire (Amaravati Publications), 1992.

③ Es gibt ein Weichen des Leidens.
④ Es gibt einen Weg aus dem Leiden heraus.

1. Es gibt Leiden

Geburt ist Leiden. Altern ist Leiden. Krankheit ist Leiden. Trennung vom Geliebten ist Leiden. Das Ersehnte nicht zu erhalten, ist Leiden.
Leiden ist aber auch ein schicksalhaftes Etwas, unter dem wir alle stehen. Nur Unwissende meinen: »Ich leide – ich will aber nicht leiden. Was kann ich tun, um nicht mehr zu leiden? Ich meditiere und unternehme alles mögliche, um nicht mehr zu leiden.« Es kommt jedoch darauf an, das Leiden nicht aus der Ich-Perspektive zu sehen, sondern aus der Es-Perspektive (wie andere schicksalhafte Vorgaben, an denen wir nichts ändern können, wie: »Es regnet«, »Es stürmt«, »Es blitzt«). Richtig ist also, das Leiden zu erkennen, ohne es personal zu machen. Leiden ist *»Dukkda«* und keine persönliche Unbill. Wir stehen unter dem Leiden – aber leiden nicht.
Um das Leiden zu überwinden, um nicht von ihm besessen zu werden im »Ich leide«, darf es nicht verdrängt werden. Es muß bewußt bleiben. Man muß es anschauen, nicht ihm ausweichen. Leiden ist mein Problem. Man sollte Leiden nicht lieben – aber akzeptieren, wie einen Moskito, sich nicht ärgern, sondern sagen: »Da ist Ärger in mir.«
Unser ungebildeter Wille möchte das Leiden verschwinden lassen. Doch selbst unser Mitleid sollte uns nicht haben, sondern uns erkennen lassen: »Da ist Mitleid in mir.« Man kann das Leiden des anderen nicht wenden, sondern bestenfalls

seine Ursachen beheben oder doch mindern. Weises Einfühlen, das uns aus uns selbst herausführt, ist ein möglicher Weg, aus dem Leiden herauszutreten. Alles, was uns aus uns herausfinden läßt, wie das Erleben von Freude, von Schönem, das Spielen, das Lieben, führt zur Weisheit, führt uns zu uns selbst.

2. Es gibt einen Ursprung des Leidens

Der Ursprung des Leidens ist das Verlangen, das begleitet wird vom Wunsch nach Genuß und Lust. Das habgierig gewordene Verlangen ist das Leiden selbst. Das Verlangen hat viele Dimensionen: Es gibt ein Verlangen, das sich auf die Erfüllung sinnlicher Wünsche richtet, ein Verlangen, daß etwas sei, ein Verlangen, daß etwas nicht sei.

Woher aber kommt das Verlangen? Wenn wir eine Situation, eine Sache, ein Verhalten schätzen, von dem wir vermuten, daß es uns zufrieden macht, taucht Verlangen auf. Die zweite edle Weisheit lautet also: »Es gibt einen Ursprung des Leidens. Das Leiden gründet in drei Arten von Begierden: das Verlangen nach Lust der Sinne (beim Sehen, Schmecken, Fühlen), das Verlangen, etwas (glücklich, gesund, reich, geliebt) zu werden und das Verlangen, frei zu sein (etwa von Hunger, Durst, Ungeduld, Leiden, Furcht, Angst).«

Auch jetzt kommt es wieder darauf an, diese Ursprünge des Leidens zuzulassen und sie nicht abzuwehren. Zugleich aber soll aus dem »Ich verlange« ein »Es verlangt in mir« werden. Ich werde lernen, mein Verlangen in mir zu beobachten, es geschehen lassen und nicht von ihm besessen zu werden. Es kommt nicht darauf an, Verlangen zu be- oder gar zu verurteilen oder nicht mehr zu verlangen, sondern vom Verlangen frei zu sein, nicht von ihm besessen zu werden. Nicht: »Ich bin ungeduldig!«, sondern: »Ich empfinde Ungeduld in mir!«

3. Es gibt ein Weichen des Leidens

Die dritte edle Weisheit lautet: »Es gibt ein Verschwinden von Leiden. Das Verschwinden kann verwirklicht werden. Das Verschwinden hat sich ereignet.«

Das einzige Ziel des Buddhismus ist es, die Reflexionsfähigkeit hin auf die Überwindungen von Täuschungen zu entfalten. Die Einsicht, daß Leiden überwunden werden kann, ist nur über Reflexion zu erreichen, denn sie widerspricht der naiven Erfahrung. Nur wenige Menschen machen die Erfahrung des Nicht-Leidens, weil das eine besondere Art der Bereitschaft voraussetzt, etwas zu überdenken, zu untersuchen, um etwas hinter dem Oberflächlichen und Einsichtigen zu erkennen.

Nicht wenige Menschen verwechseln das Glücklichsein mit dem Besessensein. Die ärgste Form ist das Besessensein von sich selbst. Die Befreiung von sich selbst führt zur Überwindung des Leidens. Alles, was beginnt, wird auch enden, das gilt auch für unser jetziges Leben. Von allem, was endet, sollte man sich nicht besitzen lassen, es ist immer ein Nicht-Selbst. Denn schon allein die Vorstellung des Endens von etwas, das uns besitzt, schafft Leiden.

Wie aber können wir dahin kommen, nicht von uns selbst besessen zu werden – und damit den Grad der Weisheit zu erreichen, der alles Leiden überwindbar macht? Der einzige Weg dürfte über die Meditation führen. In ihr (etwa der Mantrameditation[84]) »vergißt« der Meditierende sich selbst, er lernt, seine Gedanken, seine Wünsche, seine Emotionen und schließlich sich selbst zu beobachten – und im Beobachten sich von ihnen zu befreien (= nicht mehr von ihnen besessen zu werden). Der Meditierende läßt alles beginnen und enden – ohne etwas beginnen oder enden lassen zu wollen, ohne etwas festhalten oder später erinnern zu wollen. Er befreit den Zustand des Ich, indem er den des Es daraus ausschließt. So wird das Ich frei von allem, was es besitzen will.

4. Es gibt einen Weg aus dem Leiden heraus

Der Weg aus dem Leiden ist der achtfache Pfad:

- Die rechte Weise, die Dinge zu sehen und zu verstehen. Dieser Pfad beginnt mit der Einsicht (und das meint viel mehr als bloßes Verstehen) in die drei ersten edlen Weisheiten. Hierher gehört etwa die Aussage: »Alles ist dem Entstehen und Vergehen unterworfen und ist somit Nicht-Selbst.«
- Die rechte Absicht. Sie ist kein Wünschen oder Begehren, weil beide aus Unkenntnis entstehen. Sie ist eine Art des »Wünschens nach Erleuchtung«, aber nicht im Sinne von »Wünschen, etwas zu erhalten«.
- Das rechte Sprechen. Das meint, daß eigene Sprechen zu verantworten. Es ist situationsgerecht. Es berücksichtigt

84 Vgl. dazu R. Lay, Meditationstechniken für Manager, Berlin (Ullstein-TB 34547), 223–253.

Personen, Orte und Zeiten. Es ist dann verantwortet, wenn es eher Leben mehrt denn mindert. Es fordert, daß wir Menschen sorgfältig miteinander umgehen.

- Das rechte Handeln. Das meint, das eigene Handeln stets zu verantworten. Es untersteht den gleichen Regeln wie das rechte Sprechen. Die Ehrfurcht vor dem Leben verbietet es, ein Tier vorsätzlich oder fahrlässig zu töten, Blumen zu pflücken oder irgend etwas zu tun, was den natürlichen Verlauf der Dinge stört oder zerstört. Oft wird dieser Teil des Pfades als Dekalog bestimmt: 1. Du sollst keine lebenden Wesen töten. 2. Du sollst nicht stehlen. 3. Du sollst nicht ehebrechen (für Mönche: Du sollst keine Frau berühren). 4. Du sollst nicht lügen. 5. Du sollst dich nicht betrinken. Die weiteren fünf gelten nur für Mönche (ist doch bis ins Heute der Buddhismus eine Mönchsreligion geblieben:) 6. Du sollst nicht außer zu den geregelten Zeiten essen. 7. Du sollst nicht an weltlichen Vergnügungen teilnehmen. 8. Du sollst dich nicht herausputzen und parfümieren. 9. Du sollst nicht in weichem Bett schlafen. 10. Du sollst kein Geld annehmen.
- Die rechte Lebenshaltung. Das meint ein sorgfältiges Umgehen mit dem eigenen Körper. Schädliche Weisen des Mit-sich-Umgehens sind zu meiden. Man mag damit beginnen, Schaden von anderen Lebewesen abzuwenden.
- Das rechte Mühen. Es betrifft den Verstand und den Willen.
- Die rechte Achtsamkeit. Sie betrifft den Körper.
- Das *Samadhi* (wörtlich »das Herz«, am ehesten mit »Versenkung« zu übersetzen). Es betrifft das Herz.

Die beiden ersten Pfade machen die Weisheit aus. Der dritte bis fünfte die Moral. Und die drei letzten machen das *Samadhi* aus. Sie betreffen sowohl den Verstand wie das Herz, so daß beide miteinander korrespondieren und nicht desintegriert sind. Gemeint ist nicht, daß diese Pfade hintereinander zu gehen wären, manche verlaufen parallel.

Ich habe die Lehre *Buddhas* ausführlicher dargestellt, weil sich in ihr uraltes Menschheitswissen verdichtet. Wenn sich manches davon in der Jesusbotschaft wiederfindet, sollte man nicht unbedingt – wie es gelegentlich geschieht – annehmen, daß Jesus seine Weisheit einer Begegnung mit dem Buddhismus verdanke.
Auffällig ist, daß in der Lehre *Buddhas* Gott nicht vorkommt. Er entleerte den hinduistischen Götterhimmel. Es kam ihm nicht auf das rechte Glauben, sondern auf das rechte Tun an. Darin gleicht er dem Jesus der Bergpredigt und des Markusevangeliums.

II. Das Gotteskonstrukt des Christentums

Im Glauben der Juden ist »Gott« *(Jahve, El, Elohim)* der deutsche Name für denjenigen, der sich nach dem Zeugnis der Heiligen Schriften als der durch nichts Begrenzte (Is 6; 1 Kg 8, 27), der mit nichts Vergleichbare (Ps 139, 7–12), der radikal Lebendige (Ps 90), der stets Gegenwärtige (Ex 3, 13 f.) offenbart. Der Gott der Christen verflüchtigte sich unter dem Denken der Theologen – wie schon erwähnt – zu einem »Seienden aus sich selbst« *(ens a se, Aseitas).*[85]
Der Streit zwischen den Theologen nach dem Wesen dieser »Aseitas« – zwischen Thomisten, die behaupteten, Gott sei reines Sein und die der Spaltung von Sosein und Dasein vorgegebene Grundwirklichkeit, und den Nicht-Thomisten, die zumeist annahmen, Gott sei ein Sosein, das wegen seiner Vollkommenheit zugleich Dasein ist – diente keineswegs dazu, dem Ursprung allen Lebens und aller Liebe auf die Spur zu

85 So definiert das kirchliche Handlexikon: »Gott ist das höchste, aus sich seiende, persönliche Wesen, der absolut und vollkommene Geist« (Hrsg. von K. Hilgenreiner u. a., München [Allgemeine Verlagsgesellschaft] 1907, I, 1742). Und noch Karl Rahner definiert das – weil keine Grenzen habend – Undefinierbare: »als der absolut von-sich Seiende kann Gott nicht auf dieselbe Weise ›seiend‹ genannt werden, wie das geschaffene Seiende. Insofern Gott den ›Grund‹ für seine Existenz in sich selbst, d. h. in seinem eigenen Wesen (Aseität) hat, kommt ihm das Sein schlechthin und im absoluten Maße zu (esse ipsum subsistens)« (Kleines Theologisches Wörterbuch, Freiburg [Herder] 1961, 145).

kommen. Ich vermute, daß ein Mensch, der an einen solchen monströsen metaphysischen Gott glaubt, nur zu glauben glaubt – mehr aber auch nicht. Wenn es sich dabei um bloßes und die seelsorgliche Praxis nicht berührendes Theologengezänk gehandelt hätte, wäre das Ganze nie an die große Glocke gehängt worden. So aber wurden seit dem 16. Jahrhundert, mit der Einrichtung »tridentinischer Seminare«, Generationen von Theologiestudenten in diesem Unsinn unterrichtet – und von was sollten sie anderes predigen als von dem, das sie lernten. Sie verkünden einen toten Gott.

1. Gott ist gestorben

Daß der Gott der Theologen tot ist, darüber wagte die Neuzeit keine Geschichten zu erzählen, benötigte sie doch die domestizierende Kraft des strafenden Gottes der Theologen. In großer Vorzeitigkeit erkannte *Friedrich Nietzsche* (1844–1900), daß der Gott der Theologen, der institutionalisierten Christenheit tot war. Und er besaß den Mut, darüber zu sprechen. Sicherlich ist er den meisten Heutigen noch immer vorzeitig. Es scheint mir jedoch durchaus möglich zu sein, daß er in vielem das Christentum der auf die Neuzeit folgenden Epoche beschreibt. Vor allem versuchte er in seiner Schrift *»Der Antichrist«* (1895) gegen das etablierte Christentum der Theologen, wieder zu Jesus zurückzufinden. Er wurde damit zum Vorboten der vielen Bemühungen, die um das Thema kreisen: »Jesus ja, Kirche nein!«
Blättern wir ein wenig bei *Nietzsche* nach! Er schreibt im *»Zarathustra«:* »Lange, wahrlich, möchten wir warten, bis dir einer deinen Gott wieder auferweckt. Dieser alte Gott

nämlich lebt nicht mehr; der ist gründlich tot.«[86] »Nun aber starb dieser Gott! Ihr höheren Menschen, dieser Gott war eure größte Gefahr. Seit er im Grabe liegt, seid ihr erst wieder-auferstanden.«[87] Es ist wichtig, nicht zu überlesen, daß *Nietzsche* stets von »deinem Gott«, »von diesem Gott«, nicht einfachhin von »Gott« spricht. Er ist der immerhin beachtlichen Ansicht, daß der »Gott der Theologen« (aber nur dieser) tot ist. Und da Theologen mitunter recht undifferenziert denken, wenn sie sich angegriffen fühlen, behaupten sie seitdem, *Nietzsche* sei Atheist, er behaupte, »Gott« sei tot. Wie sehr sie irren, wird bei der Lektüre des zehn Jahre nach dem *»Zarathustra«* geschriebenen Werks *»Der Antichrist«* deutlich. Er wendet sich nicht etwa gegen Jesus von Nazareth, nicht gegen das von ihm vorgestellte Gottesbild, sondern gegen das, was die in die Hände der Theologen gefallenen Kirchen daraus gemacht haben. Er leugnete niemals Gott, sondern nur den Gott der Theologen. Und als ersten Theologen nennt er *Paulus von Tarsus*, der ein eigentümlich abstraktes und blutleeres Jesuskonstrukt entwickeln konnte, da er ihm niemals begegnete. Er, der Jesus nicht kannte, erschuf sich seinen Jesus, erzeugte aus ihm mit Hilfe spekulativer Annahmen den Christos, den von den Juden erwarteten Messias. Das zeitlich erste Evangelium, das Markusevangelium (sicher auch nicht von einem Jünger Jesu geschrieben), wehrt sich in vielem – ähnlich wie *Nietzsche* – gegen den »Gott, den *Paulus* erschuf« *(»deus qualem, Paulus creavit, dei negatio«)*.[88]

---

86 Also sprach Zarathustra (ed. Gerhard Stenzel, Salzburg 1985) I, 518.
87 Ibd., 540.
88 »Den Gott, den Paulus erschuf, ist die Verneinung Gottes.« Und dieser Gott ist nichts als der Wille des Paulus. »Paulus will die Weisheit der

Gott starb, als die Theologen ihn zu einem »Ding an sich«, einem dem spekulativen Denken zugänglichen, dem Geheimnis[89] entzogenen Etwas machten. Damit sprachen sie Gott das Todesurteil. Sein Tod wurde offensichtlich gemacht, als ihn die Neuzeit als theologisches Wesen definierte, ihn somit in ihre Theologie einsperrte, ihn in ihre Theologie verbannte – und die übrigen Räume menschlichen Lebens, den ökonomischen, den politischen, den kulturellen gottfrei hielt. Aus der gotthaltigen Welt des Mittelalters war eine gottlose der Neuzeit geworden. In den Händen der Theologen verkam der Begriff »Gott« mit jedem Schritt der Spekulation. Er verschwand hinter immer abstrakteren Vorhängen zu einem Nicht-Gott, zu einem Un-Gott, der, wenn er in den Mittelpunkt des Glaubens tritt, zum Götzen wird.

Nun konnte man diese Geschichte vom verendeten Gott weder im Religionsunterricht noch von der Kanzel herab erzählen, denn man brauchte ihn als Domestikationsinstanz. Der strafende Gott sorgte selbst an den Stellen für Ordnung, die menschliches Strafen nicht mehr erreichte. Das »Gott mit uns« auf den Koppelschlössern von Soldaten zeigt, wie sehr Gott zu einer Domestikationsfigur verkam.

Nun versuchte Papst Johannes XXIII., den religiösen Irr-

Welt zuschanden machen: Seine Feinde sind die guten Philosophen und Ärzte alexandrinischer Schule – ihnen macht er den Krieg« (ibd., IV, 465).

89 Karl Rahner meint dazu: »Er bleibt somit das absolute und unauflösliche Geheimnis, das gerade als solches erfaßt werden muß, soll Gott als ER verstanden werden« (Kleines theologisches Wörterbuch, a.a.O., 145). Gott ist unbegreiflich, weil der Begriff »Gott« sich nicht mit anderen Begriffen verbinden läßt. Man kann über ihn also nur in Metaphern sprechen.

tum der tridentinischen Kirche wiedergutzumachen. Er wollte »Gott« aus seinem Gefängnis befreien – ihn wieder ins Leben, in das politische, soziale, kulturelle, ökonomische, moralische zurückrufen. Ein Konzil sollte die Tore der Kirche wieder weit öffnen, damit kirchliche Vorstellungen wieder in Politik, in Ökonomie, in Kultur eindringen konnten. Das *2. Vatikanum* (1962–1965) versuchte eine zögerliche Öffnung. Aber das Gegenteil von dem, das *Johannes XXIII.* erwartete, geschah. Nicht Kirche migrierte in Welt, sondern Welt in Kirche. Der Grund für diesen Irrtum ist unschwer zu finden. »Gott« und Christentum blieben fest in der Hand der Theologen und ihrer Sprache. Was geschehen wäre, hätte man die Chance ergriffen, Christentum anders denn theologisch (etwa psychologisch, soziologisch, politisch)[90] zu reflektieren, läßt sich heute nicht ausmachen. Möglicherweise hätte die Vision des Papstes Johannes wirklich werden können.

So aber kam alles anders: Die Kirche hätte sich selbst erkennen können, hätte das Vakuum erkennen können, das ihr Innen füllte. Aber das war nicht so: Sie zog sich wieder in die Welt der Theologen zurück, eine Welt, in der Gott noch im Verstand, nicht mehr aber im Herzen vorkommt. Sie merkte nicht einmal, daß sie auf die brennenden Fragen der Zeit keine überzeugenden Antworten wußte. Fragen nach den Grenzen des Fortschritts, nach der Überbevölkerung der Erde,

---

90 Ich vermute, daß keine einzelne Disziplin ausreicht, Christentum legitim zu reflektieren, weder die Theologie noch die Psychologie, sondern nur alle geeigneten Disziplinen, die sinnvoll darüber reflektieren können, was es für einen Menschen heißt: »Ich will für mein Leben die Jesusbotschaft, d.h. die Botschaft seines Lebens und seiner Lehre erheblich machen.«

nach der Unmoral der Institutionen, nach der Sicherung der Umwelt blieben ihr verschlossen, da ihre Theologen Moral vorwiegend in materialen Normen faßten, die den neuen Realitäten nicht gerecht werden konnten. Hätten sie den Kern der Jesusbotschaft, der sich in der formalen Norm der Biophilie formulieren läßt, verstanden, wären ihr auch zu diesen Fragen wichtige Antworten eingefallen. So beschränkt sie sich darauf, Fragen zu beantworten, die niemand stellt. An dieser Stelle der Nachfrageorientierung der Jesusbotschaft war die Angebotsorientierung der Theologie getreten.

Doch kehren wir wieder zu *Friedrich Nietzsche* zurück. Er unterscheidet sorglichst zwischen dem realen Gott, dessen Existenz er keineswegs leugnet, und dem Begriff (wir würden heute sagen: dem Konstrukt) »Gott«. Dieser Begriff, den wir benötigen, um theistisch glauben zu können, wurde im Gerede der Theologen blasser und blasser und immer leerer, bis man ihn schließlich nahezu beliebig mißbrauchen konnte. Er, der das Leben selber ist, wurde in der Verherrlichung des vermeidbaren Leidens, der Buße, der Strafe, des Kreuzes zum Widerspruch des Lebens gemacht.[91] Das aber

---

91 »Selbst die Blassesten der Blassen wurden noch über ihn Herr, die Herrn Metaphysiker, die Begriffs-Albinos. Diese sprangen so lange um ihn herum, bis er hypnotisiert durch ihre Bewegungen, selbst Sinne, selbst Metaphysicus wurde ... Nunmehr transzendierte er sich ins immer Dünnere und Blässere, ward ›Ideal‹, ward ›reiner Geist‹, ward ›absolutum‹, ward ›Ding an sich‹. Der christliche (das meint bei Nietzsche immer der ›ekklesiale‹) Gottesbegriff ... ist einer der korruptesten Gottesbegriffe, die auf Erden erreicht worden sind ... Gott zum Widerspruch des Lebens abgeartet, statt dessen Verklärung und ewiges Ja zu sein« (Der Antichrist. Versuch einer Kritik des Christentums [ed. G. Stenzel, Salzburg 1985], IV, 442).

ist der Gott *Nietzsches:* die Verklärung des Lebens und dessen ewiges Ja.
Weil der Gott der Theologen zu einem lebensverneinenden Gott wurde, findet *Nietzsche* im Christentum Züge der Grausamkeit gegen sich (Askese) und andere (Kreuzzüge, Ketzer- und Hexenverbrennungen, Exkommunikationen, Lehrverbote).[92] Die lebensbejahende Lebenspraxis Jesu wurde durch *Paulus* pervertiert in Lebensverneinung. Der christliche Gott wurde, wie der jüdische zuvor, ein gebietender und verbietender Gott. Er ist nicht der Gott Jesu, der hilft und Mut macht:[93]

- »Kommt alle zu mir, die ihr geplagt und beladen seid, ich werde euch ausruhen lassen ... und ihr werdet in eurem Herzen Ruhe finden« (Mt 11, 28 f.).
- »Ich bin gekommen, daß sie das Leben haben – und es in Fülle haben« (J 10, 10).
- »Ich bin nicht gekommen, um die Welt zu richten, sondern um sie zu retten« (J 12, 47).
- »Laßt die Kinder zu mir kommen; hindert sie nicht daran! Denn Menschen wie ihnen gehört das Himmelreich« (Mt 19, 14).
- Der Vater des verlorenen Sohns (Lk 15, 11–32).
- Der Hirt des verlorenen Schafs (Mt 18, 12–14).

---

92 »Christlich ist ein gewisser Sinn der Grausamkeit gegen sich und andere; der Haß gegen die Andersdenkenden; der Wille, zu verfolgen ... Das Christentum hatte barbarische Begriffe und Werte nötig, um über Barbaren Herr zu werden« (ibd., 445).

93 »Ein Gott, der fordert – an Stelle eines Gottes, der hilft, der Rat schafft, der im Grunde das Wort ist für jede glückliche Inspiration des Muts und des Selbstvertrauens« (ibd., 448).

Mit den »Forderungen Gottes« (woher sie die nur kannten?) begründeten Theologen eine »sittliche Weltordnung«. Diese – obschon selbst der Geschichtlichkeit unterworfen, wurde sie doch im Laufe der Geschichte entwickelt und modifiziert – lege (paradoxerweise) – ein für allemal für alle Menschen aller Zeiten fest, was ein Mensch zu tun und zu lassen habe. Der Wert eines Menschen, eines Volkes, einer Partei ... werde daran gemessen, wie sehr man sich in diese sittliche Weltordnung einpaßt.

Das Arge an der Sache ist, daß sich diese »sittliche Weltordnung« – profanisiert – in der christlichen Lehre von den Menschenrechten niederschlug, die etwa von der UNO in der »Allgemeinen Erklärung der Menschenrechte« vom 10. 12. 1948 kodifiziert wurden. Daß auch unter anderen der Islam oder der Konfuzianismus ausgedehnte Menschenrechtskataloge entwickelten, die denen der Christen keineswegs identisch, wohl aber geeignet sind, Humanität zu sichern – darüber machte sich ein aus der Welt des dogmatischen Christentums ins Leben entlassener Politiker oder Geistlicher nicht auch nur die geringsten Gedanken. Sie forderten die Beobachtung der inzwischen ihrer Herkunft vergessenen christlichen Menschenrechte auch von Menschen ein, die nicht der christlichen Tradition verbunden sind. Die Lehre von der »sittlichen Weltordnung« geht von der unvertretbaren These aus, daß allen Menschen aller Zeiten das gleiche Wesen, die gleiche Natur zukomme und auf Grund dieser Tatsache alle die gleichen Rechte und Pflichten hätten. Daß diese »menschliche Natur« keineswegs die menschliche schlechthin ist, sondern die christliche, das zu unterscheiden ist dem kirchlichen Universalismus ebenso fremd wie denen, die – meist ohne es zu wissen – von ihm beeinträchtigt wurden.

Die Priester (und in deren profaner Gestalt: die Politiker) wurden zu »überall unentbehrlichen« Wächtern und Richtern gemacht, die in der Forderung, die christlichen Menschenrechte zu beachten, den »Willen Gottes« durchzusetzen hatten.[94] Es gibt vermutlich kaum eine größere Arroganz als die, sich anzumaßen, man kenne den Willen, das Urteil Gottes.

Nietzsche empört sich gegen die von Theologen konstruierte Welt, »gegen alles, was fest, Sitte, Institution, Kirche ist, als Zu-Hause-Sein in einer Welt, an die keine Art Realität mehr rührt, einer bloß noch ›inneren‹ Welt, einer ›wahren‹ Welt, einer ›ewigen‹ Welt . . . ›Das Reich Gottes ist in euch‹.«[95] Und er empörte sich zu Recht, denn Gottesreich ist keineswegs eine innere Angelegenheit, sondern eine soziale. Heißt es doch im Lukasevangelium: »Das Gottesreich ist mitten unter euch« (Lk 17, 21).[96]

---

94 »Was bedeutet ›sittliche Weltordnung‹? Daß es, ein für allemal, einen Willen Gottes gibt, was der Mensch zu tun, was er zu lassen habe, daß der Wert eines Volkes, eines einzelnen sich danach bemesse, wie sehr oder wie wenig dem Willen Gottes gehorcht wird . . . Der Priester mißbraucht den Namen Gottes, indem der Priester den Wert der Dinge bestimmt, das ›Reich Gottes‹; er nennt die Mittel, vermöge deren ein solcher Zustand erreicht oder aufrechterhalten wird, den ›Willen Gottes‹. Er mißt mit einem kaltblütigen Zynismus die Völker, die Zeiten, die einzelnen danach ab, ob sie der Priester Übermacht nützen oder widerstreben« (ibd., 448 f.).

95 Ibd., 452.

96 Die Kirche ist nur dann die von Jesus inaugurierte Kirche, wenn sie sich nicht nur als das wirkkräftige Zeichen des Gottesreiches versteht, sondern es auch ist (vgl. Patoralkonstitution über die Kirche in der Welt von heute, Nr. 45, und Dogmatische Konstitution über die Kirche, Nr. 1 des 2. Vatikanums). Die meisten Menschen können sie aber nicht als dieses

Ebenso empört er sich gegen einen Gott, der zu einer Person gemacht wurde.[97] Empörend daran ist in der Tat, daß die frühen Konzilien die Trinitätsmetaphern von Vater–Sohn–Heiliger Geist realistisch interpretierten und sich deshalb genötigt sahen, Gott als Person zu definieren. Noch empörender ist jedoch, daß der damals rein-ontologisch bestimmte Personbegriff auch heute noch, da wir über einen psycho-sozialen verfügen, unkritisch-anthropomorph auf Gott angewendet wird.[98] Und *Nietzsche* empört sich zu Recht, denn Gott ist nur insofern Person, als man ihn mit du anreden kann. Nicht selten überkommt *Nietzsche* das Gefühl der Menschenverachtung, das zugleich ein Gefühl der Selbstverachtung ist. Er verachtet sich und andere, weil sie die Jesusbotschaft so mißbrauchten und er selbst diesen Menschen gleichzeitig ist. »Was ehemals nur krank war, ist heute (in der Zeit des Wissens) unanständig – es ist unanständig, heute Christ zu sein. Und hier beginnt mein Ekel.«[99]

Zeichen erkennen, sondern nehmen an, daß sie eher den Blick aufs Gottesreich verdunkelt.

97 »Nichts ist unchristlicher als die kirchlichen Kruditäten von einem Gott als Person, von einem ›Reich Gottes‹, das kommt von einem ›Himmelreich‹ jenseits, von einem Sohne Gottes, der zweiten Person der Trinität ... Ein welthistorischer Zynismus in der Verhöhnung des Symbols ... Aber es liegt doch auf der Hand, was mit dem Zeichen ›Vater‹ und ›Sohn‹ angerührt wird ...: Mit dem Wort ›Sohn‹ ist der Eintritt in das Gesamt-Verklärungs-Gefühl aller Dinge (die Seligkeit) ausgedrückt, mit dem Wort ›Vater‹ dieses Gefühl selbst, das Ewigkeits- und Vollendungsgefühl« (ibd., 456 f.).

98 Es dürfte heute religiös und theologisch passender sein, die Trinitätsmetapher des islamischen Sufismus zu wählen. Er spricht von Gott als dem, der zugleich Liebender, Geliebter und Liebe ist.

99 Ibd., 459.

Er empört sich über die theologischen Worte, die unter den Manipulationen theologischer Systeme zu Lügen wurden. Und diesen »Gott« solcher Systeme gibt es nicht mehr. Er ist in ihnen verschieden. Jesus kennt Worte wie »Sünde«, »Erlösung«, »freier Wille«, »Schuld«, »sittliche Weltordnung« nicht.[100] Und nichts dürfte ihm ferner gelegen haben, als eine solche zu begründen. Er ist nicht gekommen, um Menschen, die sich für Sünder halten, zu verurteilen und ihnen so neue Lasten aufzubürden, sondern um sie von ihrer Last zu befreien.

Die Lehre von der Auferstehung entspringt nach *Nietzsche* dem »unevangelischen Gefühl« der Rache. Da der böse Mensch nicht auf Erden bestraft werde, müsse er das, um der vergeltenden Gerechtigkeit willen, auf Grund göttlichen Gerichts in einem anderen Leben.

Er empört sich auch über ein brutales Gottesbild, in der die Brutalität mancher Christen gründen mag, das Gott dazu bringt, seinen »Sohn« zu opfern, als wenn er keine anderen Mittel gehabt hätte, die Menschheit wieder mit sich zu versöhnen.[101] Und so kommt er zu dem Schluß, daß das, was das

---

100 »Auch der Priester weiß, so gut es jedermann weiß, daß es keinen ›Gott‹ mehr gibt, keinen ›Sünder‹, keinen ›Erlöser‹ – daß ›freier Wille‹, ›sittliche Weltordnung‹ Lügen sind: der Ernst, die tiefe Selbstüberwindung des Geistes erlaubt es niemandem mehr, hierüber nicht zu wissen... Jedermann weiß das: und trotzdem bleibt alles beim alten« (ibd., 460).

101 »Unmöglich konnte die Sache mit diesem Tode zu Ende sein: Man brauchte ›Vergeltung‹, ›Gericht‹. Das ›Reich Gottes‹ kommt zum Gericht über seine Feinde. Das Evangelium war doch gerade das Dasein, das Erfülltsein, die Wirklichkeit dieses ›Reichs‹ gewesen. Gerade ein solcher Tod war ebendieses ›Reich Gottes‹... Und von nun an tauchte ein absurdes Problem auf: ›Wie konnte Gott das zulassen!‹ Darauf fand die gestörte Vernunft der kleinen Gemeinschaft eine geradezu

Christentum aus der Jesusbotschaft machte, das, »was als Gott verehrt wurde, nicht ›göttlich‹ ist, sondern erbarmungswürdig, absurd, nicht nur Irrtum, sondern Verbrechen am Leben«[102].

Und endlich spricht er sein Urteil über das von den Theologen und von der Kirche, die in die Hände der Theologen fiel, verstümmelte Christentum: »Ich verurteile das Christentum, ich erhebe gegen die christliche Kirche die furchtbarste aller Anklagen, die je ein Ankläger in den Mund genommen hat. Sie ist mir die höchste aller denkbaren Korruptionen, sie hat den Willen zur letzten Korruption gehabt. Die christliche Kirche ließ nichts mit ihrer Verderbnis unberührt, sie hat aus jedem Wert einen Unwert, aus jeder Wahrheit eine Lüge, aus jeder Rechtschaffenheit eine Seelen-Niedertracht gemacht ... Ich heiße das Christentum den einen großen Fluch, die eine große innerlichste Verdorbenheit, den einen großen Instinkt der Rache, dem kein Mittel giftig, heimlich, unterirdisch, klein genug ist – ich heiße es den einen unsterblichen Schandfleck der Menschheit.«[103]

Was aber ist das Christentum *Nietzsches?* Er besinnt sich gegen die Theologen auf die Evangelien, in denen er eine befreiende Reaktion auf die nekrophilen Schriften des *Pau-*

---

schrecklich absurde Antwort: Gott gab seinen Sohn zur Vergebung der Sünden als Opfer. Wie war es zum einen Mal zu Ende mit dem Evangelium! Das Schuldopfer, und zwar in seiner widerlichsten, barbarischsten Form, das Opfer des Unschuldigen für die Sünden der Schuldigen! Welch schauderhaftes Heidentum! – Jesus hat ja den Begriff ›Schuld‹ selbst abgeschafft – er hat jede Kluft zwischen Gott und Menschen geleugnet, er lebte diese Einheit von Gott und Mensch als seine ›Frohe Botschaft‹« (ibd., 462).

102 Ibd., 465.

103 Ibd., 476 f.

lus sieht.[104] Die von Jesus gestiftete Religiosität, die Jesusbotschaft, faßt er so zusammen: Es handelt sich um eine »gute Botschaft«. Es gibt keine Gegensätze mehr zwischen gut und böse, waren doch die meisten Freunde Jesu nicht unbedingt Heilige. Doch auch die Gegensätze Christ und Jude, Fremder und Einheimischer sind aufgehoben. Das Himmelreich gehört den Kindern. Ihr Glaube ist kein erkämpfter oder lebensfeindlicher Glaube, sondern ein ganz ursprünglicher. Er hat es nicht nötig, sich zu beweisen, er zürnt und tadelt nicht. Er ist sein eigenes Wunder, sein eigner Lohn, sein eigner Beweis. Er ist das Reich Gottes. Er formuliert sich nicht in Dogmen. Er lebt ganz einfach und wehrt sich gegen starre Formeln.[105]

---

104 Paulus verfaßte seine wichtigsten Schriften (»Briefe«) im 6. nachchristlichen Jahrzehnt. Der erste Brief an die Thessalonicher wurde im Sommer des Jahres 50 verfaßt, der 2. Thessalonicherbrief 50/51, der 1. Korintherbrief vermutlich im Frühjahr des Jahres 56. Im Frühherbst desselben Jahres schrieb er einen weiteren Brief an die Korinther, der in 2. Kor. enthalten ist. Den Brief an die Galater verfaßte er im Frühsommer des Jahres 56 und den Brief an die Römer bald danach (Winter 56/57). Vor allem das Markusevangelium, dem eine reiche mündliche Überlieferung zugrunde lag, die dem Paulus weitgehend fehlte, korrigierte bald darauf (70/71) das Jesusbild des Paulus und seiner Lehre. Nun kann man keineswegs behaupten, daß alle paulinischen Schriften ausschließlich theologischen Themen gewidmet seien. Nicht selten beschäftigt er sich auch mit Fragen der gemeindlichen Disziplin. Auch hymnische Texte der frühen Christen nahm er in seine Briefe auf.

105 »Die ›gute Botschaft‹ ist eben, daß es keine Gegensätze mehr gibt; das Himmelreich gehört den Kindern; der Glaube, der hier laut wird, ist kein erkämpfter Glaube – er ist da, er ist von Anfang, er ist gleichsam eine ins Geistige zurückgetretene Kindlichkeit ... Ein solcher Glaube zürnt nicht, tadelt nicht, wehrt sich nicht ... Er beweist sich nicht, weder durch Wunder noch durch Lohn und Verheißung, noch gar ›durch die Schrift‹: er selbst ist in jedem Augenblick sein Wunder, sein

In *Nietzsches* Christentum fehlen Begriffe wie Sünde und Strafe oder Lohn. Das Christentum birgt in sich die Frohe Botschaft, daß in Jesus das Distanzverhältnis Gott–Mensch ein für allemal aufgehoben ist. Christsein heißt nicht, an irgen detwas Bestimmtes glauben, sondern sein Handeln am Wort und Leben Jesu ausrichten. Christliches Handeln muß anders sein als Nicht-Christliches. Sonst kann man das ganze Christentum vergessen. Nicht Buße und Sühne machen das Christentum aus – sondern allein die Nachfolge Jesu.[106]

Lohn, sein Beweis, sein ›Reich Gottes‹. Dieser Glaube formuliert sich auch nicht – er lebt, er wehrt sich gegen Formeln.« »Jesus macht sich aus allem Festen nichts: das Wort tötet, alles, was fest ist, tötet. Der Begriff, die Erfahrung ›Leben‹, wie er sie allein kennt, widerstrebt bei ihm jeder Art von Wort, Formel, Gesetz, Glaube, Dogma. Er redet bloß vom Innersten: ›Leben‹ oder ›Wahrheit‹ oder ›Licht‹ ist sein Wort für das Innerste – alles übrige, die ganze Realität, die ganze Natur, die Sprache selbst hat für ihn bloß den Wert eines Zeichens, eines Gleichnisses« (ibd., 454).

106 »In der ganzen Psychologie des ›Evangeliums‹ fehlt der Begriff Schuld und Strafe; insgleichen der Begriff Lohn. Die ›Sünde‹ jedwelches Distanz-Verhältnis zwischen Gott und Mensch ist abgeschafft – eben das ist die ›frohe Botschaft‹. Die Seligkeit wird nicht verheißen, sie wird nicht an Bedingungen geknüpft: sie ist die einzige Realität – der Rest ist Zeichen, um von ihr zu reden. Die Folge eines solchen Zustandes projiziert sich in eine neue Praktik, die eigentliche evangelische Praktik: Nicht ein ›Glaube‹ unterscheidet den Christen: der Christ handelt, er unterscheidet sich durch ein anderes Handeln. Daß er dem, der Böse gegen ihn ist, weder durch Wort noch im Herzen Widerstand leistet. Daß er keinen Unterschied zwischen Fremden und Einheimischen, zwischen Juden und Nicht-Juden macht. Daß er sich gegen niemanden erzürnt, niemanden geringschätzt. Daß er sich bei Gerichtshöfen weder sehen läßt noch in Anspruch nehmen läßt ... Das Leben des Erlösers war nichts anderes als diese Praktik – sein Tod war nichts anderes ... Er hatte keine Formeln, keinen Ritus für den Verkehr mit Gott mehr nötig – nicht einmal das Gebet ... Er weiß, wie es allein die Praktik des Lebens

Für *Nietzsche* ist das Himmelreich nichts Zukünftiges. Es ist die Herzenserfahrung des gelebten Glaubens.[107]

Wer aber ist nun für ihn dieser Jesus von Nazaret? Er ist der, welcher die Menschen lehrte, menschlich zu leben: Nicht verurteilen, sondern dem Bösen zu widerstehen ist die Losung seines Lebens.[108]

Er nimmt für sich in Anspruch, die echte Geschichte des Christentums zu erzählen: Es ist die Geschichte Jesu. Und Christ ist nur der, der ihm in der Praxis des Lebens folgt, nicht aber der, der behauptet, irgend etwas zu glauben.[109]

---

ist, mit der man sich ›göttlich‹, ›selig‹, ›evangelisch‹, jederzeit ein ›Kind Gottes‹ fühlt. Nicht ›Buße‹, nicht ›Gebet um Vergebung‹ sind Wege zu Gott: die evangelische Praktik allein führt zu Gott, sie eben ist ›Gott‹« (ibd., 455 f.).

107 »Das ›Himmelreich‹ ist ein Zustand des Herzens – nicht etwas, das ›über der Erde‹ oder ›nach dem Tode‹ kommt ... Das ›Reich Gottes‹ ist nichts, das man erwartet; es hat kein Gestern und kein Übermorgen, es kommt nicht in ›tausend Jahren‹ – es ist eine Erfahrung an einem Herzen; es ist überall da, es ist nirgends da« (ibd., 457).

108 »Dieser ›frohe Botschafter‹ starb, wie er lebte, wie er lehrte – nicht um ›die Menschen zu erlösen‹, sondern um zu zeigen, wie man zu leben hat. Die Praktik ist es, welche er der Menschheit hinterließ: sein Verhalten vor den Richtern, vor den Häschern, vor den Anklägern und aller Art Verleumdung und Hohn – sein Verhalten am Kreuz. Er widersteht nicht, er verteidigt nicht sein Recht, er tut keinen Schritt, der das Äußerste von ihm abwehrt, mehr noch, er fordert es heraus... Und er bittet, er leidet, er liebt mit denen, in denen, die ihm Böses tun, nicht zürnen, nicht verantwortlich machen... Sondern dem Bösen widerstehen – ihn lieben« (ibd., 457).

109 »Ich kehre zurück, ich erzähle die echte Geschichte des Christentums. Das Wort schon ›Christentum‹ ist ein Mißverständnis – im Grunde gab es nur einen Christen, und der starb am Kreuz. Das ›Evangelium‹ starb am Kreuz. Es ist falsch bis zum Unsinn, wenn man an einen ›Glauben‹, etwa im Glauben an die Erlösung durch Christus das Abzeichen des Christentums sieht: bloß die christliche Praktik, ein Leben so wie der, der am Kreuze starb, es lebte, ist christlich ... (ibd., 460).

Heute ist ein solches Leben möglich, für gewisse Menschen sogar notwendig: Das echte, das ursprüngliche Christentum wird zu allen Zeiten möglich sein ... Nicht ein Glauben, sondern ein Tun, ein Vieles-nicht-Tun vor allem, ein anderes Sein ... Das Christ-sein, die Christlichkeit auf ein Für-wahr-Halten, auf eine bloße Bewußtseins-Phänomenalität reduzieren, heißt Christlichkeit negieren.«[110]

2. Gott lebt

Nietzsches »Antichrist« ist ein engagiertes Plädoyer für den lebenden Gott. Was mag das aber heißen: »Gott lebt?« Diese Frage erfordert Antworten auf verschiedenen Ebenen:

- Gott lebt in den Herzen von Menschen. Es sind das jene Menschen, die sich in ihm geborgen wissen, aber auch jene, die sich aus Gott entborgen wissen. Menschen, die sich in Gott geborgen wissen, können dieses Geborgensein sehr verschieden leben:
  – Es gibt sicherlich Menschen, die in solcher Geborgenheit weltvergessen, einsam, aber deshalb nicht vereinsamt leben. Mit der *Theresa von Avila* heißt ihr Gebet *»Diós solo, basta!«* (in etwas problematischer Übersetzung: »Gott allein genügt«). Dieser Rückzug ins Göttliche ist sicherlich nicht untypisch für viele Menschen, deren Leben unter einer Erfahrungserkenntnis des Göttlichen stand. Sie können nicht für andere verständlich über das reden, wovon ihr Herz voll ist. Das macht einsam.

110 Ibd., 460 f.

– Andere Menschen, die sich in Gott geborgen wissen, gehen in alle Welt und setzen sich – ihrer religiösen Ideale wegen – mancherlei physischen, psychischen und sozialen Gefahren aus. Sie wissen, daß sie niemals tiefer fallen können als in die Hände des lebendigen Gottes. Sie wissen, daß ihnen letztlich nichts Böses von Menschen angetan werden kann. »Und ihr werdet um meines Namens willen von allen gehaßt werden. Und doch wird euch kein Haar gekrümmt werden« (Lk 21, 17 f.).

– Wieder andere bauen um sich herum eine Welt voller Geborgenheiten oder sind auf der Suche nach einer solchen Welt. Sie wissen sich in Gott geborgen, wollen aber auch unter Menschen in Geborgenheit leben. Harmonie bedeutet ihnen alles. Wenn sie die zwischenmenschliche Geborgenheit als Gleichnis und Abbild der Geborgenheit in Gott leben, kann ihr Leben zur Predigt werden. Nicht selten aber geschieht das nicht.

Es gibt aber auch Menschen, die entborgen aus dem Göttlichen leben.

- Nicht selten trägt eine miserable religiöse Bildung an dieser Entborgenheit Schuld. Diese Menschen fühlen sich ausgestoßen aus dem Göttlichen, weil sie sich als Menschen wahrnehmen, die das Innen des Göttlichen nicht »verdienen« (als ob man sich dieses Innen verdienen könnte!).

  – Andere wieder erfahren sich in religiöser Entborgenheit, weil ihnen Religiosität fremd wurde. Meist kamen sie nur oberflächlich mit Religiosität in Berührung. Nicht wenige halten sich für Atheisten.

– Wieder andere nehmen sich als dem Göttlichen entborgen wahr, weil sie ihm sehr nahestehen. Sie leben in einer Art »dunkler Nacht der Sinne«. Es ergeht ihnen ähnlich wie Menschen, die einen Meter von einem gotischen Dom entfernt stehen und den Dom nicht wahrnehmen, sondern nur Steine. Und doch stehen sie, wenn sie nur den Mut haben, nach einem Tor zu suchen, unmittelbar vor dem Eintritt in das Geheimnis des Göttlichen. Und so lautet denn auch das letzte Gebet Jesu: »Mein Gott, weshalb hast du mich verlassen, bist fern meinem Schreien, den Worten meiner Klage? Mein Gott, ich rufe bei Tag, doch du gibst mir keine Antwort ... Sei mir nicht fern, denn die Not ist nahe, und niemand ist da, der hilft« (Ps 22, 2 – 3, 12).
– Andere hat ihr zweifelndes Suchen, ihr Mühen nach der Redlichkeit des religiösen Denkens und Fühlens in eine »dunkle Nacht des Geistes« geführt. Geben sie ihr Mühen nicht auf, werden sie nicht selten erfahren können, daß ihr Denken scheitern mußte, weil sie dem Göttlichen zu nahe waren und sie so den Überblick verloren. »Herr, erhöre mich bald, denn mein Geist wird müde; verbirg dein Antlitz nicht vor mir, damit ich nicht werde wie Menschen, die längst begraben sind« (Ps 143, 7).

- Gott lebt als der Erhalter der Welt, als ihr Urgrund, ihr Ursprung. Das ist der Glaube an das stets anwesende, alles durchdringende Göttliche, in dem wir leben, uns bewegen und sind«[111] »Herr, du hast mich erforscht, und

111 Die berühmte Paulusrede auf dem Areopag in Athen (um 50 n.Chr.) zeugt davon, daß die frühe Theologie Gott noch nicht entgöttlichte: »Er, der das Leben, den Atem und alles gibt. Er schuf aus einem Menschen

du kennst mich. Ob ich sitze oder stehe, du weißt von mir ... Du umschließt mich von allen Seiten und legst deine Hand auf mich ... Steige ich hinauf in den Himmel, so bist du dort; bette ich mich in der Unterwelt, bis du zugegen. Nehme ich die Flügel des Morgenrots und lasse mich nieder am äußersten Meer, auch dort wird deine Hand mich umgreifen« (Ps 139, 1–10).

- Gott lebt in der Christusförmigkeit. Das Göttliche ist sicherlich auch unter uns im Handeln aller Menschen, die versuchen, die Jesusbotschaft (sein Leben und sein Lehren) in ihrem Leben wirklich werden zu lassen. So wie in Jesus das Göttliche aufschien, so auch in manchen Menschen, die ihm folgen.

Wie aber stellt sich uns das Göttliche vor? Ich vermute, vor allem unter drei Gestalten (sehen wir hier einmal von der vierten Gestalt, Jesus von Nazaret, ab, die uns im folgenden Kapitel beschäftigen wird): dem Leben, der Liebe und der Kinder.

---

das ganze Menschengeschlecht ... Sie sollen Gott suchen, ob sie ihn ertasten und finden können, denn keinem von uns ist er fern. Denn in ihm leben wir, bewegen wir uns und sind wir, wie auch einige von euren Dichtern (gemeint ist hier vor allem die Phainomena des Aratos) gesagt haben: Wir sind von seiner Art. Da wir also von Gottes Art sind, dürfen wir nicht meinen, das Göttliche sei wie ein goldenes oder silbernes oder steinernes Gebilde menschlicher Kunst« (Apg 17, 25–29).

(1) Der Gott der Kinder

Ich denke, wenn man vom Göttlichen spricht, verdichtet es sich am verständlichsten im »Gott der Kinder«. Es ist das genaue Gegenteil vom Gott der Theologen, es ist der Gott des Jesus von Nazaret. In der Welt der Kinder gelten andere Werte als in der Welt der Erwachsenen – und diese Werte der Kindwelt stehen dem Religiösen sehr viel näher als die der Erwachsenenwelt.
Was nun sind die Werte der Kindwelt?: Geborgenheit, Liebe, Vertrauen, lebhafte Lebendigkeit, Dankbarkeit, im Kleinen Glücklichsein, Ursprünglichkeit, Authentizität. Die Werte der Erwachsenenwelt sind dagegen Anerkennung, Leistung, Erfolg, Einfluß, Macht. Sie sind dem Göttlichen nicht nur fern, sondern ihm völlig entgegengesetzt.
Nicht wenige Menschen kennen nicht einmal die Quelle ihres Unglücks: der Verlust der Kindwelt. »Jesus aber rief die Kinder zu sich und sagte: ›Lasset die Kinder zu mir kommen; hindert sie nicht daran! Denn Menschen wie ihnen gehört das Reich Gottes‹« (Lk 18, 16). Was ist aber das Göttliche, das Reich Gottes in der Erfahrung der Kinder? Es hat sicherlich zwei Gestalten: die des Lebens und die der Liebe. Nicht umsonst, nicht zufällig wurden die frühen Christen der Gottlosigkeit (der *Asebie*) geziehen und – wie einst Sokrates –, weil sie nicht den Gott verehrten, den der Staat verehrt, zum Tode verurteilt.
Es stände Christen heute auch sehr wohl an, nicht die Götter zu verehren, die der Staat oder irgendeine Institution verehrt, sondern das Göttliche in uns und um uns, das nur insofern Person ist, als man es mit du anreden kann.

(2) Der Gott des Lebens

Ein Jesuswort: »Ich bin gekommen, damit sie das Leben haben und es in Fülle haben« (J 10, 10).
Kinder sind die lebendigsten Menschen. Sie leben ihr Leben noch nicht eingezwängt und verkürzt durch Konventionen, innere und äußere Zwänge. Ihr Gott ist das Leben. Und jenes Einbinden in das Zwangskorsett der Erwachsenen tötet in Kindern mit dem Leben zugleich das Göttliche. Wir Erwachsenen haben nahezu überall in der Welt Räume geschaffen, in denen für Kinder kaum Platz ist, in denen ihre Lebendigkeit als Störgröße angesehen wird.
Friedrich Christian Ötinger (1702–1782) nennt Gott »unauflösliches Leben«.[112] Alles, was personales Leben eher mehrt denn mindert, ist göttlich, geschieht in göttlichem Auftrag – mag ein Mensch darum wissen oder nicht. Man kann das zum Maß des Christlichen machen: Christentum erweist seine Stimmigkeit und seine Legitimation ausschließlich aus der Realisierung der Biophilie-Maxime.[113]

---

112 F. Ch. Ötinger, Sämtliche Schriften, hrsg. von K. Ch. E. Ehmann, 1858–1864, 6, 126.

113 Die Biophilie-Maxime bestimmt: »Handle und entscheide dich stets so, daß du durch dein Handeln und Entscheiden eigenes und fremdes personales Leben eher mehrst denn minderst.« Personales Leben hat viele Dimensionen: die soziale, die emotionale, die musische, die religiöse, die sittliche, die intellektuelle, die handfertige ... Eine Maxime ist nach Kant »das subjektive Prinzip des Wollens«. Und er fährt fort: »Ich soll niemals anders verfahren als so, daß ich auch wollen könne, meine Maxime könne ein allgemeines Gesetz werden« (AA 4, 401 f.). Ein anderes Mal bestimmt er »Maxime« als einen Satz, der die praktische Regel enthält, »die die Vernunft den Bedingungen des Subjekts gemäß (öfters der Unwissenheit oder auch den Neigungen desselben) bestimmt, und ist also der Grundsatz, nach welchem das Subjekt handelt«. Und

Man kann ganz sicher die Qualität einer Institution als religiöser (wenn es denn schon so etwas geben sollte) ausmachen, indem man feststellt, ob und in welchem Umfang die Biophilie-Maxime in ihr nicht nur allgemeines Gesetz, sondern auch Maxime, an der sich tatsächliches Handeln und Entscheiden ausrichtet, geworden ist. *Nietzsches* Vorwurf, daß der Gott der Theologen und der Glaube an diesen Gott eher Leben mindere, statt es zu entfalten, ist sicherlich nicht einfach nur als unzutreffend abzuweisen. Wenn ich etwa an die katholischen Dogmen denke, dann finde ich kein einziges, welches tatsächlich den Zweck verfolgt, Leben zu mehren. Manchen kann man sicherlich den Vorwurf machen, daß sie, wenn praktisch geworden, personales Leben eher mindern.[114] Ist eine solche Religiosität tatsächlich von Jesus gewollt?

Ferner gilt es zu bedenken, daß eine sittliche Orientierung am personalen Leben eine allgemeine Ehrfurcht vor dem Lebendigen[115] schlechthin voraussetzt. Ich bin bislang noch

---

jetzt erhält der kategorische Imperativ die Gestalt: »Handle nur nach der Maxime, durch die du zugleich wollen kannst, daß sie ein allgemeines Gesetz werde« (AA 4, 420 f.). »Gesetz« meint hier das objektive Prinzip sittlichen Handelns. Insofern es sagt, wie jedes vernunftbegabte Wesen handeln soll, ist es ein Imperativ, insofern er bedingungslos gilt, ein kategorischer Imperativ.

114 N. L. Graf von Zinzendorf (1700–1760) ist der Ansicht, daß Leben in der alten Kirche nur bedingt zu finden sei. Leben aber sei gerade Verwirklichung der christlichen Werte und Ziele. »Leben« bezeichnet für ihn ... die Wirkung des Wortes Gottes und den Zustand, den man erreicht, wenn die Wirkung zur Wirklichkeit des neuen Menschen wird. Vgl. O. Uttendörfer, Zinzendorfs Weltbetrachtung, 1929.

115 Wir setzen hier voraus, daß es eine Trennung zwischen lebenden und nicht-lebenden Ereignissen und Sachverhalten in der Welt gibt. Wir vertreten also weder einen Hylezoismus (der alles Seiende belebt sein

niemals einem Menschen begegnet, der ernsthaft versuchte, sein Leben nach der Biophilie-Maxime auszurichten, und nicht eine tiefe Zuwendung zu allem Lebendigen realisierte. In der Erfahrung des Göttlichen, wie sie sich im Verlauf der Meditationen einstellt, erlebt der Meditierende das Göttliche oft als intensive Erfahrung des Lebens in einem Strauch, einem Baum, einer Blüte. Es ist keineswegs nur eine buddhistische Eigenart, dem Göttlichen erfahrbar in der Gestalt des Lebens im Lebenden zu begegnen. Diese Erfahrung des Göttlichen in der Gestalt des Lebens läßt sehr bald die Welt völlig anders aussehen. Ereignisse und Sachverhalte erhalten eine andere Qualität. Was vorher wichtig zu sein schien (etwa die Werte der Erwachsenenwelt), wird unbedeutend. Was vorher unwichtig war, wie etwa das Leben eines Busches, wird wichtig.

Das neuzeitliche Christentum, das der Theologen also, entwickelte keinerlei Verhältnis zum Leben. Das »Gottesgebot«: »Seid fruchtbar und vermehret euch, bevölkert die Erde, unterwerft sie euch« (Gen 1, 28) des in der Zeit der Gefangenschaft in Babylon formulierten Textes[116] wurde

---

läßt – wie etwa Giordano Bruno durch seine Weltseele) noch einen Mechanismus (der das Leben als physiko-chemisches Ereignis behauptet). Wir nehmen also irgendein Prinzip an, das nur dem Lebendigen zukommt. Man mag es mit Aristoteles »Psyche« nennen. Meister Eckhart sieht das lebendige Werden als etwas Eigenwertiges. In ihm repräsentiert sich das Göttliche: »Allein Gott, und zwar als letztes Ziel und erstes Bewegendes, lebt und ist Leben« (Lateinische Werke 3, 51).

116 Es gibt noch einen wesentlich älteren Bericht über die Erschaffung des Menschen. Er gehört zur jahwistischen Quellenschicht. Er schreibt: »Gott, der Herr, nahm also den Menschen und setzte ihn in den Garten Eden, damit er ihn bebaue und hüte« (Gen 2, 15). Dieser Text, der den Menschen zum Behüter der Erde bestimmt, blieb jedoch in der Neuzeit

zur Handlungsmaxime. Überbevölkerung und Zerstörung der Umwelt sind die unausbleiblichen Folgen.
Ganz anders der Koran, der »nur eine Bestätigung der früheren Offenbarungen und eine deutliche Erklärung aller Dinge und Leitung und Gnade für Menschen ist, die glauben« (12, 112), »nichts anderes ist als eine Ermahnung für die ganze Menschheit« (38, 88). Im Islam (= die vollkommene Hingabe des Menschen an Gott) ist der Mensch Statthalter Gottes auf Erden.[117] Die Erde wurde ihm anvertraut, damit er sie verwalte, behüte und pflege. Alles bleibt in Allahs Hand, und er allein beschützt alles, und gegen ihn gibt es keinen Schutz (23, 89), denn er ist es, »der alles durchdringt und alles kennt« (67, 15). »Diener des Allbarmherzigen sind die, die demütig (= ehrfürchtig im Umgang mit der Schöpfung) auf der Erde wandeln« (25, 64). Nun hat der Islam Menschen daran gehindert, sich die Welt untertan zu machen, das Christentum (vor allem das neuzeitliche) aber nicht. Die sicherlich unrichtige Interpretation des Befehls zum Untertanmachen, die typisch für das neuzeitliche theologische Denken war, blieb leider nicht im Getto der Theologie, sondern war eine der wenigen Worte, die aus dem Getto ausbrachen und Wissenschaft und Technik, Politik und Ökonomie ihr typisches, personales Leben minderndes und damit der Jesusbotschaft widersprechendes Aussehen gaben.

---

ohne jede erhebliche religiöse oder profane Relevanz. Offensichtlich nahmen die Theologen an, mit dem Verlust von Eden sei die übrige Welt so zu instrumentalisieren, daß es darauf ankomme, sie zu beherrschen.

117 »Dann sprach dein Herr zu den Engeln: ›Ich will auf Erden einen Statthalter, den Menschen, setzen.‹ Sie antworteten: ›Willst du dort einen einsetzen, der zerstörend wütet und Blut vergießt?‹« (2, 31). Und Allah machte den Menschen so weise, daß die Engel ihn achteten (2, 32–35).

In der zweiten Hälfte des 20. Jahrhunderts überschritt die vom Geist des neuzeitlichen Christentums geprägte europäische Gesellschaft den Rubikon, um, im Anschein des Sieges, sich und die Welt zu verlieren. Die Grenzen der sich von den Belastungen durch den Menschen immer wieder regenerierenden lebendigen Natur *(sustainable development)* wurden durchbrochen; die Belastungen des Lebens wurden größer als sein Regenerationsvermögen. Die Konferenz von Rio (1992) versuchte, das Ruder herumzureißen – doch ohne jeden Erfolg. Die von Menschen produzierten Emissionen (Kohlendioxyd, Kohlenoxyd, Benzol und andere Kohlenwasserstoffe, Stickoxyde, FCKW, Ruß, Ozon) bedrohen das Leben auf der Erde – und das des Menschen. Es war der Irrtum von Rio, man könne durch verändertes Verhalten etwas erreichen, ohne daß zuvor ein verändertes Bewußtsein dieses geänderte Verhalten erzeuge. Nicht Gesetze (die es zudem nicht einmal gibt), die einen Staat bestrafen, der sich nicht an die Vereinbarungen hält, werden die lebendige Welt vor ihrem Untergang retten, sondern allein die Erfahrung des Heiligen in den Gestalten des Lebendigen und die damit verbundene Ehrfurcht vor dem Leben. Kollektives Sein verändern zu wollen, ohne zuvor – oder doch zugleich – kollektives Bewußtsein zu ändern, ist abstrakte Utopie.

(3) Der Gott der Liebe

»Die Liebe ist aus Gott, und jeder, der liebt, erkennt Gott, denn Gott ist die Liebe« (1. J 4, 7 f.).

Wir können also das Göttliche in und unter uns auch in der Gestalt der Liebe erfahren. Es gibt Menschen, die vermeinen, die »Existenz Gottes« beweisen zu können. Hat dieser

Gott jedoch nicht die Gestalt der Liebe, dann ist ihr Beweisen ebenso sinnlos wie logisch falsch. Vermutlich läßt sich nur so etwas wie ein »Gott der Theologen« beweisen, der ja dieser Akademikergruppe sehr zu Händen ist und seine Handlichkeit gerade in seiner Beweisbarkeit nachweist.

Was aber bezeichnet »Liebe«? Das Wort ist keineswegs so eindeutig wie das des Lebens. Wir müssen es erst definieren: »Liebe« bezeichnet also die Fähigkeit und Bereitschaft eines Menschen, das Anderssein des Anderen nicht nur zu akzeptieren (das wäre personale Toleranz, eine notwendige Vorstufe der Liebe), sondern auch zu wollen, insofern es nicht zu sozialunverträglichem Handeln oder Verhalten führt. Wer liebt, will, daß der andere er selbst ist oder wird, daß er die ererbten oder erworbenen sozialen, emotionalen, intellektuellen, sittlichen, religiösen Begabungen zu eigenem und fremdem Nutzen entfaltet. Liebe steht also ganz unter dem Anspruch der Biophilie-Maxime.[118] Über diese Maxime hinaus fordert Liebe das Streben nach Zusammensein, in dem sich Leben entfaltet.

Die Mystik nimmt zumeist mit *Bernhard von Clairvaux* an, daß für Menschen schon in diesem Leben für kurze Augen-

118 »Liebe« wird hier also im Sinne der aristotelischen »Philía« verstanden und nicht im Sinne des platonischen »Eros«. Man könnte Philía mit »Freundschafts-Liebe« übersetzen. Der so Geliebte wird um seiner selbst willen geliebt und nicht um eines eventuell erreichbaren Nutzens (Nic. Ethik 1155 b 30–35). Aristoteles weiß darum, daß Liebe Ausdrucksform der Eigenliebe ist. Er sieht sie in Analogie zur Liebe des Ersten Bewegers (Gottes also), der dadurch bewege, indem er ein auf sich gerichtetes Verlangen erwecke (Metaphysik 1072 b3). Das Neue Testament verwendet den Begriff »Agápe«. Als das Christentum in Kleinasien dem griechischen Denken begegnete, näherte es sich in der Definition der Liebe der Begrifflichkeit des Aristoteles an.

blicke bewußt die liebende Vereinigung mit dem Göttlichen möglich sei.[119] Die Liebe erzeugt die Angleichung des Menschen an das Göttliche, denn sie ist beider (des Göttlichen wie des Menschlichen) Wesen.[120] Wir sind eher durch Liebe als durch Glückseligkeit mit dem Göttlichen vereint.[121] Am deutlichsten erfaßte aber das Wesen des Göttlichen die islamische Mystik des Sufismus,[122] als sie Gott zugleich als

---

119 Bernhard von Clairvaux, In Cant. cant. sermo VII; PL 183, 803 und sermo IX; PL 183, 815 f.

120 De deligendo Deo VII, 17; PL 182, 984.

121 So Petrus Abaelard. Angezweifelt wurde diese These durch Wilhelm von Thierry (De contemplando Deo VIII, 16; PL 184 c, 375 d.

122 »Sufi« bezeichnet einen muslimischen Mystiker. Das arabische »suf« bezeichnet ein Gewand aus Wolle, mit dem sich diese Personen (die Sufis) kleideten. Die muslimische Mystik entstand in Anlehnung an hellenistische Vorbilder im Widerspruch zur »Gesetzesreligion« mit dem Ziel, die Kluft zwischen dem Menschen und dem Göttlichen zu überwinden. Der Grundgedanke des Sufismus: Die Liebe zu Gott muß die Selbstsucht überwinden, so daß im absoluten Vertrauen auf das Göttliche im Augenblick der mystischen Entwerdung (fana) das Ziel erreicht wird. Anfangs hatte der Sufismus seine Probleme mit dem institutionalisierten Islam. Erst dem Theologen und Philosophen Al Ghassali (1095–1111) gelang es, den Sufismus mit der offiziellen Theologie des Islam zu versöhnen. Der spanisch-arabische Mystiker Ibn Al Arabi (1164–1240) baute den Sufismus zu einem theosophischen System aus. Seine Schriften, in denen übrigens die »Trinitätslehre« des Islam entfaltet wurde, blieb bestimmend für den Sufismus bis hin in die Gegenwart. Der Sufismus blieb bis ins 19. Jahrhundert eine mächtige Instanz innerhalb des Islam. So brachte er die 1833 von Muhammad Ali Senussi während der Pilgerfahrt nach Mekka unter dem Einfluß der Wahabiten gegründete Bruderschaft der Senussi hervor. Sie setzte sich das Ziel, den Islam zu erneuern und ihn vom europäischen Einfluß zu befreien. So leisteten die Senussi der italienischen Kolonialmacht in Libyen heftigen Widerstand. Idris I., Enkel des Gründers, wurde 1950 der erste König Libyens. In den vergangenen Jahrzehnten versuchte vor allem der Inder Sir Muhammad Iqual (1873–1938), den Sufismus für die Erneuerung des Islam nutzbar zu machen.

Liebenden, Geliebten und Liebe erkannte. Jesus war und ist für die Sufis das Beispiel der Frömmigkeit, der Liebe, der Entsagung und der Armut. An ihm suchten sie ihr Leben auszurichten. In Jesus verkörpert sich für sie die vom göttlichen Licht erleuchtete Menschheit. Dieser Reflex des göttlichen Lichtes im Herzen der Menschen wird von den Sufi *»tajalli«* genannt. Es ist die Manifestation der göttlichen Schönheit im Herzen der Menschen. Jesus taucht im Islam – und also auch bei den Sufi – nicht als Erlöser auf, weil der Koran – wie auch Jesus selbst – die Begriffe »Sünde« und »Erlösung« nicht kennen.[123]

(4) Der praktische Atheismus der Gegenwart

Die Werte der Erwachsenenwelt sind – wie nach dem Gesagten offensichtlich – praktisch-atheistisch. Sie sind nicht antitheistisch, weil sie nicht gegen Gott gerichtet sind, sondern ihnen ist das Göttliche gleichgültig. Es kommt in ihnen nicht vor. Der praktische Atheismus leugnet – im Gegensatz zum theoretischen – nicht die Existenz Gottes, sondern handelt so, als ob es das Göttliche nicht gäbe. Der praktische Atheismus macht sich manifest in der praktischen Gleichgültigkeit gegenüber Leben und Liebe. Er ist besonders verachtenswert, wenn er ständig von Gott redet, zu Gott betet – zu einem Gott aber, dem Lebensfeindlichkeit und Lieblosigkeit unterstellt wird, der also nur ein Götze ist.
Daß der praktische Atheismus der Lebensfeindschaft und

---

123 Vgl. Mahmoud M. Ayoub, Jesus islamisch gesehen, in: Johannes Thiele (Hrsg.), Jesus. Auf der Suche nach einem neuen Gottesbild, Düsseldorf (ECON) 1993, 292–304.

der Lieblosigkeit (und damit der Götzendienst) sehr wohl auch in den Kirchen zu Hause ist, wird niemand leugnen. Lebensfeindlich sind etwa in den christlichen Kirchen nahezu alle Elemente, die vom Manichäismus in sie hineingetragen wurden: die Verherrlichung des Leidens, die Sexualfeindlichkeit, die Ängstigung und Disziplinierung bis hin zur Androhung der Höllenstrafe. Dies alles führt nicht selten zu lebensmindernden ekklesiogenen Neurosen.

Noch ärger ist es, wenn man die Unfähigkeit vieler, die in den Kirchen das Sagen haben, betrachtet, das Anderssein des Andern auch nur zu akzeptieren. Spätestens seit dem Unheil, das Konstantin über das Christentum brachte, hatte dieses nun zur Institution entartete soziale System nichts Eifrigeres zu tun, als Menschen, die anderes oder anders glaubten, zu verfolgen.

Jesus erzählte einmal das Gleichnis vom Unkraut im Weizen. Die Knechte des Bauern wollten das Unkraut jäten. Und der Herr der Ernte antwortete: »Nein, sonst reißt ihr zusammen mit dem Unkraut auch den Weizen aus. Laßt beides wachsen bis zur Ernte« (Mt 13, 24 bis 30). Was mag die Kirchen dazu bewogen haben, nicht in Geduld den Tag der Ernte abzuwarten? Systemtheoretisch ist die Antwort denkbar einfach: Ein soziales System hat nur zwei endogene Zwecke, den Selbsterhalt und die Expansion. Da nun aber das Anderssein des Anderen beide gefährden könnte, muß es bekämpft werden.

Aber ist die von Jesus gestiftete Gemeinschaft seiner Jünger ein orginäres soziales System? Ketzerverfolgungen, Hexenverbrennungen, Kreuzzüge, Entzug der Lehrerlaubnis für Theologen, die nicht die Meinung des Zentrums vertreten, sind rein systemische Reaktionen. Daß ein solches System kaum von sich behaupten kann, es habe auch nur entfernt irgend etwas mit dem Göttlichen, das sich uns unter der Gestalt der Liebe offenbart, zu tun, ist offensichtlich. Das, was da – oft mit frömmelnden Worten maskiert – praktiziert wird, ist reiner Atheismus.

Wo aber begegnen wir Gott? *Paulus* hat uns einen frühchristlichen Hymnus aufgezeichnet, der die Eigenschaften christlicher Liebe, in denen uns Gott begegnen kann, besingt (1 Kor 12, 31 bis 13, 13): »Ich zeige euch jetzt noch einen anderen Weg, einen, der alles übersteigt:

- Wenn ich in den Sprachen der Menschen und der Engel redete, hätte aber die Liebe *(agápe)* nicht, wäre ich dröhnendes Erz oder eine lärmende Pauke.
- Und wenn ich prophetisch reden könnte und alle Geheimnisse wüßte und alle Erkenntnis hätte, wenn ich alle Glaubenskraft besäße und Berge damit versetzen könnte, hätte aber die Liebe nicht, wäre ich ein Nichts.
- Und wenn ich meine ganze Habe verschenkte und wenn ich meinem Leib dem Feuer übergäbe, hätte aber die Liebe nicht, nützte es mir nichts.
- Die Liebe ist langmütig, die Liebe ist gütig. Sie ereifert sich nicht, sie prahlt nicht, sie bläht sich nicht auf.
- Sie handelt nicht ungehörig, sucht nicht ihren Vorteil, läßt sich nicht zum Zorn reizen, trägt das Böse nicht nach.
- Sie freut sich nicht über das Unrecht, sondern freut sich an der Wahrheit.
- Sie erträgt alles, sie glaubt alles, sie hofft alles, sie hält allem stand.
- Die Liebe hört niemals auf. Prophetisches Reden hat ein Ende, Zungenrede verstummt, Erkenntnis vergeht.

- Denn Stückwerk ist unser Erkennen, Stückwerk unser prophetisches Reden; wenn aber das Vollendete kommt, vergeht alles Stückwerk.
- Als ich ein Kind war, redete ich wie ein Kind, dachte wie ein Kind und urteilte wie ein Kind. Als ich ein Mann wurde, legte ich ab, was Kind war.
- Jetzt schauen wir wie in einem Spiegel und sehen nur rätselhafte Umrisse, dann aber schauen wir (das Göttliche) von Angesicht zu Angesicht.«

Wer aber kann so lieben? Keiner von uns! Und deshalb erkennen wir Gott nur in den Rätseln des Lebens und der Liebe. Und selbst vor diesen Rätseln erfahren wir uns alltäglich als Versagende. Der erste Johannesbrief antwortet darauf (3, 18–22):

- »Wir wollen nicht mit Worten lieben, sondern in Tat und Wahrheit. Wir werden daran erkennen, daß wir aus der Wahrheit sind,
- und wir werden unser Herz in seiner Gegenwart beruhigen; denn wenn das Herz uns auch verurteilt, Gott ist größer als unser Herz, und er weiß alles.
- Wenn das Herz uns aber nicht verurteilt, haben wir Zuversicht zu Gott.«

4. Kapitel

Jesus von Nazaret

4

I. Wer ist Jesus von Nazaret?

Auf das Problem des Verstehens der Lehre und des Lebens eines Menschen wurde schon bei der Behandlung der Botschaftsmetapher verwiesen. Die Unmöglichkeit, mit ihm rekursiv über die Botschaft seines Lebens und seiner Lehre zu sprechen, macht »objektives Verstehen« der Jesusbotschaft unmöglich. Der Präsentismus aller unserer Konstrukte, auch unseres Jesuskonstrukts, und die Unfähigkeit, etwas anderes als uns selbst zu verstehen (vgl. dazu die Exkurse des Anhangs), erlaubt es uns, ausschließlich den »Jesus in uns« zu begreifen. Daß viele Menschen einer jeweiligen Gleichzeitigkeit, die untereinander rekurrieren und damit ihre Informationen, die sich im Jesuskonstrukt verdichteten, der kritischen Bewährung aussetzen können, führt dazu, daß sehr viele europäische Christen, die miteinander in einen religiösen Diskurs eintreten (etwa die Charismatiker), ein sehr ähnliches Jesusbild zu haben scheinen. Der Versuch, ihr jeweiliges Jesuskonstrukt zu bewähren, führt zumeist nicht zu einer erheblichen Infragestellung des Konstrukts, sondern eher zu einer wünschenswerten Dynamisierung, die dazu hilft, frühe Fixierungen aufzulösen und zu einem reiferen Bild zu gelangen.

Wer ist also dieser Jesus von Nazaret, der wie kein zweiter das Allgemeine Bewußtsein so vieler Milliarden Menschen veränderte?

Für die historiographische Erkenntnis gibt es keine zeitgenössischen und keine direkten Quellen. Jesus wird erstmals, etwa zwanzig Jahre nach seinem Tod, in den *Paulusbriefen* genannt. Sie geben biographisch wenig her: Sie berichten nur von Jesu Geburt und Tod und zitieren einige wenige Jesusworte. Was bei dem jüdischen Historiker *Flavius Josephus* über den Messias Jesus und seine Auferstehung zu lesen ist,[124] ist sehr wahrscheinlich ein später von interessierten Kreisen eingeschobener Text. Dagegen ist die Nennung des »Jesus, des sogenannten Christus«, den Bruder des 62 hingerichteten *Jakobus*,[125] vermutlich ursprünglich. *Tacitus*, der in seinem Bericht über den großen Brand in Rom im Jahre 64 zur Beschuldigung der »Chrestianer« hinzufügt: »Der Urheber ihres Namens, Christus, war unter Kaiser *Tiberius* durch den Prokurator *Pontius Pilatus* hingerichtet worden«,[126] gibt die zu Beginn des 2. Jahrhunderts unter den römischen Christen herrschende Überzeugung wieder. Die wenigen Erwähnungen Jesu im Talmud sind wohl als rein polemisch zu interpretieren, setzen aber die Hinrichtung des »Zauberers Jesus« als gegeben voraus.

Die wichtigsten historiographischen Quellen sind die *Evangelien*. Da sie aber keineswegs den primären Zweck verfolgen, historiographische Daten vorzustellen, sondern die Glaubensüberzeugung von Menschen, aus deren Mitte sie entstanden, sind sie als historische Quellen wenig hilfreich, so daß ein »Leben Jesu« nicht mehr geschrieben werden kann. Die Evangelien sind religiöse Geschichten, bei denen

---

124 Flavius Josephus, Antiquitates, 63 f.
125 Ibd., XX, 200.
126 Annalen XV, 44.

es schwerfällt, den historiographischen Kern von den Berichten, die durch das Jesuskonstrukt der Verfasser erzeugt wurden, abzusondern. Dieses Konstrukt ist weitgehend bestimmt durch die Erfahrung des auferstandenen Jesus, die sicherlich die wenigen historiographischen Daten zu ganz anderen Geschichten verbindet, als wenn diese Erfahrung fehlte.

Man kann das erste, etwa 40 Jahre nach Jesu Tod geschriebene Evangelium, das sogenannte *Markusevangelium*, als wichtigste historiographische Quelle über das Leben Jesu annehmen. Die beiden anderen Synoptiker (die Verfasser des *Matthäus-* und des *Lukasevangeliums*) benutzen neben dieser Quelle noch eine Sonderüberlieferung, die *»Logiensammlung«*, eine Sammlung von (wohl meist authentischen) Worten Jesu. Diese Logien-Überlieferung dürfte historiographisch für die Darstellung, wennschon nicht des Lebens, so doch der Lehre Jesu von erheblicher Bedeutung sein. Andererseits birgt das Verfügen über die aramäisch geschriebene Logiensammlung die Gefahr theologischer Reflexionen der Verfasser der Evangelien in sich, die von den Logien nicht mehr sauber getrennt werden können.

Jesus stammt vermutlich aus dem kleinen galiläischen Ort Nazaret. Sein Geburtsjahr ist unbekannt (vermutlich vor 4 v. Chr.). Seine Familie rechnete sich zur Sippe *Davids*. Sein Vater *Josef* war Zimmermann, seine Mutter hieß *Maria*. Seine Brüder lehnten sein öffentliches Auftreten ab, gehörten jedoch nach seinem Tod zur christlichen Gemeinde. Ob Jesus selbst Zimmermann war, ist unsicher. Er besaß rabbinische Bildung, ohne Rabbinenschüler gewesen zu sein. Für sein Selbstverständnis scheint die Taufe durch *Johannes* am Jordan von erheblicher Bedeutung geworden zu sein. Während

seiner Wanderpredigerzeit (ein bis drei Jahre) lehrte er vor allem in Galiläa. Um ihn herum scharte sich eine Gruppe von Schülern und Schülerinnen. Er lehrte sie, Gott mit dem alltäglichen *»Abba«* (= »Papa«) anzurufen. Seine besondere Zuwendung galt den Armen, den Schwachen, den Verachteten. Er selbst scheint sich den in der aramäischen Sprache uneindeutigen Titel »Menschensohn« gegeben zu haben. Es ist wahrscheinlich, daß er mit dieser verhüllenden Würdebezeichnung sich als Beauftragten Gottes verstand. Er setzte sich über zahlreiche jüdische Traditionen hinweg, so daß er von den Schriftgelehrten und Pharisäern als Ketzer betrachtet wurde. Und so reiste er voller Todesahnung nach Jerusalem. Hier wurde er gefangengenommen und von *Pilatus* zum Tode verurteilt. Als Todesjahr kann das Jahr 30 n. Chr. angenommen werden.
Die Theologie des *Paulus* machte aus dem Menschensohn Jesus den erwarteten Christus, den Erlöser. Ganz unbefangen verbindet er die Worte zu »Jesus Christus« (R 3, 22; Gal 2, 16 u. ö.). Dieser Würdename scheint nach dem Markusevangelium von Jesus nicht akzeptiert worden zu sein. »Da fragte Jesus sie: Ihr aber, für wen haltet ihr mich? *Simon Petrus* antwortete ihm. Du bist der Messias. Doch er verbot ihnen, mit jemand über ihn zu sprechen« (8, 29 f.).[127] Das Matthäusevangelium dagegen übernimmt den paulinischen Gedanken und läßt Jesus auf die Antwort des Petrus spre-

---

127 Daß das Markusevangelium Jesus die Frage des Hohen Priesters, ob er der Messias sei, der Sohn des Hochgelobten, antworten läßt: Ich bin es. Und ihr werdet den Menschensohn zur Rechten der Macht sitzen und mit den Wolken des Himmels kommen sehen« (14, 61 f.), dürfte wie der gesamte Prozeß vor dem Sanhedrin ein nicht geschichtlich zu sichernder Text sein.

chen: »Selig bist du, Simon Barjona, denn nicht Fleisch und Blut haben dir das offenbart, sondern mein Vater im Himmel« (13, 17).

Auch zum »Sohn Gottes« in einem erhabeneren Sinn, als alle Menschen Kinder Gottes sind, wurde er durch Paulus ausgerufen: »Dem Fleisch nach entstammt ihnen (den Israeliten) der Christus, der über allem als Gott steht« (R 9, 5).

Erst das um 100 entstandene *Johannesevangelium* nimmt zögerlich (es läßt Jesus in der dritten Person von sich sprechen) diesen Sprachgebrauch auf: »Denn es ist der Wille meines Vaters, daß alle, die den Sohn sehen und an ihn glauben, das ewige Leben haben« (J 6, 40).

II. Was bedeutet es, ein Christ zu werden?

Wegen der Relativität der Jesusbilder kann niemand von sich selbst sagen: »Ich bin Christ«, sondern allenfalls: »Ich bemühe mich, Christ zu werden!«
Sie erinnern sich: Wir definierten einen Christen als einen Menschen, der ernsthaft versucht, die Jesusbotschaft – so wie er sie nach redlichem Mühen versteht – in seinem Leben praktisch zu machen. Christ*sein* bedeutet, ein unerreichbares Ziel erreicht zu haben: die Jesusförmigkeit. Christ*werden* bedeutet, sich darum zu mühen.
Christen sind also stets auf dem Wege hin zu Jesusförmigkeit. Sie erfüllt sich in der vollkommenen Verwirklichung der Bergpredigt (über die noch zu handeln sein wird). Christwerden ist letztlich eine besondere Form des Menschwerdens.
Menschwerdung jedoch ist ebenfalls niemals Besitz, sondern Verlauf. Wer könnte schon von sich sagen, er sei Mensch in der Fülle des Menschseins? Es wird wohl stets nur heißen können: »Ich werde Mensch!« Und da das Menschwerden die Voraussetzung ist, Christ zu werden, sollen hier einige Gedanken über das Menschwerden vorgestellt werden.

III. Was bedeutet es, ein Mensch zu werden?

Selbstverständlich sind alle Individuen der biologischen Gattung Homo Menschen. Es gibt keine Un- oder Übermenschen. Alle Menschen haben, insofern sie Menschen sind, bestimmte Rechte: Menschenrechte[128]. Diese sind – wie das Grundgesetz der BRD richtig erkennt – unveräußerlich (Art. 1, 2), was auch immer ein Mensch sein oder getan haben mag.

Sie sind jedoch nicht in allen Kulturräumen gleich. Wenn sie einem Menschen schon nicht genommen werden können, kann doch ein Mensch sich selbst seiner Rechte begeben und sich so in seinem Menschsein mindern oder von anderen gemindert werden. Hier sollen einige solcher Minderungen des Menschseins erwähnt werden, die es erschweren, Christ zu werden:

- *Gehabtwerden:* Nicht wenige Menschen definieren sich von irgendeiner Form des Habens her. Dieses Haben kann mancherlei Gestalt annehmen. Man kann besessen sein

---

128 Wir verstehen diese Rechte nicht als Besitz, sondern als Anspruch an den oder die Interaktionspartner. Gerechtigkeit etwa oder Würde oder Freiheit sind keine Besitztümer, denn dann wären sie abstrakt. Gerechtigkeit und Würde und Freiheit ereignen sich im interaktionellen Handeln mit anderen Menschen, oder sie sind abwesend. Menschenrechte stellen also an die Interaktionspartner den Anspruch, sie im interaktionellen Handeln geschehen zu lassen. Vgl. dazu: R. Lay, Philosophie für Manager, Düsseldorf (ECON TB 21107) 1991, 177–186, 212 f.

von Jugend, von Vermögen, von Einkommen, von Ansehen, von Einfluß, von Erfolg. Nicht wenige Berichte der Heiligen Schrift berichten davon, daß Jesus Besessene heilte. Man kann aber auch besessen werden

- von Gedanken, die immer wiederkehren, ohne daß man sich dagegen zu wehren wüßte,
- von Vorstellungen, etwa von Größenphantasien, von Vorstellungen, eine bestimmte Krankheit zu haben,
- von Wünschen, etwa von Siegzwängen oder von Besitzwünschen,
- von Aktivitäten, etwa von Arbeit oder Sport (Joggen),
- von Bedürfnissen, etwa nach Essen, Alkoholkonsum oder Sexualität,
- von Emotionen, etwa von Haß, von Gekränktsein, von Ängsten,

die denkbar ungeeignet für eine humane Selbstdefinition sind. Auch solches Besessensein kann entmenschlichen. Stets handelt es sich um lebensmindernde Abhängigkeiten, die man gemeinhin »Sucht« nennt. Alles dieses zu haben kann gut (= lebensförderlich) sein, aber von ihm gehabt zu werden ist stets lebensmindernd.

- *Keinen Abschied nehmen können:* Abschied-nehmen bedeutet Loslassen. Die Unfähigkeit, loslassen zu können, ist weit verbreitet. Das Loslassen von dem, was wir haben und schätzen, fällt sicher nahezu jedem Menschen schwer. Das erzwungene Loslassen ist meist mit Trauer verbunden. Menschen, die nicht mehr trauern können, versuchen mit nahezu allen Mitteln, solches Loslassen zu verhindern – erst recht das freiwillige Loslassen im Abschied. Wir müssen, um unser Menschwerden nicht zu gefährden, sicherlich lernen loszulassen. Wer nicht loslassen kann, wird um das Gefährdete mit erheblichem Aufwand hohe Wälle errichten, um nicht loslassen zu müssen. Dieser Aufwand könnte besseren Zielen (etwa der Entfaltung eigenen und fremden Lebens) dienen.

- *Das Wissen um die eigene moralische*[129] *Unvollkommenheit:* Wir alle versagen gelegentlich vor dem Anspruch

129 Moralische Normen haben den Zweck, Sozialverträglichkeit des Handelns und Verhaltens zu sichern. Moralische Normenkataloge können drei Quellen haben:

- Die internalisierende Einbindung in eine sozio-kulturelle Einheit mit deren Wertvorstellungen über Sozialverträglichkeit. Diese Wertvorstellungen dienen der Stabilität dieser kulturdefinierenden Einheit. (Wir bestimmen also die Einheit einer »Kultur« durch die Einheit der in ihr festgelegten Werte.) Das Übertreten der Normen dieser Moral wird endogen-psychisch bestraft durch Gefühle der Scham, der Schuld, der geminderten Selbstachtung. Wegen der Art der Sanktionen spricht man von endogener Moral und endogenem Gewissen.
- Die internalisierende Einbindung in ein soziales System (Familie, Beruf, Staat, Kirche ...) mit seinen dem Selbsterhalt des Systems dienenden Wertvorstellungen über Sozialverträglichkeit. Die Übertretung dieser Normen wird exogen etwa durch Minderung von Anerkennung, Geborgenheit, Dazugehören bestraft. Wegen der Art der Strafe sprechen wir von exogener Moral und exogenem Gewissen.
- Die Entscheidung für ein höchstes sittliches Gut (etwa die Biophilie). Die Normen dieser Moral dienen nicht der Stabilisierung irgendeines bestimmten sozialen Systems. Sie sind systemtranszendent. Die Übertretung der Normen dieser Moral wird bestraft durch Identitätsminderung. Wegen der Art des Gutes sprechen wir von sittlicher Moral.

Sicherlich können in konkreten Situationen Normen aus den drei Bereichen miteinander konkurrieren. Wurde ein sittliches Gewissen ausgebildet, liefert dieses die handlungsleitende Norm, selbst wenn endogene oder exogene Strafen in Kauf genommen werden müssen.

moralischer Normen. Nicht wenige Menschen bildeten nicht einmal ein sittliches Gewissen mit seinen Normen aus. Bei anderen verödet das endogene Gewissen, sie werden ausschließlich von den Normen der exogenen Moral in der Sozialverträglichkeit ihres Verhaltens und Handelns gesteuert.

- *Die Unfähigkeit, zweckfrei zu handeln:* Viele Menschen handeln nur, um bestimmte Zwecke zu erreichen. Sie joggen, um körperlich fit zu bleiben, sie arbeiten, um Geld zu verdienen, sie erziehen Kinder, um einmal stolz auf sie sein zu können. Diese Verzwecklichung aller Lebensaktivitäten läßt zweckfreies Handeln als unnütz und überflüssig erscheinen. Zweckfreies, nicht auf das Erreichen eines Zieles gerichtetes Handeln (wie es Kinder beherrschen) sollte etwa geschehen im Lieben, Spielen, Beten.

- *Die Unfähigkeit, anderen Menschen zu glauben, ihnen zu vertrauen, sie zu lieben:* Die Fähigkeit und Bereitschaft, dem Göttlichen zu glauben, auf es zu vertrauen und es zu lieben, setzt voraus, daß man Glauben, Vertrauen und Lieben zunächst im Umgang mit Menschen (wieder) gelernt hat. Kinder glauben, vertrauen und lieben ganz ohne Scheu. Manche Menschen verlernen vor den Ansprüchen der Erwachsenenwelt, enttäuscht durch Erfahrungen, die Bereitschaft und Fähigkeit, zu glauben, zu vertrauen und zu lieben. Es muß im Vorhof des Religiösen wieder erlernt werden.

IV. Die Jesusbotschaft

Die Jesusbotschaft hat zwei Komponenten, sein Leben und seine Lehre (die sich ihrerseits vorstellt in Wort und Tat). Wir wollen beide erzählen.

1. Erzählungen aus dem Leben Jesu

(1) Die Geburtsgeschichte Jesu: »Geboren aus Maria der Jungfrau«

Über diese Geschichte wurde schon in einem früheren Kapitel gehandelt.

(2) Die Erzählung über den Tod Jesu: »Gekreuzigt unter Pontius Pilatus«

Außer den vier Evangelisten berichtet *Tacitus* in seinen *Annalen:* Jesus wurde von *Pontius Pilatus* hingerichtet.[130] Versuchen wir den Prozeß Jesu, der mit dem Todesurteil endete, zu rekonstruieren,[131] erkennen wir bald, daß alles,

130 Annalen 15, 44, 3.

131 Vgl. dazu: Klaus Rosen, Rom und die Juden im Prozeß Jesu, in: Alexander Demandt (Hrsg.), Große Prozesse in der Geschichte, München

was die Evangelisten schreiben, eine mehr oder weniger glaubwürdige Rekonstruktion ist. Keiner der Jesusjünger war Zeuge – alle flohen aus der Nähe des Prozeßortes. So gab es auch keine authentische mündliche Überlieferung, die den Evangelien als Vorlage hätte dienen können. Dennoch wollen wir in den wesentlichen Punkten dem Markusevangelium folgen, da – wenn überhaupt – nur in ihm eine authentische mündliche Überlieferung (etwa von Nicht-Jüngern) enthalten sein könnte.

Nach den drei ersten Evangelien (den Synoptikern) war die Anklage in der Frage des *Pilatus* enthalten: »Bist du der König der Juden?« Jesus antwortet kurz: »Du sagst es!« (Mk 15, 2). Die Antwort ist doppeldeutig. Man kann sie als schlichtes »Ja« lesen oder aber »So behauptest du!« Von da an schweigt Jesus (Mk 15, 5). *Pilatus* sucht ihn zum Reden zu bringen, da die Anklage des Hochverrats, er gäbe sich als politischer König der Juden aus, offensichtlich falsch ist. *Pilatus* will ihn durchaus freilassen. Doch durch sein beharrliches Schweigen macht sich Jesus dem Statthalter gegenüber der Widersetzlichkeit *(contumatio)* schuldig.[132] Darauf konnte der Gerichtsherr bei Provinzialen, die nicht römische Bürger waren und damit kein Appellationsrecht an den Kaiser hatten, die Todesstrafe verhängen.[133] Es spricht vieles

---

(Beck) 1990, 39–58. Wir halten die These von Klaus Rosen für so überzeugend, daß wir ihr weitgehend folgen.

132 Zur Contumatio zählt ausdrücklich das Schweigen des Angeklagten auf Fragen des Gerichtsherrn (Digesta 11, 1; 4).

133 So verhängte Plinius, als er um 112 als Statthalter in Bithynien Provinziale verhörte, gegen Christen, die der Contumacio angeklagt waren, das Todesurteil, obschon er sie gerne hätte laufenlassen. Die ursprüng-

dafür, daß Pilatus ihn aus diesem Grund zur Kreuzigung freigab:

- *Pilatus* sprach nach dem Zeugnis der Evangelisten kein Urteil. Das spricht dafür, daß aus einem Strafverfahren ein Disziplinarverfahren geworden ist, das Pilatus mit dem Befehl »Abführen« beendet haben dürfte.
- Das Verfahren war außerordentlich kurz. In der Frühe wurde Jesus an Pilatus überstellt und drei Stunden später gekreuzigt (Mk 15, 1 und Mk 15, 25). In diesen drei Stunden mußten Verhör, Urteil, Folter, Weg nach Golgota geschehen sein.
- Wäre Jesus wegen eines Majestätsverbrechens *(crimen laesae maiestatis)*, etwa der Behauptung willen, er sei der politische König der Juden, verurteilt worden, hätte *Pilatus*, nachdem er sich des Todes Jesu vergewissert hatte (Mk 15, 43–45), kaum noch am gleichen Tage die Leiche zur Bestattung freigegeben.

Das einzig brauchbare Gegenargument stammt aus einem Übersetzungsfehler: Nach dem Zeugnis des Markusevangeliums wurde – keineswegs auf Geheiß des *Pilatus*, sondern römischem Brauch entsprechend – eine Aufschrift mitgeführt, welche die Beschuldigung (*aitía* heißt nicht »Schuld«, sondern »Beschuldigung«) angab, die auf die ursprüngliche

---

liche Anklage, sie seien Christen, interessierte ihn bei der Urteilsfindung nicht. Er schreibt an Kaiser Trajan: »Denn ich hatte keine Bedenken, was immer es auch war, was sie auch bekannten, doch müsse unbedingt ihre Hartnäckigkeit und ihre unbeugsame Widerspenstigkeit bestraft werden« (Epistolae 10, 96, 3). Trajan erwiderte ihm, er habe richtig gehandelt (Epistolae 10, 97, 1).

Anklage zurückverwies: *»Der König der Juden«* (15, 26)[134] und die Jesus ja auch nicht abgestritten hatte.

Die übrigen Evangelisten, deren Anliegen keineswegs die historische Exaktheit war, schmückten den Text des Markusevangeliums immer weiter aus, ein Verfahren, das die Historiker *»amplificatio«* nennen. Moralisch schuldig am Tode Jesu sind unmittelbar weder die Juden noch Pilatus, da Jesus sich selbst eines todeswürdigen Vergehens vor Pilatus schuldig gemacht hatte.

Die weiteren Ereignisse, die sich um den Tod Jesu nach dem Zeugnis der Evangelisten ranken, gehören vermutlich zur Gattung der »narrativen Theologie«. In der Gestalt einer Geschichte soll ein religiös-relevanter Inhalt vermittelt werden. Da sie der frühen christlichen Religiosität sehr nahestehen, sind sie für die Deutung dieser Religiosität von erheblicher Bedeutung (etwa die Geschichte vom letzten Gebet Jesu: »Mein Gott, mein Gott, weshalb hast du mich verlassen«, oder die Geschichte von der Heiligsprechung des mit ihm gekreuzigten Terroristen).

Sie alle helfen uns nicht, die zentrale Frage zu beantworten, *was* Jesus bewogen haben mag, vor Pilatus zu schweigen. Warum provoziert er ein »Todesurteil« wegen *contumatio?* Wollte er dadurch die Welt oder doch wenigstens die Menschen erlösen? Es dürfte theologisch keineswegs bestreitbar sein, daß das Göttliche, das in Jesus Mensch wurde, durch ebendiese Menschwerdung das Ziel der Erlösung erreich-

134 Offenbar dachte der Verfasser des Evangeliums an die römische Sitte, daß bei öffentlichen Hinrichtungen der »Titulus« (der Grund der Bestrafung) meist auf einer Stange mitgeführt wurde (Cassius Dio 54, 3, 7; Sueton, Caligula 32, 2; Sueton, Domitian 10, 1).

te. So läßt schon das Markusevangelium Jesus in der dritten Person sprechen: »Denn der Menschensohn ist nicht gekommen, um sich dienen zu lassen, sondern um zu dienen und sein Leben hinzugeben als Lösegeld für viele« (10, 45). Dürfte das eine Übernahme der paulinischen Theologie sein? *Paulus* schrieb: »Ohne es verdient zu haben, wurden sie (die Menschen) gerecht, dank seiner Gnade, durch die Erlösung in Christus Jesus. Ihn hat Gott als Sühnmal bestimmt durch Glauben in seinem Blut« (Röm 3, 24 f.).

(3) Die Auferstehungsgeschichte: »Auferstanden von den Toten«

So wie die Kirche Christentum verkündet, stellt sich nicht wenigen Christen die Frage: »Können wir noch Christen sein?«[135] Es geht dabei um das, was *Paulus*, dem ersten Theologen des Christentums, zur Auferstehung Jesu eingefallen ist: »Ist aber Christus nicht auferweckt worden, dann ist unsere Verkündigung leer und euer Glaube sinnlos« (1 Kor 15, 14). Es ist für den christlichen Auferstehungsglauben sekundär, ob das Grab Jesu leer war. Schon *Durandus de San Portiano* (1270–1334) lehrte – von kirchlichen Instanzen ungerügt – in seinem Sentenzenkommentar, daß die im Tod vom Körper getrennte Seele sich in der Auferstehung einen neuen Leib schaffe, der mit dem alten nichts Materielles

135 Können wir noch Christen sein?, in: Der Spiegel 13 (1994), 126–139. Es handelt sich hier um eine Darstellung der wichtigsten Thesen des Buches von Gerd Lüdermann, Die Auferstehung Jesu, Göttingen (Vandenhoeck & Ruprecht) 1994. Der Verlag war über das Echo des Buches erstaunt. Er legte dem Autor nahe, sich doch für die zweite Auflage einen anderen Verlag zu suchen.

mehr gemein habe. Diese Ansicht wurde niemals von der Kirche verurteilt. Exegetisch dürften die Erscheinungsgeschichten älter sein als die Leere-Grab-Geschichten, so daß die ersteren die letzteren inspiriert haben dürften. Aus den Erscheinungen folgerten die Jünger die Auferstehung. Aus der Auferstehung folgerten sie auf das leere Grab.

Die Erscheinungsgeschichten scheinen nur Sinn zu machen, wenn Jesus von den Toten auferstanden ist. Das sei hier nicht geleugnet! Wenn aber die Auferstehungsgeschichten als »Leere-Grab-Geschichten« erzählt werden, scheinen Bedenken angemessen zu sein. Das älteste Auferstehungszeugnis ist das des *Paulus* im 1. Korintherbrief (um 55 n.Chr.). Hier wird nur von Erscheinungen gesprochen, nicht aber von einem leeren Grab. Jesus sei zuerst dem *Petrus*, dann den Aposteln, dann mehr als 500 Menschen auf einmal, dann dem *Jakobus* und wieder den Aposteln erschienen (1 Kor 15, 5–7). Im ursprünglichen Text endet das Markusevangelium lakonisch mit dem Satz: »Er ist auferstanden«, ohne daß von irgendeiner Erscheinung berichtet wird. Der Schluß des Evangeliums (16, 9–20) ist eine spätere Zutat. Er fehlt in den wichtigsten alten Handschriften. Die Grabgeschichten werden von den späteren Evangelien nach der Methode der *amplificatio* von Mal zu Mal ausgeschmückter und konsistenter. Solche Geschichten stören und erschweren unnötig christlichen Glauben. (Immerhin glauben nach einer »Spiegel«-Umfrage aus dem Jahr 1992 noch 30% der Deutschen, daß Jesus leiblich das Grab verlassen habe. Eine beachtliche Zahl.)

Wenden wir uns jetzt von den kanonischen Berichten aus dem Leben Jesu den Erzählungen zu, die für die Begründung des Christentums wenigstens ebenso wichtig sind.

Zwischen Geburt und Auferstehung wären sicherlich manche Ereignisse aus dem Leben Jesu erwähnenswert. Hier sollen nun einige Bereiche vorgestellt werden, die in der Bibel eine erhebliche Rolle spielen: Wie Jesus Menschen liebte, was er sie lehrte und was die Botschaft seiner Wunder ist. Wir beginnen unseren Einstieg in die Lehre Jesu, indem wir uns in seine Praxis, mit Menschen umzugehen, einzufühlen versuchen. Da es Jesus auf das Handeln und auf das Glauben nur insoweit ankommt, als es im Handeln *praktisch* wird, erscheint es angemessen, so vorzugehen. Die Praxis erst macht sein Lehren durch Predigt und Wunder glaubwürdig und erlaubt deren Interpretation.

2. Wie Jesus die Menschen liebte

Im Matthäusevangelium (9, 1) steht vor den Berichten über das öffentliche Auftreten Jesu ein Zitat aus dem Isaias-Buch: »Das Volk, das im Dunkeln lebt, sieht ein helles Licht; über denen, die im Land der Finsternis wohnen, strahlt ein Licht auf« (4, 16). Jesus suchte nicht die scheinbar Vollkommenen, sondern die Schwachen, die Sünder, die Menschen, die in der Finsternis leben. Ihr Leben suchte er zu entfalten. »Ich will, daß du du wirst« war die biophile Maxime seines Umgehens mit Menschen. Worte wie Schuld, Sünde, Vergebung[136] sind ihm fremd. Er verurteilt niemanden, nicht einmal denjeni-

136 Das Wort kommt nur bei Paulus im Römerbrief (3, 25) vor. Es ist jedoch ein Hapaxlegomenon für die gesamte neutestamentliche Literatur. Es wurde auch mit »Hingehenlassen«, als ein Art Nicht-Anrechnung, übersetzt.

gen seiner Freunde, der ihn an einen der Hohepriester, die Schriftgelehrten und den von den Ältesten angeheuerten jüdischen Schlägertrupp verriet: *Judas Iskariot*. Seine Liebe zu Menschen will ich an einigen Begegnungen erläutern:

Petrus: Simon ist von Beruf Fischer am See Genesaret. »Als Jesus am See von Galilei entlangging, sah er Simon und Andreas, den Bruder des Simon, die auf dem See ihr Netz auswarfen; sie waren nämlich Fischer. Da sagte er zu ihnen: Kommt her, folgt mir nach ... Sogleich ließen sie ihre Netze liegen und folgten ihm« (Mk 1, 16–18). Simon, dem später Jesus den Beinamen *»Kephas«* (= *Pétros* = Fels) gab (obschon er ihn niemals mit diesem Namen anredete), ist also ein recht spontaner und leicht zu begeisternder Mensch. Dem Simon scheint es sehr imponiert zu haben, daß Jesus seine Schwiegermutter heilte (Mk 1, 30 f.). In der Liste der Zwölf, der von Jesus in besonderer Weise Erwählten, steht sein Name an erster Stelle (Mk 3, 16). Auf die Frage Jesu, für wen ihn seine Jünger halten, antwortet er ebenso überschwenglich und recht unbedacht: »Du bist der Messias« (Mk 8, 29). Als Jesus von seinem Tod spricht, nimmt ihn Petrus zur Seite und macht ihm Vorwürfe. Vermutlich hält er es für unpassend, daß sein großer Meister vom eigenen Sterben spricht und dies als noch von Gott gewollt darstellt. Jetzt tadelt ihn Jesus recht barsch: »Weg mit dir, Satan, geh mir aus den Augen! Denn du hast nicht das im Sinn, was Gott will, sondern was die Menschen wollen« (Mk 8, 33). Den Streit zwischen den Zwölf, an dem sich Petrus neben Jakobus und Johannes vermutlich besonders intensiv beteiligt, wer denn von ihnen der Größte sei, schlichtet Jesus mit dem

Hinweis: »Wer der Erste sein will, soll der Letzte von allen und der Diener aller sein« (Mk 9, 35). Als Jesus am Vorabend seines Todes davon spricht, daß alle seine Jünger zu Fall kommen und Anstoß an ihm nehmen werden, reagiert Petrus wieder einmal recht unbesonnen: »Auch wenn alle an dir Anstoß nehmen – ich nicht!« Jesus antwortet ihm: »Amen, ich sage dir: Noch heute nacht, ehe der Hahn zweimal kräht, wirst du mich dreimal verleugnen. Petrus aber beteuert: Und wenn ich mit dir sterben müßte – ich werde dich nie verleugnen« (Mk 14, 29–31). Und Jesus sollte recht behalten. Während des Verhörs vor dem Sanhedrin wartet Petrus im Hof des Hauses. Das zeugt schon von einigem Mut, denn alle anderen Jünger waren geflohen. Eine Magd des Hohen Priesters erkennt ihn. »Doch er leugnete es und sagte: Ich weiß nicht und verstehe nicht, wovon du redest!« (Mk 14, 66). Petrus setzt sich vorsichtig in den Vorhof ab. Da die Magd nicht schweigt, sondern den Umstehenden ihren Verdacht mitteilt, kommen auch diese zu Petrus und erkennen ihn als Jesusanhänger. Wieder leugnet Petrus. Als sie ihm nicht glauben, leugnet er ein drittes Mal: »Da fing er an zu fluchen und schwor, ich kenne diesen Menschen nicht, von dem ihr redet. Gleich darauf krähte der Hahn zum zweitenmal, und Petrus erinnerte sich, daß Jesus ihm gesagt hatte: Ehe der Hahn zweimal kräht, wirst du mich dreimal verleugnen. Und er begann zu weinen« (Mk 14, 71 f.).

Damit endet die vermutlich einigermaßen zuverlässige Geschichte des Petrus als Begleiter Jesu. Und doch spielte er, der leicht zu Begeisternde und ebenso labile Mann, bald in der nachösterlichen Gemeinde eine hervorragende Rolle. Er hält die nach dem Zeugnis der zwischen 80 und 90 n. Chr. verfaßten »Apostelgeschichte« die das Sprachenwunder von

Pfingsten (dem jüdischen Fest der Bundeserneuerung) deutende Rede (Apg 2, 14). In Cäsarea bekehrt und tauft er den heidnischen römischen Hauptmann Kornelius (Apg 10). Das erregt den Unwillen der Judenchristen. Aber Petrus setzt sich – offenbar als Gemeindeführer – durch (Apg 11, 2–18 und 15, 7–12): Auch die Heiden können Christen werden. Nach dem Apostelkonzil (47/48 nach Chr.) wird er in der Gemeindeleitung durch den Bruder Jesu, Jakobus, abgelöst. Hier endet der biblische Bericht über das Leben des Petrus. Die »Petrusakten«, apokryphe Erzählungen über Petrus, die etwa um 200 in Kleinasien verfaßt wurden, berichten, daß er, vermutlich als Vorsteher der Gemeinde zu Rom, als Märtyrer starb.

Fragen wir uns, welche Bedeutung die Begegnung des Petrus mit Jesus hatte, so werden wir leicht erkennen, daß er nach seiner Berufung sein ganzes Leben um Jesus und seine Botschaft organisierte. Das um 100 nach Chr. geschriebene Johannesevangelium berichtet in einem später angehängten Epilog in einer gewissen Parallelisierung zum dreimaligen Verrat, der auferstandene Jesus habe ihn dreimal gefragt, ob er ihn liebe. Petrus antwortete zweimal: »Ja, Herr, du weißt, daß ich dich liebe.« Auf die dritte Frage läßt ihn der Evangelist antworten: »Herr, du weißt alles; du weißt, daß ich dich liebhabe. Jesus sagte zu ihm: Weide meine Schafe« (J 21, 15–17). Jesus hat in seiner Liebe für schwache Menschen gerade den Petrus auserwählt, seine Gemeinde zu führen. Petrus wächst über sich hinaus. Der verzagte, gar feige Mann, der Jesus verleugnete, setzte gegen heftigen Widerstand der Jerusalemer Gemeinde durch, daß auch Heiden Christen werden. Jesus modelte nicht am Charakter des Petrus herum, sondern stellte ihm Aufgaben, die seinen

Charakter formten, die ihn das entwickeln ließen, was in ihm steckt. Das biophile: Ich will, daß du du wirst« scheint in der Begegnung Jesu mit Petrus die Mitte zu bilden. Hören wir, welches Echo die Gemeindeaktivitäten des Petrus fanden: Im gleichen Zeitrahmen, in dem die Apostelgeschichte geschrieben wurde, wurde auch das sich an Judenchristen richtende Matthäusevangelium verfaßt. Offenbar ist zu dieser Zeit das Ansehen des Petrus so groß gewesen, daß der Verfasser dieses Evangeliums Jesus auf die Antwort des Petrus, er sei der Messias, sagen läßt: »Du bist Petrus der Fels, und auf diesen Felsen werde ich meine Gemeinde bauen, und die Pforten der Unterwelt werden sie nicht verschlingen. Dir werde ich die Schlüssel des Himmelreiches geben; was du auf Erden binden wirst, das wird auch im Himmelreich gebunden sein, und was du auf Erden lösen wirst, das wird auch im Himmelreich gelöst sein« (Mt 16, 18f.).[137]

Diese Worte und die Annahme, daß Petrus Bischof von Rom war, sind die Grundlagen des Primatsanspruches der römischen Päpste bis heute.

137 Hier taucht etwa gleichzeitig mit der Verwendung in der Apostelgeschichte zum ersten Mal in der christlichen Literatur der Begriff »Gemeinde« (hebräisch qahal; griechisch ekklesía) auf. Es bedeutet – wie schon gesagt – Versammlung. Im AT bezeichnet es die Gemeinde des von Jahwe erwählten Volkes (also eine unsichtbare qahal), besonders die Gemeinde der Israeliten in der Wüste (eine sichtbare qahal). Auch die Essener von Qumram nannten ihre Gemeinschaft »qahal«. Die frühen Christen übernahmen diesen Begriff zur Bezeichnung ihrer Gemeinden (vgl. Apg 5, 11; 7, 38). Der Text macht aber auch deutlich, daß der Verfasser des Evangeliums keineswegs »Gemeinde« mit »Gottesreich« gleichsetzt. Wenn an dieser Stelle die meisten Übersetzer »ekklesía« mit »Kirche« übersetzen, dürfte es sich um einen Etikettenschwindel handeln, der erst in der Neuzeit modern wurde. Die »Pforten der Unterwelt« (hebräisch sche'ol) verweisen auf den Aufenthaltsort der Toten.

Matthäus:
Levi, der Sohn des Alphäus, ist Zöllner. Dieser Berufsstand, der im Dienst der römischen Besatzer Zölle eintrieb und sich dabei nicht selten selbst bereichert haben dürfte, wurde von rechtschaffenen Juden redlich verachtet. Jesus sieht ihn an der Zollschranke sitzen und fordert auch ihn auf: Folge mir nach. »Da stand Levi auf und folgte ihm« (Mk 2, 14). Ähnlich wie Petrus folgt auch dieser sicherlich sehr viel gebildetere und vermögendere Mann, ohne zu fragen, Jesus. Jesus läßt sich gar von ihm in seinem Hause zum Essen einladen. Die rechtschaffenen Juden empörten sich: »Wie kann er zusammen mit Zöllnern und Sündern essen? Jesus hörte es und sagte zu ihnen: Nicht die Gesunden brauchen den Arzt, sondern die Kranken. Ich bin gekommen, die Sünder zu rufen, nicht die Gerechten« (Mk 2, 17). Und das Matthäusevangelium hängt noch einen Satz an: »Barmherzigkeit will ich, nicht Opfer« (Mt 9, 13). Nach dem Matthäusevangelium ist Levi identisch mit Mätthäus (Mt 9, 9–12), nach Mk 3, 18, einem der Zwölf, die man mit dem Matthäus- und Lukasevangelium (Mt 10, 2 und Lk 6, 13) »Apostel« (= Gesandte) nennen wird.
Auch hier nimmt Jesus einen Menschen, wie er ist. Er sucht sich keine einfachen Ja-Sager aus, sondern Menschen, die von anderen verachtet werden. Er zeigt ihnen, daß er niemanden verschmäht, sondern alle, die ihm begegnen, groß macht. Er weiß darum, daß jeder, der versucht, einen Menschen zu beherrschen, ihn schon verloren hat. Deshalb berichtet keines der Evangelien von auch nur dem geringsten Versuch Jesu, einen anderen Menschen zu beherrschen. Herrschaft meint die Fähigkeit und Bereitschaft, seinen Willen gegen fremden, notfalls unter Druck, durchzusetzen. Jesus macht aus einem Verachteten einen der Zwölf, einen seiner Gesandten.

Die Ehebrecherin:

Die Geschichte von der Ehebrecherin ist synoptisch geprägt, wird also nicht von dem theologisierenden Stil des Johannesevangeliums, das sie als einziges erzählt (J 8, 1–11), vorgestellt. Sie steht der lukanischen Überlieferung nahe und fehlt deshalb auch in den alten Handschriften des Johannesevangeliums. Was ist das nun für eine Geschichte? Jesus geht nach einem Streitgespräch über seine Herkunft zum Ölberg. Als er sich morgens früh wieder in den Tempel begibt, schleppen Schriftgelehrte und Pharisäer eine Frau herbei, die beim Ehebruch erwischt worden war. Das jüdische Gesetz (Lev 20, 10 und Dtn 22, 22) schreiben vor, solche Frauen zu steinigen. Jesus soll, da er doch die Sünder liebt, veranlaßt werden, offen gegen das Gesetz[138] Stellung zu beziehen, indem er versucht, die Steinigung abzuwenden. Aber er schweigt. Er schreibt mit den Fingern Zeichen in den Staub. Als sie aber bohrend weiterfragen, antwortet er: »Wer von euch ohne Sünde ist, werfe als erster einen Stein auf sie.« Dann schreibt er weiter in den Staub. Die Ältesten und Schriftgelehrten beugten sich dem Urteil Jesu: Einer nach dem anderen verdrückt sich – offenbar schlechten Gewissens. Als Jesus mit der Frau allein ist, fragt er sie: »Wo sind sie geblieben? Hat dich keiner verurteilt?« Sie antwortete: »Keiner, Herr.« Da sagt Jesus zu ihr: »Auch ich verurteile dich nicht. Geh und sündige[139] von jetzt an nicht mehr.«

138 Das Gesetz ist im jüdischen Denken die Schöpfungwerdung Gottes, ähnlich wie im Christentum Gott Mensch oder im Islam Gott Buch wird.

139 Jesus verwendet das Wort »Sünde« vermutlich nur in zwei Zusammenhängen: Einmal sagt er immer wieder: »Deine Sünden sind dir vergeben!«, und zum anderen spricht er von der »Sünde wider den Geist«: »Alle Vergehen und Lästerung werden den Menschen vergeben wer-

Diese Geschichte zeigt, daß Jesus das Verbot, moralisch zu richten, ernst nimmt. Er rettet, selbst auf das Risiko, das er jedoch möglichst klein hält, sich blasphemisch gegen das Gesetz zu wenden und so selbst nach jüdischem Recht der Todesstrafe schuldig zu machen, einer von allen verachteten Frau das Leben. Er schreibt ihre Schuld in den Staub, die der Wind verweht. Er stellt sich nicht über diese Frau. Er verachtet sie nicht. Er verurteilt sie nicht. Und richtet sie so wieder auf. Ein Mensch darf wieder sein, der er ist.

Übrigens hat Jesus ein durchaus unbefangenes Verhältnis zu Menschen, die andere als »Sünderinnen« verurteilen und disqualifizieren. Als er einmal in Betanien im Haus des aussätzigen Pharisäers Simon aß, kam eine »Sünderin« und salbte sein Haar und seine Füße mit kostbarem Öl. Sein Gastgeber dachte: »Wenn er (Jesus) wirklich ein Prophet wäre, müßte er wissen, von wem er sich berühren läßt; er wüßte, daß sie eine Sünderin ist« (Lk 7, 39). Jesus erwiderte dem Simon: »Ihr sind viele Sünden vergeben, weil sie soviel Liebe gezeigt hat. Wem aber nur wenig vergeben wird, der zeigt auch nur wenig Liebe.« Und dann sagte er zu ihr: »Deine Sünden sind dir erlassen (verziehen)« (Lk 7, 47 f.).

Ich denke, dieser Satz: »Wem wenig verziehen wird, zeigt auch nur wenig Liebe« ist sehr typisch für die Jesusbotschaft. Sie ist immer wieder auf Verzeihung aus, weil Verzeihung Liebe bewirkt. Petrus fragt einmal Jesus, wie oft man

---

den, soviel sie auch lästern mögen; wer aber den Heiligen Geist lästert, findet in Ewigkeit keine Vergebung, sondern seine Sünde wird ewig an ihm haften« (Mk 3, 28 f.). Die »Sünde wider den Geist« begeht der Mensch, der die Werke, die Jesus vollbringt, auf gottfeindliche Kräfte zurückführt und so Jesus in Gegnerschaft zu Gott bringt.

seinem Bruder verzeihen müsse, etwa siebenmal? Jesus antwortet: »Nicht siebenmal, sondern siebenundsiebzigmal« (Mt 18, 22), d. h. immer und ohne jede Einschränkung oder Bedingung.
Der nachgetragene Schluß des Markusevangeliums und das Johannesevangelium berichten, daß Jesus als erster der Maria von Magdala, »aus der er sieben Dämonen ausgetrieben hatte« (Mk 16, 9), erschienen sei. Da die Gestalt des Auferstandenen nicht dem Jesus der vorhergehenden Begegnungen ähnelte, erkennt Maria ihn zunächst nicht und meint, er sei der Gärtner. Erst als Jesus sie anspricht, erkennt sie ihn: »Da wandte sie sich zu ihm und sagte auf hebräisch zu ihm: *»Rabbuni!«*[140] (J 20, 16). Die Tradition, insbesondere seit Papst Gregor dem Großen, setzt sie gleich mit der namenlosen Sünderin, die Jesus salbte (Mk 14, 3–9).

Der Terrorist:
Jesus wurde zusammen mit zwei Terroristen gekreuzigt, die durch Gewalttaten Israel aus der Knechtschaft der Römer befreien wollten. Obschon das Markusevangelium einfach von »Männern« spricht (15, 37) und die Ausschmückungen im Matthäus- und Lukasevangelium daraus Räuber (Mt 27, 44) und Verbrecher (Lk 23, 39) machen, vermutet die Tradition mit einigem Recht, daß es sich um Aufständische, Befreiungskämpfer, Terroristen handelte. Einer der beiden Leidensgefährten verhöhnte Jesus: »Bist du denn nicht der Messias. Dann hilf dir selbst und uns!« Der andere aber wies ihn zurecht und sagte: »Nicht einmal du fürchtest Gott? Dich

---

140 »Rabbuni« ist eine feierlichere Anrede als »Rabbi« (Meister). Sie wird oft gebraucht als Gottesanrede.

hat doch das gleiche Urteil getroffen. Uns geschieht recht, wir erhalten den Lohn für unsere Taten.« Dann sagte er: »Jesus, denk an mich, wenn du in mein Reich kommst!« (Lk 23, 40–42). Und nun geschieht das Unfaßbare. Jesus tut etwas, was nach ihm nur noch Päpste bei der Heiligsprechung Verstorbener tun werden, er spricht einem lebenden Menschen die sichere Gewißheit zu, daß ihm sein Leben endgültig gelungen ist: »Amen, ich sage dir: Heute noch wirst du mit mir im Paradiese sein« (Lk 23, 43).

Wieder dasselbe Schema. Jesus denkt nicht daran, moralisch zu verurteilen. Er macht einen Menschen groß. Er läßt ihn zu dem werden, der er unter all dem Schutt von eigenem und fremdem Versagen in Realität ist. Jesus stellt mit diesem Wort von der Heiligkeit eines Terroristen die Wichtigkeiten und Wertigkeiten »dieser Welt« auf den Kopf, wie es Kinder gelegentlich tun. Wie ist sein Gottesreich gebaut? Bei dem Vollzug der von Pilatus verhängten Folterstrafe legten die Soldaten ihm einen Purpurmantel um und flochten eine Dornenkrone und begrüßten ihn als »König der Juden«. Der Kreuzweg wurde zum Weg der Inthronisation, die Kreuzigung zur Inthronisation selbst. Und der erste und letzte Herrscherakt Jesu auf dieser Erde war die Heiligsprechung eines Terroristen. Hier werden die Strukturen des Gottesreiches deutlich. Sie stehen denen »dieser Welt« vollkommen entgegen.

3. Erzählungen über die Predigt Jesu

Der Inhalt der Predigt Jesu ist schnell erzählt. Das Markusevangelium faßt sie so zusammen: »Nachdem man Johannes ins Gefängnis geworfen hatte, ging Jesus wieder nach Galiläa; er verkündete das Evangelium Gottes und sprach: Die Zeit ist erfüllt, das Reich Gottes ist nahe. Ändert eure Gesinnung *(metanoiete)*, und glaubt an das Evangelium« (Mk 1, 14 f.).

Formal nimmt damit Jesus die Johannespredigt auf. Doch hat das zentrale Wort der Jesusbotschaft eine gänzlich andere Bedeutung. Das *metanoiete* des Johannes wird zumeist übersetzt mit »Tuet Buße« oder »Kehret um zur Bundestreue des Herrn«. Beide Übersetzungen treffen nicht die Aussageabsicht Jesu, sie sind also – nicht nur lexikalisch – falsch. Die Jesusbotschaft würde in der ersten Fehlübersetzung (»Tuet Buße!«) einen Anklang moralisierenden Redens erhalten, und in der zweiten (»Kehret um!«) würde sich Jesus in die Rolle jüdischer Prophetie, die das Volk auffordert, zur alten Bundestreue zurückzukehren, einbinden. Die Predigt des Johannes dürfte noch dieser prophetischen »Rückkehr-Botschaft« zuzurechnen sein. Bei Jesus aber ist das anders: Man muß sich nur die Mühe machen, die Kontexte, in denen das *metanoiete* auftaucht, gründlicher zu prüfen. Jesus verwendet das Wort in der Bedeutung »Ändert euren Sinn!« *(metanoía* bedeutet auch »Sinnesänderung«). Diese Sinnesänderung verlangt vor allem, von liebgewordenen Gewohnheiten und Vorstellungen, mögen sie religiöser oder profaner Art sein, abzulassen. Es kommt also darauf an, die eigenen Konstrukte vor dem Anspruch der Jesusbotschaft nicht bestätigt sehen zu wollen, sondern sie zu dynamisieren.

Das kann – und wird in aller Regel – auch die »Reue« über vergangene Handlungen einschließen, sollen diese doch nicht abgewehrt, sondern aufgehoben werden. Das Gebet schon der frühen Kirche: »Lamm Gottes, du hebst auf die

Sünden der Welt« *(Agnus Dei, qui tollis peccata mundi)* bezieht sich auf die dreifache Bedeutung des Aufhebens *(»tollere«)*, von unten nach oben heben, verwahren und außer Geltung setzen (etwa eines Urteils). Geändert werden muß vor allem jedes Festklammern eines Menschen an sich selbst, das ihn letztlich unfähig macht, wirklich sich und die Menschen – und in sich und ihnen das Göttliche – zu lieben. Doch meint das zentrale Wort der Jesusbotschaft *»metanoiete«* nicht nur die Abkehr von der Ich-süchtigen Vergangenheit, sondern auch die Zuwendung zu seiner Botschaft, durch die sich ein Mensch in besonderer Weise dem Göttlichen (im Gottesreich) zuwendet. Den zweiten Schritt nannte die Tradition »Bekehrung« *(epistrephéin)*. *»Metanoiéte«* heißt also bei Jesus: Befreit euch von euch selbst. Werdet von nichts besessen, nicht von Reichtum, nicht von religiösem Wissen, nicht von Ansehen, Einfluß und Macht, nicht von Angst vor dem Leben oder dem Tod. Wenn wir von nichts mehr besessen werden, können wir uns selbst, andere und letztlich auch darin das Göttliche liebenlernen. Solange wir anderes lieben, ist uns die Liebe des Göttlichen verschlossen.
Jesus wird nicht selten in die Johannes-Tradition oder in den Kontext anderer jüdischer Überlieferungen gestellt. So verstand er sich selbst aber keineswegs. Den Johannesjüngern macht er das mit einem drastischen Bild deutlich: »Niemand näht ein Stück neuen Stoff auf ein altes Kleid; denn der neue Stoff reißt doch vom alten Kleid ab, und es entsteht ein noch größerer Riß. Auch füllt niemand neuen Wein in alte Schläuche. Sonst zerreißt der Wein die Schläuche; der Wein ist verloren, und die Schläuche sind unbrauchbar. Neuer Wein gehört in neue Schläuche« (Mk 2, 21 f.). Nichts kann deutli-

cher machen, daß er sich nicht unter die jüdischen tradierten Lehren – auch nicht unter die des Johannes – stellt. Die entscheidende Frage lautet daher: Was ist denn nun tatsächlich neu an der Jesusbotschaft? Die Antwort auf die Frage begründet christliche Identität.[141]

Schon die frühen Christen sahen das anders, so daß um 150 schon *Marcion* aus Sinope die christlichen Gemeinden anklagte, daß sie die Jesusbotschaft nicht erhalten, sondern sich an der Gesetzesreligion des Alten Testaments orientierten. Im Prolog seines Werkes *»Antithesen«*[142] ist er begeistert von der Einzigartigkeit des Evangeliums: »O Wunder über Wunder, Verzückung, Macht und Staunen ist, daß man gar nicht über das Evangelium hinaus sagen noch denken, noch es mit irgend etwas vergleichen kann.« Wie Jesus sind wir Christen Menschen jenseits aller religiösen Legalität. Hätten die Kirchen auf *Marcion* gehört, wäre ihnen die Entwicklung von Theologien und das Verkünden von Dogmen erspart geblieben. Es kann nicht wundern, daß ihn die durchaus auf Harmonie mit dem jüdischen Denken bedachte Gemeinde von Rom 144 als Ketzer ausschloß.

Einer der angesehensten Theologen, die Jesus in den jüdischen Denkraum sperren wollten, war *Rudolf Bultmann*. Er schreibt in seinem Jesusbuch, daß Jesus »im Rahmen des echten Judentums« stehe. »Seine Eigenart besteht nicht

---

141 Vgl. zu diesem wichtigen Thema: Hanna Wolff, Neuer Wein – Alte Schläuche. Das Identitätsproblem des Christentums im Licht der Tiefenpsychologie, Stuttgart (Radius) 1981. Diesem Buch verdankt der Autor wichtige Hinweise und Anregungen.

142 Marcions »Antithesen« wurden von Adolf von Harnak aus den Widerlegungen des Tertullian weitgehend rekonstruiert. Vgl. Adolf von Harnak: Marcion. Das Evangelium vom fremden Gott, Leipzig 1921, 81, 174, 92.

darin, daß er besonders originelle Gedanken über Gott und Welt vorgetragen hätte, sondern daß er den Gottesgedanken des Judentums in reiner Konsequenz erfaßt hat.«[143] Sollte *Bultmann* recht haben, daß Jesus nichts gewesen sei als ein idealer und konsequenter Jude, dann ist es schlecht bestellt mit einer christlichen Identität. Typisch für die Auflösung christlicher Identität ist der Synodalbeschluß der Rheinischen Kirche vom Januar 1980. Er nimmt Anstoß an dem Wort »neu«. Worte wie »der neue Bund«, »das neue Gottesvolk« seien gegen das Judentum gerichtet. »Dadurch haben wir uns ... an der physischen Auslöschung des jüdischen Volkes schuldig gemacht.« Das aber widerspricht eindeutig dem Jesuswort, nach dem er sich weigert, ein altes Kleid mit neuem Stoff zu reparieren oder neuen Wein in alte Schläuche zu schütten. Selbst viele christliche Exegeten sehen in Christen »bessere Juden«. Deren Spuren folgt auch *Ulrich Wilkens* in dem von ihm übersetzten und kommentierten *Neuen Testament:* Christen haben nur ein Ziel: die Lehrer und Frommen Israels an Gerechtigkeit zu übertreffen.[144]

Wir wollen nun den neurotischen Gründen nachgehen, die Christen dazu bringen, ihre eigene Religiosität in die Nähe

---

143 Rudolf Bultmann, Jesus, Tübingen 1964, 62 ff.

144 So schreibt Ulrich Wilkens im Begleitwort des von ihm übersetzten und kommentierten Neuen Testaments: »Jesus legt die jüdische Gesetzesüberlieferung im Sinne der von ihm gelehrten vollkommenen Gerechtigkeit aus. Er lehrt im Gegenteil ihre unverbrüchliche, ewige Geltung. Denn das Mosesgesetz fordert Gerechtigkeit, das heißt ein Tun, das dem Willen Gottes voll entspricht. Jesu Jünger sollten in diesem Sinne Gerechtigkeit üben und darin die Lehrer und Frommen der jüdischen Umwelt übertreffen (Das Neue Testament, Gütersloh [6. Aufl.] 1970, 29).

der jüdischen zu stellen und gleichzeitig das Judentum offen oder versteckt abzulehnen oder gar zu verfolgen. Sicherlich sprechen Juden Jesus jedwelche Messiasqualität ab. Selbstverständlich verfolgten seit dem Mittelalter Christen Juden (zu Unrecht, wie bereits dargelegt) als »Gottesmörder« und suchten sie zu unterdrücken bis hin zur Vernichtung in dem von den Nazis veranstalteten Völkermord. Die Situation – vor allem von christlicher Seite – ist nur als schwere Kollektiv-Neurose zu diagnostizieren. »Aber vergessen wir doch nicht das größte Holocaust-Opfer, und das ist Jesus Christus, seit zweitausend Jahren immer neu durch unsere Projektionen entstellt, gemartert und sogar immer wieder totgesagt.«[145]

Und wenn ich versuche, im Folgenden die Lehre Jesu vorzustellen, muß ich mir bewußt bleiben, daß es die Lehre *meines* Jesuskonstrukts ist, die sich orientiert an den historiographischen Daten etwa der sehr bald nach Jesu Tod in aramäischer Sprache verfaßten Logienquelle (eine Sammlung von Jesusworten), die dem Markusevangelium noch nicht, wohl aber den späteren Synoptikern zur Verfügung stand. Ich muß versuchen, meine Projektionen, die meine Lebenserfahrungen in das Konstrukt eingebracht haben, möglichst zu eliminieren, indem ich sie als solche erkenne. Die Mühsal der möglichst von sich selbst und seinen eigenen Interessen, Erwartungen, Bedürfnissen und Werteinstellungen (nach deren Erkenntnis) absehenden Redlichkeit, die einen solchen Versuch begleitet, ist nicht leicht zu erbringen. Ich habe es dennoch versucht.

Und der Jesus, den ich unter dem Schutt meiner eigenen,

145 Hanna Wolff, Neuer Wein – Alte Schläuche, a.a.O., 29.

meist regressiven Projektionen und meines Theologiestudiums entdeckte, ist keineswegs der gefällige Mensch, der sich in jüdische Traditionen einband, sondern ein Revolutionär, der nahezu vollständig mit der jüdischen Tradition brach. Ein brauchbarer Ansatz, dem so von möglichst vielen Projektionen befreiten Jesus zu begegnen, scheint mir zunächst die Frage nach dem zu sein, was den Juden wichtig war und ist – bei Jesus aber keine oder eine entgegengesetzte Rolle spielt.[146]

(1) Richtet nicht

Im Judentum war das moralische Richten außerordentlich verbreitet. Das »Gesetz« unterscheidet nicht zwischen moralischer und juristischer Schuld. So bedeutet denn jedes juristische Urteilen auch schon moralisches. Ferner verstand Israel Jahwe, wenn auch nicht an erster Stelle, so doch immer auch als Richtergott. Und hier beginnt Jesus neuen Wein zu gießen – zunächst wohl in nicht mehr ganz so neue Schläuche. Selbst die Evangelisten können sich keineswegs vollständig von der neuen Qualität der Jesusbotschaft überzeugen. Deshalb darf es nicht wundern, daß in ihre Berichte immer auch Vorstellungen des Alten einfließen. So auch beim Verbot Jesu, andere moralisch zu verurteilen. Immer wieder betont Jesus das Verbot, über andere Menschen moralisch zu richten. Sicherlich gründet dieses Verbot in der mythischen Erzählung von der Entstehung der Erbsünde. Nach dem Bericht des Alten Testaments besteht das Wesen der Erbsünde in dem Streben der Menschen, zu sein wie Gott: erken-

146 Ibd., 42.

nend, was moralisch gut und böse (Gen 3, 1 bis 6). Dem vermeintlichen Erkennen des moralisch Bösen aber steht nahe das Be- und Verurteilen.

Jesus selbst richtet niemals und unter keinen Umständen! So heißt es in der »Bergpredigt«, vermutlich einer längeren Passage aus der aramäischen Logiensammlung, deren Botschaft uns noch ausführlicher beschäftigen wird: »Richtet nicht, dann werdet auch ihr nicht gerichtet werden. Verurteilt nicht, dann werdet auch ihr nicht verurteilt werden« (Lk 6, 37).[147] Mit dem Verbot zu urteilen, korrespondiert das schon angeführte Gebot, immer und unbedingt anderen Menschen zu vergeben (Mt 18, 21 f.). Selbst *Paulus* schreibt: »Darum bist du unentschuldbar – wer du auch bist, Mensch –, wenn du richtest. Denn worin du den anderen richtest, darin verurteilst du dich selber« (Röm 2, 1). »Richtet also nicht vor der Zeit; wartete, bis der Herr kommt, der das im Dunklen Verborgene ans Licht bringen und die Absichten der Herzen aufdecken wird« (1 Kor 4, 5). Und die Theologie des Johannesevangeliums bekennt: »Gott hat seinen Sohn nicht in die Welt gesandt, damit er die Welt richte, sondern damit die Welt durch ihn gerettet werde« (J 3, 17). Jesus hebt den Gegensatz Gut – Böse auf und ersetzt ihn durch den von Gütig – Hartherzig. Aber auch den Hartherzigen verurteilt

147 Das Matthäusevangelium kennt einen typisch veränderten Text. »Richtet nicht, damit auch ihr nicht gerichtet werdet! Denn wie ihr richtet, so werdet ihr gerichtet werden, und nach dem Maß, nach dem ihr meßt und zuteilt, wird auch euch zugeteilt werden« (Mt 7, 1 f.). Das »damit« bedeutet: Richtet nicht, damit auch ihr gut davonkommt. Aus dieser Form der Darstellung kann eine primitive egoistische Ethik angesprochen werden, während das Markusevangelium einfach feststellt und nicht droht.

er nicht, sondern fordert ihn zum Umdenken auf, das es ihm ermöglicht, gütig zu sein. Verurteilt wird nur die Hartherzigkeit.
Um so merkwürdiger scheint es, daß dieser Jesus von Nazaret, der sich zeitlebens weigerte, eine Dirne, einen Terroristen, einen Dieb zu verurteilen, plötzlich zum Weltenrichter avancierte: Im Rom des 3. Jahrhunderts taucht erstmals ein Glaubensbekenntnis auf, in dem es heißt: »Er wird wiederkommen, zu richten die Lebenden und die Toten.«[148] Das Markusevangelium läßt am Ende der Erde den »Menschensohn« seine Engel aussenden in alle Himmelsrichtungen, um die Auserwählten zusammenzuführen. Vom Richten ist da nicht die Rede. Erst das Matthäusevangelium macht den Menschensohn zum Weltenrichter: »Und alle Völker werden zusammengerufen werden, und er wird sie voneinander scheiden, wie der Hirt die (weißen) Schafe von den (schwarzen) Ziegen scheidet. Er wird die Schafe zu seiner Rechten versammeln und die Ziegen zu seiner Linken. Dann wird der König denen auf der rechten Seite sagen: Kommt her, die ihr von meinem Vater gesegnet seid, nehmt das Reich in Besitz ... Dann wird er sich auch auf die der linken Seite wenden und zu ihnen sagen: Weg von mir, ihr Verfluchten, in das ewige Feuer, das für den Teufel und seine Engel bestimmt ist« (Mt 25, 31–41). Diese Erzählung des Matthäusevangeliums ist in sich ein harter Brocken. Vermutlich konnte nur ein Verfasser solche Sätze schreiben, der sich an die Judenchristen richtete, denn der jüdischen Apokalyptik ist die Geschichte vom Letzten Gericht recht geläufig.[149] Die

148 Psalterium Aestelstani regis, DS 11.
149 Die jüdische Religiosität interpretierte die apokalyptischen Bilder (wie

Heidenchristen, nicht bewandert in der jüdischen Bilder- und Mysteriensprache, hätten mit ziemlicher Sicherheit hier »ihren« Jesus nicht mehr wiedererkennen können.

Dennoch wurde diese Geschichte vom Richter, der zeitlebens jedes Richten verdammte, zu einer sehr zentralen Geschichte des domestizierenden Christentums, dem die jüdische Bilder- und Mysteriensprache fremd geblieben war. Die Folge ist ebenso selbstverständlich wie katastrophal: Unter dem Anspruch des »Letzten Gerichts« des – möglicherweise zu ewiger Verdammnis – richtenden Jesus wurde das Jesusbild ambivalent: gleichzeitig mit Furcht und Liebe besetzt. Und da wir Menschen, um uns psychisch gesund zu erhalten, solche Ambivalenzen aufzulösen versuchen, haben sich die meisten für Jesus als den guten und keineswegs richtenden Hirten entschieden und nicht für den Weg in eine ekklesiogene Neurose. Mir ist kein Mensch bekannt, der diesen richtenden Jesus abgelegt hatte und ekklesiogen-neurotisch wurde, viele aber sind mir bekannt, welche die ambivalente Besetzung ihres Jesusbildes aus dem Christentum oder in die Neurose trieb.

Die Welt Jesu, die Juden mit ihrem Gesetz, war eine Welt

etwa das vom »Ewigen Feuer« oder vom »Letzten Gericht«) nicht realistisch oder historisch, sondern metaphorisch. Juden lesen solche Texte nicht als die Verheißung ewiger Verdammnis. Das »Ewige Feuer« ist ein inneres Feuer, das den Menschen auszehrt (im Sinne von »burn out«). Das »Letzte Gericht« ist das Gericht, vor das sich ein Mensch selbst stellt, um sein Leben zu beurteilen. »Wer mich verachtet und meine Worte nicht vernimmt, der hat schon seinen Richter: Das Wort, das ich gesprochen habe, wird ihn richten am Letzten Tag« (J 12, 48). »Wer an ihn (den Menschensohn) glaubt, wird nicht gerichtet; wer nicht glaubt, ist schon gerichtet, weil er an den Namen des einzigen Sohnes Gottes nicht geglaubt hat« (J 3, 18).

voller moralischer Richter. Heute leben wir wieder in einer Welt voller moralischer Richter. Damals wie heute sind also die Jesusworte, über das Verbot zu richten, hoch aktuell. Ich denke, am Urteilen kann man einen Christen von einem Nichtchristen deutlich unterscheiden. Der eine richtet nicht, und der andere richtet. Ideologen (wie etwa Bolschewisten, Nazis, die Verherrlicher des American way of life, die Unfehlbaren) sind fürchterliche Richter. Andersdenkende und Andersglaubende werden als moralisch verwerfliche Menschen verfolgt. Auch die vorgeblich demokratischen politischen Parteien Europas sind heute prominente Vertreter des richtenden Ungeistes. Sie sind schnell im Wort, wenn es darum geht, der jeweils anderen Moralversagen vorzuwerfen. Aber auch der primitive Wunsch, sich selbst durchzusetzen (etwa durch Intrigen oder andere Formen physischer, psychischer oder sozialer Gewalt), ist nicht selten Quelle eines rücksichtslosen Richtgeistes.

Aber muß man nicht doch gelegentlich moralisch verurteilen, etwa *Hitler* oder *Saddam Hussein* oder *George Bush* oder *Helmut Kohl?* Jesus schlägt allen, die meinen, verpflichtet zu sein, moralisch zu verurteilen, ihr Argument aus der Hand: »Wie kannst du zu deinem Bruder sagen: Laß mich den Splitter aus deinem Auge herausziehen – und dabei steckt in deinem Auge ein Balken?« (Mt 7, 4). Es ist das gleiche: »Wer von euch ohne Schuld ist, der werfe den ersten Stein« (J 8, 7). Nur ein moralisch unschuldiger Mensch hat allenfalls das Recht zu urteilen – und wer ist das schon? Sind wir Christen nicht eine Gemeinschaft der Sünder? Selbst Jesus verzichtet darauf, das Recht, zu richten, in Anspruch zu nehmen.

Doch auch die Berufsrichter, die nicht über moralische, sondern über rechtliche Schuld zu befinden haben, scheint Jesus nicht zu mögen: Das Lukasevangelium berichtet von einem Gleichnis, in dem ein Richter, »der Gott nicht fürchtete und auf keinen Menschen Rücksicht nahm«, und eine Witwe, die immer wieder bei ihm um Recht nachsuchte, vorkommen (Lk 18, 1–8). Er gibt ihr endlich recht, weil er fürchtet, von ihr weiterhin belästigt oder gar geschlagen zu werden. »Was zeigt das Gleichnis? Es zeigt, wie die Richterrolle zu Bruch geht. Die Witwe hat den Richter innerlich besiegt.«[150] Ein anderes Mal rät Jesus Menschen, die mit ihrem Gegner zu Gericht ziehen, sich unbedingt zu vergleichen, sonst »wird der Richter dich dem Gerichtsdiener übergeben, und der Gerichtsdiener wird dich ins Gefängnis werfen« (Lk 12, 58). Jesus fordert hier, daß sich Menschen nicht auf die Ebene begeben sollen, die nicht ihre, sondern die des Richtens ist. Es gibt stets noch andere Methoden, sein Recht zu erhalten. Auch das Gleichnis vom Unkraut im Weizen, in dem der Herr der Ernte den Feldarbeitern verbietet, vor der Ernte Unkraut zu jäten, weil sie sonst mit dem Unkraut auch Weizen vernichten könnten (Mt 13, 36–43), verbietet das moralische Urteilen, da es ja gerade für sich in Anspruch nimmt, Weizen von Unkraut unterscheiden zu können.[151]

---

150 Hanna Wolff, a.a.O., 50.

151 Man mag einwenden, daß Jesus selbst vom Richten spricht. Hier werden meist folgende Szenen angesprochen:

- »Dann begann er den Städten, in denen er die meisten Wunder getan hatte, Vorwürfe zu machen, weil sie sich nicht bekehrt hätten: Weh dir Chorazin! Weh dir, Betsaida! . . . Ja, das sage ich euch: Tyrus und Sidon wird es am Tage des Gerichts nicht so schlimm ergehen wie euch!« (Mt 11, 20–22).
- In einem Gleichnis erzählt Jesus von einem König, der von seinen Dienern Rechenschaft verlangt. Einer der Diener schuldet ihm

(2) Jesus und die Gnade

Nicht durch unsere Werke werden wir gerechtfertigt vor Gott, sondern allein durch die Gnade. Diese Vorstellung des *Paulus* als auch *Luthers* begründeten den Absolutheitsanspruch des Christentums: Allein durch die von Gott frei geschenkte Gnade des Glaubens an Jesus, den Sohn Gottes, wird ein Mensch gerechtfertigt.
Es mag überraschen – aber das Wort »Gnade« *(cháris, oik-*

---

zehntausend Talente, ohne zahlen zu können. Der König befiehlt, ihn und seine Angehörigen als Sklaven zu verkaufen. Der Diener bittet um Gnade. Sie wird ihm gewährt. Der König schenkt ihm seine Schuld. Er trifft nun auf einen Kollegen, der ihm 100 Denare schuldete, aber ebenfalls nicht zahlen konnte. Er bat um Geduld. Doch die wird ihm nicht gewährt, er wurde ins Gefängnis geworfen. Als der König das hörte, wurde er zornig: »Du elender Diener! Deine ganze Schuld habe ich dir erlassen, weil du mich so angefleht hast. Hättest nicht auch du mit jenem, der gemeinsam mit dir in meinem Dienst steht, Erbarmen haben müssen, so wie ich mit dir Erbarmen hatte? Und in seinem Zorn übergab ihn der Herr den Folterknechten... Ebenso wird mein himmlischer Vater jeden von euch behandeln, der seinem Bruder nicht von ganzem Herzen vergibt« (Mt 18, 23–35).

- In einem anderen Gleichnis berichtet Jesus von einem König, der die Hochzeit seines Sohnes vorbereitete. Er schickte seine Diener, um die Gäste zu laden. Sie kümmerten sich aber nicht um die Ladung und brachten faule Entschuldigungen vor. Einige fielen gar über seine Diener her und brachten sie um. »Da wurde der König zornig; er schickte sein Heer, ließ die Mörder töten und ihre Stadt in Schutt und Asche legen« (Mt 22, 1–7).
- In einem weiteren Gleichnis erzählt Jesus von einem Mann, der auf Reisen gehen wollte und seinen Dienern sein Vermögen anvertraute. Dem ersten gab er fünf Talente Silber, dem anderen zwei und dem dritten eines, nach ihren Fähigkeiten. Die beiden ersten erwirtschafteten gute Renditen. Der dritte aber versteckte das Geld in der Erde. Nach seiner Rückkehr bittet er seine Diener um Rechen-

tirmós, éleos) kommt bei Jesus nicht vor.[152] *Paulus* übernimmt diesen religionsgeschichtlich verbreiteten Begriff, wie er häufig in der jüdischen Religion, aber auch in anderen Gnaden-Religionen (etwa den Bhakti-Religionen) vorkommt. *Paulus* faßt unter diesem Begriff das gesamte Heilsgeschehen zusammen. Der grundlos sich erbarmende Retterwille Gottes, der durch den Sühnetod Jesu alle Menschen, die glauben, Jesus sei der Sohn Gottes, aus der Schuldversklavung herausreißt: das ist Gnade[153]. Warum

---

schaft. Die beiden ersten lobt er. Über den dritten richtet er: »Werft den nichtsnutzigen Diener hinaus in die äußerste Finsternis! Dort wird er heulen und mit den Zähnen knirschen« (Mt 25, 14–30). An dieses Gleichnis schließt sich das vom Weltgericht an, bei dem der Richter die Schafe von den Ziegen scheidet.

- In einem anderen Gleichnis erzählt Jesus von einem Knecht, der denkt, daß der Herr noch lange nicht wiederkomme, und deshalb seine Untergebenen mißhandelt und Gelage feiert. Plötzlich und unerwartet aber kommt der Herr. »Und der Herr wird ihn in Stücke hauen und ihm seinen Platz unter den Heuchlern zuweisen. Dort wird er heulen und mit den Zähnen knirschen« (Mt 24, 45–51).

Bei all diesen Gleichnissen ist sehr wohl zu beachten, daß sie 1. dem Matthäusevangelium entnommen sind, das Jesus die Rolle eines apokalyptischen Weltenrichters zuschreibt (im Markusevangelium aber fehlen), und daß 2. Jesus selbst nicht urteilt, sondern die Bedeutung der Selbst-Verantwortung betont. Der sein Handeln nicht verantwortende Mensch wird für seine Unverantwortlichkeit bestraft. So urteilen auch nicht die Gleichnisse, sondern sie berichten Fakten. Jesus billigt also keineswegs sozialunverträgliches Handeln, sondern verurteilt es – aber nicht den Handelnden.

152 Selbst das Gebet des demütigen Zöllners im Lukasevangelium, das gemeinhin so formuliert wird: »Gott, sei mir Sünder gnädig« (Lk 18, 13), ist eine Fehlübersetzung. Es heißt im griechischen Text: »Söhne mich mit dir aus! und nicht etwa: »Söhne dich mit mir aus!« Das könnte man als Gebet um Gnade verstehen.

153 Genauer sollte man hier von Erlösungsgnade sprechen. Neben ihr steht

kennt Jesus dieses Wort nicht? Es scheint eine Gesetzesreligion und/oder eine Richtervorstellung vorauszusetzen. Der Richter kann begnadigen, kann unverschuldet Gnade gewähren, kann Gnade vor Recht geschehen lassen. Zwei berühmte Beispiele zeigen, was Jesus an die Stelle der Gnade setzt:

- *Das Gleichnis von den Arbeitern im Weinberg* (Mt 20, 1–16):
  Ein Gutsbesitzer verläßt frühmorgens sein Haus, um Arbeiter für seinen Weinberg anzuwerben. Er vereinbart mit ihnen einen Denar als Lohn. Drei, sechs, neun und elf Stunden später verpflichtet er, um einen gerechten Lohn, weitere. Die letzten arbeiten eine, die ersten zwölf Stunden. Als Lohn erhalten alle einen Denar. Die, welche den ganzen Tag über gearbeitet hatten, murren. Der Gutsherr sagt ihnen: »Nehmt euren Lohn und geht. Ich will den letzten ebensoviel geben wie euch. Oder seid ihr neidisch, weil ich es so gut mit euch meine?« Die meisten Kommentatoren versuchen, das Ärgernis zu glätten. Sie verweisen etwa darauf, daß die spät gerufenen Heiden den gleich Lohn empfangen wie die früh gerufenen Juden. Es bleibt

---

die Schöpfungsgnade, die geschöpfliche Selbsttranszendenz des Menschen. Während die Erlösungsgnade von Jesus erwirkt wurde, ist die Schöpfungsgnade allen Menschen eigen. Sie ist die notwendige Voraussetzung des religiösen Glaubens überhaupt. Der berühmte Streit zwischen Palagius und Augustinus, welcher Gnade der Primat gebühre, wurde zugunsten des Augustinismus entschieden, zugunsten der Erlösungsgnade. Ich persönlich halte es für hilfreich, wenn heute die Theologie (Fr. Schleiermacher, P. Tillich, K. Rahner, P. Teilhard de Chardin) wieder die Schöpfungsgnade in den Vordergrund stellt.

jedoch festzuhalten, daß das Verhalten des Gutsbesitzers in der Vorstellungswelt profaner Gerechtigkeit einfachhin skandalös ist. Jenen Skandal will Jesus deutlich machen. Er fordert ein Ganzanderssein. »Die üblichen Regeln der Gesetzes- oder auch die Erwartungen der Gnadenreligion, des Vergeltungsdenkens oder des Gerechtigkeitsstrebens, des Ansprüche-Stellens oder des Bestehens auf seinem Recht gelten hier alle nicht, sie sind einfach überboten.«[154] Jesus fordert eine Grundhaltung ein, die »dieser Welt« unverständlich, paradox ist. Jesus setzt an die Stelle der »Vertragsgerechtigkeit«, die er keineswegs aufhebt, den Primat der »Bedürfnisgerechtigkeit« (= Jedem nach seinem Bedürfnis!) – keineswegs aber den der Gnade.

- *Das Gleichnis vom verlorenen Sohn* (Lk 15, 4–32):
Dieses für das Verständnis des Christlichen zentrale Gleichnis erzählt die Geschichte eines jungen Mannes, der sich von seinem Zuhause befreien will. Er bittet den Vater um seinen Erbteil und zieht in die Fremde. Hier führt er ein zügelloses Leben und bringt in kurzer Zeit sein Erbteil durch. Als eine Hungersnot ausbricht, geht es ihm schlecht. Er verdingt sich als Schweinehirt. Dann aber besinnt er sich seines Vaters. Er will zu ihm zurück und ihm sagen: »Vater, ich habe mich gegen den Himmel und gegen dich versündigt. Ich bin nicht mehr wert, dein Sohn zu sein; mach mich zu einem deiner Tagelöhner!« Der Vater erwartet ihn schon, geht ihm entgegen und umarmt ihn. Mühsam kann der Heimkehrer noch sein Sprüchlein mit der Bitte um Verzeihung aufsagen, da ordnete der

154 Hanna Wolff, a.a.O., 67.

Vater an, das beste Gewand zu holen, einen Ring und Schuhe. Er läßt das Mastkalb schlachten. »Wir wollen essen und fröhlich sein. Denn mein Sohn war tot und lebt wieder; er war verloren und ist wiedergefunden worden.« Und sie feiern ein fröhliches Fest. Es fällt kein Wort des Urteilens. Sein Bruder, der fleißig zu Hause gearbeitet hatte, wird unwillig ob des Vaters Großmut. Er vertritt den Gerechtigkeitsanspruch, der Lohn, Strafe (und mitunter auch Gnade) kennt. Für einen Menschen, der diesen Standpunkt einnimmt, muß das Handeln des Vaters gegenüber seinem Jüngsten wie eine sehr ungerechtfertigte Belohnung aussehen. Der Vater aber antwortete ihm: »Mein Kind, du bist immer bei mir, und alles, was mein ist, ist auch dein. Aber jetzt müssen wir uns doch freuen und ein Fest feiern; denn dein Bruder war tot und lebt wieder; er war verloren und ist wiedergefunden worden.« Auch in diesem Gleichnis handelt der Vater nicht etwa »gnädig«, sondern alles ist ihm selbstverständlich. Der verloren Geglaubte kommt zurück, und das muß gefeiert werden.

»Gnade« definiert ein Subordinationsverhältnis zwischen einem Mächtigen und einem Ohnmächtigen (etwa zwischen Richter und Missetäter, zwischen Lehrer und Schüler, zwischen Vater und Sohn). Der Mächtige kann Gnade vor Recht ergehen lassen. Jesus verwendet niemals das der jüdischen Religion vertraute Bild: Gott ist der Herr, und der Mensch (oder das Volk) ist sein Knecht. Schon *Joachim*, der Abt *von Fiore*, war der Ansicht, daß das Judentum das Verhältnis von Gott zu Mensch als Herr-Knecht-Verhältnis bestimmt, während das Christentum dieses Verhältnis als

das von Vater zu Sohn bestimmt werde. Der Vater der Jesusbotschaft ist keineswegs der allmächtige Patriarchenvater des Judentums, sondern der *»Abba«* (der »Papa«). Die jesuanische Vater-Kind-Beziehung ist eine Beziehung zwischen Gleichberechtigten. Und dieser Vater ist denkbar ungeeignet, als Repressionsinstanz oder als Domestifikationsfigur herzuhalten.
Jesus lehnt ein Gotteskonstrukt ab, welches das Göttliche zu einem allmächtigen Patriarchen macht, weil eine solche Annahme nicht Leben mehrt, sondern es repressiv und domestizierend mindert. Er stellt die allgemeine Überzeugung auf den Kopf, nach welcher der Mensch um Gottes willen da sei. Nein, Gott ist als »Pappa« seiner Kinder wegen da. Der Vater ist seines verlorenen Sohnes wegen da, nicht der verlorene Sohn seines Vaters wegen. Zu seinem Pappa kann man zurückkehren, ohne Angst, was auch immer man ausgefressen haben mag. Er wird nicht gnädig verzeihen, sondern sich freuen, daß man zu ihm gekommen ist. Die herrschende Beziehung ist nicht die der Gerechtigkeit, sondern die der Empathie[155]: »Euer Vater weiß, was ihr braucht, noch ehe ihr ihn bittet« (Mt 6, 8). Auf die Frage des Philippus, ihm

155 »Empathie« meint die Fähigkeit, sich in einen anderen hineinzufühlen. Ein Vater, der seinem Kind mit Empathie begegnet, wird auf es eingehen, mit ihm spielen, seine Regressionen tolerieren, ihm dienen und sich nicht von ihm bedienen lassen, er wird seine emotionalen Konflikte interpretieren und ihm alles für die Entfaltung seines Lebens Notwendige, ohne gebeten worden zu sein, geben. Er übernimmt nur die Autorität, die ihm vom Kind zugebilligt wird. Er wird alles zu vermeiden suchen, was lebensmindernd ist. So ist etwa sozialunverträgliches Verhalten des Kindes das eigene wie das fremde Leben mindernd. Er wird dem Kind vormachen, wie man sich sozialverträglich verhält. Empathie überwindet den Gegensatz von Sympathie und Antipathie.

doch endlich einmal den Vater zu zeigen, von dem Jesus ständig redet, antwortet er: »Wer mich gesehen hat, hat den Vater gesehen« (J 14, 9). Jesus ist mit seiner Empathie, seiner Weigerung, zu urteilen oder gar gnädig zu verzeihen, das getreue Abbild des Vaters.

(3) Jesus und das Gesetz

Wie schon erwähnt, war in der jüdischen Religiosität das »Gesetz«[156] so etwas wie die Manifestation Jahwes. Nach jüdischer Tradition kannte der Bund mit Abraham nur ein einziges Gebot: die Beschneidung. Der Bund am Sinai, wie er uns aus der priesterschriftlichen (in Babylon niedergeschriebenen) Tradition erhalten ist, enthält außer den berühmten zehn Geboten noch das Bundesbuch (Ex 20, 22 bis 23, 33). Dieses (mit seinen späteren Entfaltungen) bilden das Gesetz. Es ist das Grundgesetz des Judentums. Die Übertretung seiner Normen hebt die Heilsverheißungen Jahwes auf und zieht den Fluch Gottes nach sich. Die langsame Ausarbeitung der Gesetze und Rechtsvorschriften (Dt 4, 5) führt schließlich zu einer Gesamtschau des Gesetzes, dessen Beobachtung die Religiosität Israels ausmacht. Das »Deuteronomische Gesetzbuch« (Dt 12, 1–26, 15) trug wesentlich dazu bei, die zahlreichen Überlieferungen göttlicher Anordnungen als Einheit zu verstehen. Die chronistischen Bücher des Alten Testaments (Esra, Nehemias, Chronik) bezeichnen mit »Gesetz« den *Pentateuch* (die »fünf

---

156 Das hebräische Wort »tora« bedeutet ursprünglich eine die Richtung anzeigende Weisung. Es wurde jedoch in der jüdischen Religiosität zur verpflichtenden Norm, zum »Gesetz«.

Bücher des Moses«). Das »Gesetz« regelt nahezu alle öffentlichen und privaten Handlungen gesetzestreuer Juden. Während das apodiktisch formulierte Recht (»Du sollst nicht ...«) genuin israelisch ist, sind die kasuistischen Bestimmungen deutlich später (beginnend mit der Landnahme bis hin zur Gefangenschaft in Babylon) entstanden. Während der späten Königszeit wandelte sich das Gesetz als Ordnung der Amphiktyonie in Staatsgesetze. Diese Ordnung endete erst mit dem endgültigen Verlust der Eigenstaatlichkeit Israels infolge des *Bar-Kochba*[157]-Krieges, 134 n. Chr. Der Gehorsam gegenüber den Ansprüchen des Gesetzes blieb jedoch auch weiterhin das alleinige Zeugnis für die Zugehörigkeit zum Bund, den Gott mit Israel geschlossen hatte.[158]

---

157 Bar Kochba war Führer des jüdischen Aufstandes gegen die Römer, der sich im Herbst des Jahres 132 am Bau eines Jupitertempels in Jerusalem entzündete. Der messianische Anspruch des Bar Kochba wurde vom jüdischen Volk und seinen Rabbinen bereitwillig anerkannt. Nach kurzer Zeit eroberte er Judäa mit Jerusalem, errichtete den Opferdienst im Tempel neu und setzte rigide die Thora als Gesetzesbuch durch. Erst als die Römer ein Heer von 50 000 Mann zusammengezogen hatten, gelang ihnen 134 die Rückeroberung Judäas und Jerusalems. Sie zerstörten den Tempel. Bar Kochba fand den Tod, als die Festung Beth-Ter durch Verrat fiel. Tausende Juden wurden hingerichtet, als Sklaven verkauft oder nach Ägypten deportiert. An die Stelle Jerusalems trat die Kolonie Aelia Capitolina, die Juden nicht betreten durften.

158 Neben dem schriftlichen Gesetz kennt das Judentum – aufweisbar seit dem 1. nachchristlichen Jahrhundert – auch das mündliche. Es handelt sich um Rechtssätze, die aus dem schriftlichen Gesetz nicht hergeleitet werden können. Das mündliche Gesetz liegt in der Mischna und den Talmuden schriftlich fixiert vor. Da unter »Gesetz« die geltende Auslegung mitgemeint ist, ergab sich schon vor 200 n. Chr. die Notwendigkeit, es in Kompendien zusammenzufassen. Die bekanntesten Zusammenfassungen sind die des Schim'on Qujarra (Halachot gedold aus dem

Das für Judenchristen geschriebene Matthäusevangelium läßt als einziges Jesus in der Bergpredigt sagen: »Denkt nicht, ich sei gekommen, um das Gesetz und die Propheten aufzuheben« (Mt 5, 17). Allerdings ist Jesus der Ansicht, daß die »Goldene Regel«: »Alles, was ihr von anderen erwartet, das tut auch ihnen! Darin besteht das Gesetz und die Propheten« (Mt. 7, 12) und die Liebe zu Gott und den Menschen das ganze Gesetz erfülle.[159] Und so kümmert sich Jesus nicht um die Bestimmungen des Gesetzes, wenn sie der Liebe entgegenstehen: Er heilte am Sabbat in einer Synagoge eine seit 18 Jahren an Osteoporose erkrankte Frau. »Der Synagogenvorsteher aber war empört darüber, daß Jesus am Sabbat heilte, und sagte zu den Leuten: Sechs Tage sind zum Arbeiten da. Kommt also an diesen Tagen und laßt euch heilen.« Jesus nannte ihn daraufhin nur einen Heuchler (Lk 13, 10 bis 17). Als er im Hause eines Pharisäers am Sabbat zum Essen kam, heilte er einen wassersüchtigen Mann (Lk 14, 1–6). Wiederum in einer Synagoge heilte er einen Mann, dessen rechte Hand »verdorrt« war (Lk 6, 6–10). Ein anderes Mal

---

9. Jahrhundert), die des Alfasi (Hachlot aus dem 11. Jahrhundert) und die des Moses Maimonides (Mischne tora aus dem 12. Jahrhundert).

159 Schon das Markusevangelium berichtet von der Frage eines Schriftgelehrten nach dem ersten Gebot des Gesetzes. Es läßt Jesus antworten: »Das erste ist: Höre, Israel, der Herr, unser Gott, ist der einzige Herr. Darum sollst du den Herrn, deinen Gott, lieben mit ganzem Herzen und ganzer Seele, mit all deinen Gedanken und all deiner Kraft. Als zweites kommt hinzu: Du sollst deinen Nächsten lieben wie dich selbst. Kein anderes Gebot ist größer als diese beiden« (Mk 9, 29–31; 12, 29–31). Jesus bezieht sich auf die beiden Gebote des jüdischen Gesetzes: »Höre, Israel! Jahwe, unser Gott, ist einzig. Darum sollst du den Herrn, deinen Gott, lieben mit ganzem Herzen, mit ganzer Seele und mit ganzer Kraft« (Dt 6, 4) und »Du sollst den Nächsten lieben wie dich selbst. Ich bin der Herr!« (Lev 19, 18).

heilte er am Sabbat einen Blindgeborenen. Einige der Pharisäer meinten: »Dieser Mensch kann nicht von Gott sein, weil er den Sabbat nicht hält« (J 9, 16). Pharisäer entdeckten, daß die Jünger Jesu am Sabbat Ähren abrissen, um ihren Hunger zu stillen, was das Gesetz verbietet. Und Jesus nimmt die Gelegenheit wahr, ihnen den Kern seiner Botschaft zu künden: »Wenn ihr begriffen hättet, was es heißt: Barmherzigkeit will ich, nicht Opfer, dann hättet ihr nicht Unschuldige verurteilt.«[160] Und er fügte hinzu, um die Sache ein für allemal klarzustellen: »Denn der Menschensohn ist Herr über den Sabbat« (Mt 12, 7 f.). Das Markusevangelium ist noch weniger zimperlich. Es schreibt: »Und Jesus fügte hinzu: Der Sabbat ist für den Menschen da, nicht der Mensch für den Sabbat. Deshalb ist der Menschensohn auch Herr über den Sabbat« (Mk 2, 27 f.). Über diese scheinbare Mißachtung des Sabbatgebots wurden die Schriftgelehrten und Pharisäer »von sinnloser Wut erfüllt und berieten, was sie gegen Jesus unternehmen könnten« (Lk 6, 11). Solches Handeln führte dazu, daß der *Sanhedrin* (der Hohe Rat) Jesus gefangennehmen und an *Pilatus* ausliefern ließ. Möglicherweise fand vor dem Verfahren vor *Pilatus* vor dem Hohen Rat noch ein Verhör mit einem Urteil statt. Der Hohe Priester *Kajaphas* befragte ihn: »Bist du der Messias?«, denn allein der Messias konnte das Gesetz aufheben. »Jeus antwortete: Du hast es gesagt! . . . Da zerriß der Hohe Priester sein Gewand und rief: Er hat Gott gelästert! Wozu brauchen wir noch Zeugen? . . . Was ist eure Meinung? Sie antworteten: Er ist schuldig und muß sterben!« (Mt 26, 63–66).

---

160 Jesus bezieht sich hier auf einen Text des AT: »Liebe will ich, nicht Schlachtopfer« (Hos 6, 6).

Vor allem ist es diesmal *Paulus*, der die Gesetzesgerechtigkeit aufs Korn nimmt, allerdings nicht wie Jesus, welcher der Ansicht war, das Gesetz sei wegen der Menschen geschaffen worden und nicht der Mensch zur Beobachtung des Gesetzes, sondern um seine Gnadenlehre zu stützen. Nicht das Gesetz der Werke, sondern allein das des Glaubens rechtfertige: »Denn wir sind der Überzeugung, daß der Mensch gerecht wird durch den Glauben, unabhängig von Werken des Gesetzes« (R 3, 28). »Das Gesetz bewirkt Zorn; wo es aber das Gesetz nicht gibt, da gibt es auch keine Übertretung« (R 4, 15). »Christus hat uns vom Fluch des Gesetzes freigekauft, indem er für uns zum Fluch geworden ist« (Gal 3, 13).

Vermutlich ist diese Freiheit von allen den Juden heiligen Gesetzen ein wichtiger Anspruch der Jesusbotschaft. Für die Theologie *Martin Luthers* war der Gegensatz: Gesetz und Evangelium, infolge seiner paulinischen Orientierung, zentrales Thema seiner Lehre. Notwendig scheitert der immer auch sündige Mensch am Gesetz.[161] Dieser wesentlichen Unmöglichkeit gerecht zu werden widerspricht das Evangelium, das von Jesus als Leugnung des Gesetzes definiert werde und von hierher seine Kraft beziehe.[162] *Karl Barth* betont, daß alles Reden Gottes mit und zu Menschen Gnade sei, geschähe es in der Form des Gesetzes oder in der des Evangeliums, wennschon dieses Priorität vor jenem habe.[163] Es fällt mir schwer, dieser Position zu folgen. Zu deutlich distanzierte sich Jesus vom Gesetz.

---

161 WA 39/1, 383, 22.
162 WA 40/1, 4, 2 ff.
163 K. Barth, Der Römerbrief (2. Aufl.) 1922, 211–253.

(4) Jesus und das Unreine

Das Blut gilt nach dem jüdischen Gesetz als unrein, das gilt auch für das Blut geschlachteter Tiere. Besonders unrein aber ist das Menstruationsblut der Frau (Lev 15, 19–30). Eine menstruierende Frau bleibt eine Woche lang unrein. Wer in dieser Zeit mit ihr verkehrt oder auch nur etwas berührt, auf dem sie saß, wird unrein. Tritt die Monatsblutung außerhalb der Regel ein, so ist sie wiederum für eine Woche unrein. Eine Woche lang muß eine menstruierende Frau in Isolation leben. Die landläufige Interpretation, hier werde eine Hygienevorschrift vorgestellt, ist vermutlich falsch. Das Verbot gründet sehr wahrscheinlich in der Annahme, daß es die Dämonen des Blutes und heidnische Kulte abzuwehren gelte. In einer matriarchalischen Gesellschaft war das Blut und die Regelblutung etwas Heiliges, in der patriarchalischen des Judentums wird es unrein.[164] Zwar ist auch das männliche Sperma unrein, doch sind die Bestimmungen gegenüber menstruierenden Frauen sehr viel schärfer gefaßt, so daß Frauen de facto vom kultischen Geschehen ausgeschlossen wurden.

Die Frage der Unreinheit wird vor allem in der *Nidda*[165], einem Buch der *Mischna,* vorgestellt. Sie entfaltet und legt die Regeln des »3. Buches des Moses« aus. Gemäß der Nidda hat sich jede Frau zweimal täglich und nach jedem Verkehr zu untersuchen, ob sie blutet. Blutflecken auf der Wäsche

164 Vgl. dazu: Wolfgang Herrmann, Mammon, Schmutz und Sünde, Stuttgart (Kreuz-Verlag) 1991, 154.

165 »Nidda« bedeutet im Hebräischen etwas Abscheuliches, etwas, das zurückzuweisen ist. Dazu gehört auch die Menstruation.

oder in der Wohnung lassen Unreinheit vermuten. Besonders aber die »Blutflüssigen« (das sind Frauen mit unregelmäßiger Menstruation) leben in dauernder sexueller Isolation und haben kaum eine Chance, eine normale Ehe zu führen.

Interessant ist, daß die Nidda die Unreinheit auch auf nichtjüdische Völker überträgt. Vor allem die von der jüdischen Orthodoxie abgespaltenen Samariter gelten »als Menstruierende von ihrer Wiege an«. Damit wurde sichergestellt, daß kein rechtgläubiger Jude mit ihnen irgendeinen Sozialkontakt hatte. Nach 2. Kön 17, 24–41 waren die Samariter Nachkommen von fünf zwangsangesiedelten heidnischen Stämmen, die teilweise ihren alten Göttern treu geblieben waren. So war es eine heftige Beschimpfung, wenn Juden zu Jesus sagten: »Du bist ein Samariter und von einem Dämon besessen!« (J 8, 48). Umgekehrt waren auch die Samariter nicht gut auf Juden zu sprechen, die nach Jerusalem reisten. Als die Jünger ihm in einem samaritanischen Dorf eine Unterkunft besorgen wollten, nahm man ihn nicht auf (Lk 9, 53).

Jesus setzt sich souverän über die jüdische Tradition hinweg. Er heilt nicht nur eine seit zwölf Jahren blutflüssige Frau, sondern läßt sich auch noch von ihr berühren. »Denn sie sagte sich: Wenn ich auch nur sein Gewand berühre, werde ich geheilt. Sofort hörte die Blutung auf, und sie spürte, daß sie von ihrem Leiden geheilt war. Im selben Augenblick fühlte Jesus, daß eine Kraft von ihm ausströmte, und er wandte sich in dem Gedränge um und fragte: Wer hat mein Gewand berührt? Seine Jünger sagten zu ihm: Du siehst doch, wie sich die Leute um dich drängen, und du fragst: Wer hat mich berührt? Und er blickte umher, um zu sehen, wer es getan hatte. Da kam die Frau, zitternd vor Furcht, weil sie

wußte, was mit ihr geschehen war; sie fiel vor ihm nieder und sagte ihm die ganze Wahrheit. Er aber sagte ihr: Meine Tochter, dein Glaube hat dir geholfen. Geh in Frieden. Du sollst von deinem Leiden geheilt sein« (Mk 5, 28–34). Die Umständlichkeit des Markustextes, der ansonsten Heilungswunder recht nüchtern berichtet, zeigt, daß hier etwas Ungeheuerliches geschehen ist: Jesus ist nach jüdischer Tradition durch die Berührung einer unreinen Frau (Lev 15, 25) unrein! Der Text nach Matthäus ist hier sehr viel nüchterner.
Noch ungeheuerlicher ist eine vermutlich nicht historische, für den Glauben der jungen Christengemeinden aber typische Erzählung. Jesus machte keineswegs, wie gläubige Juden, die von Galiläa nach Judäa zogen, einen weiten Umweg um Samaria, sondern wanderte unbefangen durch das Land der Samariter. So kam er nach Sichar zum Jakobsbrunnen. Er war müde und setzte sich gegen Mittag an den Brunnen. Da kam eine Samariterin, um Wasser zu holen. Und Jesus bat sie um einen Trunk. Die Samariterin war sehr verwundert: »Wie kannst du als Jude mich, eine Samariterin, um Wasser bitten?« (J 3, 9). Auch das Trinken solchen von einer Unreinen gereichten Wassers macht Jesus nach dem jüdischen Gesetz unrein.
Interessant ist auch, daß Jesus die Frage nach dem Nächsten, den man, nach jüdischem Gesetz, zu lieben habe wie sich selbst, mit dem Gleichnis vom Samariter (Lk 10, 29–37) beantwortet. Ein Mann ging von Jerusalem nach Jericho und wurde ausgeraubt und niedergeschlagen. Ein jüdischer Priester und ein jüdischer Levit kamen vorüber und betätigten sich als Zuschauer: Sie sahen ihn und ließen ihn liegen. Erst ein Mann aus Samaria hatte Mitleid und half ihm. Wer war wohl der Nächste dessen, der da ausgeraubt worden

war? Natürlich der Samariter. Der Nächste ist also keineswegs nur ein Mitjude, es kann auch ein unreiner Fremder und Ketzer sein.

Mit diesem Gleichnis weitet Jesus die Verpflichtung, den Nächsten zu lieben, auf alle Menschen aus. Für einen Christen sind alle Menschen Nächste. Besonders solche, die von anderen gehaßt und verachtet werden. Von hierher kann man selbst sein Christsein bestimmen: Liebe ich den Menschen, den viele andere um mich herum hassen und verachten (etwa *Hitler, Stalin, Saddam Hussein*)? Wenn ich diese Frage bejahen kann, bin ich auf dem Wege, Christ zu werden, die Jesusförmigkeit zu erlangen – wenn nicht, sollte ich mich nicht Christ nennen.

Aber Jesus zerstört die Annahme patriarchalischer Gesellschaften, Blut sei etwas Unreines, bis ins Extreme. Während des letzten gemeinsamen Essens mit seinen Jüngern, dem »Abendmahl«, reichte er ihnen den Kelch mit Wein, »sprach das Dankgebet . . ., und sie tranken alle daraus. Und er sagte zu ihnen: Das ist mein Blut, das Blut des Bundes, das für viele vergossen wird« (Mk 14, 23 f.). Das relativ späte, nach 80 n. Chr. verfaßte Lukasevangelium, das vermutlich schon die kultische Wiederholung des Abendmahles durch die frühen Christen kannte, berichtet, daß Jesus den Satz gesprochen habe: »Tut dies zu meinem Gedächtnis« (22, 19). Allerdings kennt auch Paulus in dem von ihm vermutlich im Frühjahr des Jahres 56 verfaßten ersten Korintherbrief (11, 25) schon diese Version.

Das Johannesevangelium macht deutlich, wie wichtig dieser Blutkult den frühen Christen war. »Wenn ihr das Fleisch des Menschensohnes nicht eßt und sein Blut nicht trinkt, habt ihr das Leben nicht in euch. Wer mein Fleisch ißt und mein

Blut trinkt, hat das ewige Leben, und ich werde ihn auferwecken am Letzten Tag ... Wer mein Fleisch ißt und mein Blut trinkt, der bleibt in mir und ich in ihm« (J 6, 53–56). Jesus stellt hiermit die Lehre von dem unreinen Blut auf den Kopf. Das Trinken des göttlichen Blutes wird zur Voraussetzung der Rechtfertigung. In der Lehre von Reinheit und Unreinheit bricht er so fundamental mit der jüdischen Tradition: »Hört mir alle zu und begreift, was ich sage: Nichts, was von außen in den Menschen hineinkommt, kann ihn unrein machen, sondern was aus dem Menschen herauskommt, das macht ihn unrein ... Seht ihr nicht ein, daß das, was von außen in den Menschen hineinkommt, ihn nicht unrein machen kann? Denn es gelangt ja nicht in sein Herz, sondern in den Magen und wird wieder ausgeschieden. Damit erklärte Jesus alle Speisen für rein. Weiter sagte er: Was aus dem Menschen herauskommt, das macht ihn unrein. Denn von innen, aus dem Herzen der Menschen, kommen die bösen Gedanken, Unzucht, Diebstahl, Mord, Ehebruch, Habgier, Bosheit, Hinterlist, Ausschweifung, Neid, Verleumdung, Hochmut und Unvernunft. All dieses Böse kommt von innen und macht den Menschen unrein« (Mk 7, 14–23). Die gesetzliche Reinheit ist unerheblich. Es kommt auf die des Herzens an. So ganz nebenbei ergänzt Jesus nach dem Zeugnis des Markusevangeliums die »Zehn Gebote« um einiges: Habgier, Bosheit, Hinterlist, Ausschweifung, Hochmut und Unvernunft werden von Jesus verboten.

Nachdem wir nun die stets lebensfördernden Differenzen der Lehre Jesu zum jüdischen Gesetz bedacht haben, sollen im Folgenden einige positive Merkmale der Predigt Jesu vorgestellt werden.

(5) Jesus und das Geld

»Ihr könnt nicht beiden dienen, Gott und dem Mammon« (Mt 6, 24). *»Mammon«* bezeichnet im Aramäischen: Besitz, Habe. Die Evangelien, die Mischna und der Talmud bezeichnen damit die dämonische Macht des Besitzes. In der Bergpredigt stellt uns Jesus vor die Alternative, entweder dem Göttlichen zu dienen oder dem Dämon des Besitzens. Die Evangelien berichten an zahlreichen Stellen von dieser gespannten Alternative.[166]

Geld ist in unserer Lebenswelt nahezu allgegenwärtig und nahezu allmächtig. Damit besitzt es zwei Merkmale des Göttlichen. Es ist also durchaus verständlich, daß es Menschen gibt, die ihm nahezu religiös huldigen und es als höchstes Gut ansehen, es zu besitzen. Im Gegensatz zu allem anderen, das wir kennen, hat es keinen Grenznutzen: Mehr (ja möglichst unendlich viel) davon zu haben, scheint größten Nutzen zu bringen. Das Geld erscheint als unersättlicher Moloch, der alles verschlingt und alles zweitwertig macht, kann man sich doch mit Geld alles kaufen. Kapital und Geld hinterlassen in der Welt die Spur der Verwüstung. Ganze Kontinente haben sie ausgeplündert, sie erzeugen wachsende Müllberge, verseuchen die Umwelt, die Luft, das Wasser, die Erde. »Die unvorstellbare Menge an Kriegsgerät, Massenvernichtungswaffen, die ganze Kapazität des Overkill, zeugt von der nekrophilen, Leben bedrohenden und zerstörenden Kraft des Molochs.«[167] Tatsächlich dürfte auch die

166 Vgl. dazu: Falk Wagner, Geld oder Gott? Zu Geldbestimmtheit der kulturellen und religiösen Lebenswelt, Stuttgart 1985.

167 Wolfgang Herrmann, Mammon, Schmutz und Sünde, a.a.O., 124.

moderne Rüstungsindustrie die Folge der immerwährenden Suche disponiblem Kapitals nach rentabler Anlage sein. Und Rüstungsgüter haben den bestdenkbaren Nachfrager: den Staat. Es ist schon etwas Magisches, wenn ein Staatsoberhaupt oder der Präsident einer Notenbank mit seiner Unterschrift aus nahezu wertlosen Papierschnipseln Geld macht.

Der keineswegs volkswirtschaftlich ungebildete *Goethe* hat diesem magischen Material »Geld« in seinem *»Faust«* ein Denkmal gesetzt. Nicht die Liebe, nicht die Kunst geben Faust Erfüllung, sondern allein die Ökonomie. Faust läßt ein sumpfiges, immer wieder überflutetes Gelände kultivieren. Einzige Störgröße ist die zu Beginn des 5. Aktes im *2. Teil des »Faust«* ausgeführte Philemon-und-Baucis-Idylle. Und Baucis klagt: »Tags umsonst die Knechte lärmten, Hack und Schaufel, Schlag um Schlag; wo die Flämmchen nichtig schwärmten, stand ein Damm den anderen Tag. Menschenopfer mußten bluten, nachts erscholl des Jammers Qual; meerab flossen Feuersgluten, morgens war es ein Kanal. Gottlos ist er (Faust), ihn gelüstet unsere Hütte, unsern Hain; wie er sich als Nachbar brüstet, soll man untertänig sein.« Und Philemon antwortet: »Hat er uns doch angeboten, schönes Gut im neuen Land.« Und Baucis darauf: »Traue nicht dem Wasserboden.« Und wo bleibt die Erfüllung? Der inzwischen erblindete Faust sieht visionär: »Solch ein Gewimmel möcht ich sehn, auf freiem Grund mit freiem Volke stehn. Zum Augenblicke dürft ich sagen: Verweile doch, du bist so schön! Es kann die Spur von meinen Erdentagen nicht in Äonen untergehn.« Vor dem Anspruch dieser Vision scheitert Faust. Es ist die Vision des allmächtigen Kapitals: Es schaffe ein freies Volk in einem freien Land.

Faust verfällt der Illusion des vom Besitz Besessenen, der glaubt, Besitzen mache glücklich, wenn es scheinbar auch anderen nutzt.

Auch die *Midaslegende* berichtet vom Unheil des Geldes. Midas bewirtete einst den Dionysos und erbat sich als Lohn, daß alles, was er berühre, zu Gold werde. Der Arme konnte nun nichts mehr essen oder trinken, konnte keine Frau lieben oder sich auch nur kleiden. Alles, was er berührte, wurde zu Gold. Midas starb an seinem Geld.

Nicht das Geld an sich, als Kommunikationsmittel und als den Tausch vereinfachendes Medium, ist das Problem, sondern das, was die Menschen aus Geld machen: Es wird selbstzwecklich, hat einen Wert in sich. So wird es profan zu einem Mittel, Macht auszuüben, religiös ist es ein Götze.

Als einige Phärisäer, die nach dem Zeugnis des Lukasevangeliums sehr am Geld hingen, die Verurteilung des Mammons durch Jesus hörten, lachten sie ihn aus. Er aber sagte zu ihnen: »Ihr redet den Leuten ein, daß ihr gerecht seid, aber Gott kennt euer Herz. Denn was die Menschen für großartig halten, das ist in den Augen Gottes ein Greuel« (Lk 16, 14 f.).

Ein junger Mann fiel einmal vor Jesus auf die Knie und fragte ihn: »Guter Meister, was muß ich tun, um das ewige Leben zu gewinnen?« Jesus antwortete ihm: »Du kennst doch die Gebote!« Der junge Mann erwiderte: »Meister, all diese Gebote habe ich von Jugend an befolgt.« Jesus antwortete: »Eines fehlt dir noch: Geh, verkaufe, was du hast, gib das Geld den Armen ... dann komm und folge mir nach.« Der junge Mann brachte das nicht über sein Herz, denn er war recht vermögend (Mk 10, 18–22). Und zu seinen Jüngern sagte Jesus: »Wie schwer ist es für Menschen, die viel besitzen,

in das Reich Gottes zu kommen ... Eher geht ein Kamel durch ein Nadelöhr, als daß ein Reicher in das Reich Gottes gelangt« (Mk 10, 23–26). Gemeint ist hier nicht der einfache Reichtum, hatte doch Jesus selbst einige vermögende Freunde. Gemeint ist ein Reichtum, der Menschen besitzt, von dem sie sich nicht um höherer, nicht-materieller und nicht-egoistischer Güter willen trennen können.
Einige Jesusgleichnisse aus dem lukanischen Eigengut verdeutlichen diesen Sachverhalt:

- *Das Gleichnis vom reichen Prasser und dem armen Lazarus* (Lk 16, 19–31):
  Da war einmal ein Mann, der lebte im Reichtum. Vor seiner Tür aber ließ sich ein Armer, Lazarus, nieder. Sein Leib war voller Geschwüre. Gerne hätte er von dem gelebt, was aus dem Haushalt des Reichen in den Müll gelangte. Doch niemand ließ es zu. Nur die Hunde leckten seine Wunden. Bald starb er und kam »zu den Vätern«. Als auch der Reiche starb, kam er in die Unterwelt, wo er qualvolle Schmerzen litt. Er rief: »Abraham, erbarme dich meiner und schicke mir den Lazarus. Er soll seinen Finger in Wasser tauchen und meine Zunge netzen«. Abraham erwiderte: »Denk daran, daß du schon zu Lebzeiten deinen Anteil am Guten erhieltst, Lazarus aber nur Schlechtes. Er wird jetzt dafür getröstet. Du aber mußt leiden. Außerdem ist der Abgrund zwischen uns so tief, daß ihn niemand überwinden kann.«

- *Das Gleichnis vom Habgierigen* (Lk 12, 16–21):
  Die Ernte eines Reichen steht gut. Er überlegt sich, was zu tun sei, um sie unterzubringen. Er beschließt, größere

> Scheunen zu bauen. Dann habe er für viele Jahre ausgesorgt. Da spricht Gott zu ihm: »Du Narr! Noch in dieser Nacht wird man dein Leben von dir zurückfordern. Wem wird dann all das gehören, was du angehäuft hast?« Und Jesus fügt an: »So geht es jedem, der nur für sich selbst Schätze sammelt, aber vor Gott nicht reich ist.«

Das erste Gleichnis scheint eine jüdische Tradition aufzunehmen, nach der das Leben nach dem Tod vor allem die Funktion habe, das auf Erden erlittene Unrecht auszugleichen. Das ist ganz sicher nicht die Lehre Jesu, der von »ausgleichender Gerechtigkeit« in einem wie auch immer gearteten Jenseits nichts weiß. Also ist es zu verstehen als Warnung vor der Hartherzigkeit, die den Armen im eigenen Reichtum hungern läßt. Auch das zweite Gleichnis zielt darauf ab, zu zeigen, daß der egoistisch orientierte Reichtum keinen Segen bringt.
Es steht sogar zu vermuten, daß die beiden lukanischen Gleichnisse nichts anderes wollen, als ein offenbar aus der Logiensammlung stammendes Herrenwort zu verdeutlichen, welches das Lukasevangelium unmittelbar an das zweite Gleichnis anschließt: Jesus sagte seinen Jüngern: »Deswegen sage ich euch: Sorgt euch nicht um euer Leben und darum, daß ihr etwas zu essen habt, noch um euren Leib und darum, daß ihr etwas anzuziehen habt. Das Leben ist wichtiger als die Nahrung und der Leib wichtiger als die Kleidung ... Darum fragt nicht, was ihr essen und trinken sollt, und ängstigt euch nicht! Denn um all das geht es den Heiden in der Welt. Euer Vater weiß, daß ihr das braucht« (Lk 12, 22–30).

(6) Das Umdenken (Metanoia)

Damit kommen wir zum Kern der Jesusbotschaft, der Lehre vom Umdenken, von der Sinnesänderung. Ganz offensichtlich fordert Jesus auf, selbst liebgewordene Konstrukte – auch religiöse – permanent in der Auseinandersetzung mit seiner Botschaft zu dynamisieren, mit dem Ziel, sie auf einem biophileren Niveau wieder (vorübergehend) zu stabilisieren. Die vier vorgestellten Punkte zeigen, daß Jesus nicht nur die religiösen Konstrukte seiner jüdischen Mitbürger in Frage stellte. Er dynamisiert auch die Konstrukte aller, die sich auch heute noch die Mühe machen, die Evangelien zu lesen und sie ernst zu nehmen – mögen sie Christen werden wollen oder nicht. Seine erste Forderung ist deshalb die des Umdenkens. Die meisten Sachverhalte sind religiös nicht so, wie sie dem profanen Denken erscheinen möchten.

Voraussetzung jedes Umdenkens ist die Fähigkeit, von sich selbst und seinen Vorurteilen abzulassen. Und deshalb fordert Jesus immer wieder: »Wer sein Leben retten will, wird es verlieren, wer aber sein Leben um meinetwillen und um des Evangeliums willen verliert, wird es finden. Was nützt es dem Menschen, wenn er die ganze Welt gewinnt, dabei aber sein Leben einbüßt? Um welchen Preis könnte ein Mensch sein Leben zurückkaufen?« (Mk 8, 36 f.). Und ein anderes Mal: »Denn wer sein Leben retten will, wird es verlieren; wer aber sein Leben um meinetwillen und um des Evangeliums willen verliert, wird es finden« (Mk 2, 35). Das Leben meint hier nicht etwa nur das physische Leben, sondern vor allem das personale Leben (etwa im Sinne der Biophilie-Maxime). Das Leben zu finden, es sich verschaffen, bedeutet also die Entfaltung des emotionalen, sozialen, religiösen und sittlichen Lebens zu eigenem und fremdem Nutzen. Wer aber an dem, was er hat und ist, so intensiv hängt, daß er unfähig ist, davon loszulassen, der wird sein Leben verlieren. Es gibt Menschen, die von ihrem Besitz besessen werden. Sie haben ihr Leben schon verloren. Es gibt Menschen, die bereit sind, von allen Formen des Besitzens (Eigentum, Einkommen, Ansehen, Einfluß, Autorität, Vorurteile) zu lassen, sie werden ihr Leben finden.

Jesus weiß sehr wohl, daß aus dieser Spaltung zwischen Menschen, die bereit sind, ihre Konstrukte (vor allem ihre religiösen) zu dynamisieren, und denen, die am Überkommenen (als selbstverständlich Besserem) festhalten, selbst wenn niemand ihn will, Streit entstehen muß. Und so sagt er: »Denkt nicht, ich sei gekommen, um Frieden auf die Erde zu bringen. Ich bin nicht gekommen, um Frieden zu bringen, sondern das Schwert. Denn ich bin gekommen, um den Sohn mit dem Vater zu entzweien und die Tochter mit ihrer Mutter und die Schwiegertochter mit ihrer Schwiegermutter; und die Hausgenossen eines Menschen werden seine Feinde sein« (Mt 10, 34–36),[168] »Nehmt euch also vor den Menschen in acht! denn sie werden euch vor die Gerichte schleppen ... Wenn man euch vor Gericht stellt, macht euch keine Sorgen, wie und was ihr reden sollt. Nicht ihr werdet reden, sondern der Geist eures Vaters wir durch euch reden. Brüder werden

168 Das apokryphe Thomasevangelium läßt Jesus im 16. Logion noch härter urteilen: »Vielleicht denken die Menschen, ich kam, den Frieden auf die Welt zu bringen. Sie wissen nicht, daß ich kam, um Trennung, Feuer, Schwert, Krieg auf die Erde zu bringen. Fünf werden in einem Hause sein; drei werden gegen zwei und zwei gegen drei sein. Der Vater gegen den Sohn, der Sohn gegen den Vater. Und sie werden allein dastehen.«

einander dem Tod ausliefern und Väter ihre Kinder, und die Kinder werden sich gegen die Eltern auflehnen und sie in den Tod schicken. Und ihr werdet in meinem Namen von allen gehaßt werden« (Mt 10, 17–22).

Die Jesusbotschaft ist also keineswegs zu vergleichen mit der Verkündigung einer lieblichen Idylle, einem Paradies auf Erden: Sie provoziert vielmehr den Kampf auf Leben und Tod zwischen Biophilie und Nekrophilie, zwischen denen, die bereit sind, ihr Wissen und Meinen (ihr religiöses, aber auch ihr politisches, soziales, ökonomisches) vor dem Anspruch neuer Einsicht in Frage zu stellen, und solchen, die solche Einsichten in einer Form konservierenden Denkens als unsinnig abweisen. Gegen die stets nekrophile aktive Intoleranz der konservativen Juden (der Pharisäer und Schriftgelehrten) reagierte Jesus heftig mit reaktiver Intoleranz, denn die Toleranz als der Vorhof der Liebe kann sich gegen aktive Intoleranz nur kämpfend (reaktiv-intolerant) wehren. »Weh euch, ihr Schriftgelehrten und Pharisäer, ihr Heuchler! Ihr verschließt den Menschen das Himmelreich. Ihr selbst geht nicht hinein; aber ihr laßt auch andere nicht hinein, die hineingehen wollen« (Mt 23, 13). »Weh euch, ihr Schriftgelehrten und Pharisäer, ihr Heuchler! Ihr seid wie Gräber, die außen weiß angestrichen sind und schön aussehen; innen aber sind sie voll Knochen, Schmutz und Verwesung« (Mt 23, 27). Jesus ist ein Revolutionär der Biophilie. Und er starb als Revolutionär.

Das Umdenken geschieht bei Jesus nicht selbstzwecklich. Es ist unnütz, gar schädlich, wenn es nicht eigenes und fremdes Leben eher mehrt denn mindert. Letztlich macht Jesus gelingende Biophilie an der Fähigkeit zur Liebe *(agápe)* aus. In der Feldpredigt (der lukanischen Parallele zur Bergpredigt des Matthäusevangeliums) fordert er gar die Feindesliebe ein: »Liebet eure Feinde; tuet denen Gutes, die euch hassen. Segnet die, die euch verfluchen, betet für die, die euch mißhandeln ... Seid barmherzig, wie es auch euer Vater ist« (Lk 6, 27 f. und 36).

In besonderer Weise betont der schon erwähnte, um das Jahr 50 (also nur 20 Jahre nach Jesu Tod) entstandene frühchristliche Hymnus (1 Kor 13, 1–13) die Rolle der Liebe im Christentum. Der 1. Johannesbrief, der etwa zur gleichen Zeit wie das Johannesevangelium entstand (bald nach 100 n. Chr.), betont ebenfalls die Rolle der Liebe: »Daran kann man die Kinder Gottes und die Kinder des Teufels erkennen: Jeder, der die Gerechtigkeit nicht tut und seinen Bruder nicht liebt, ist nicht aus Gott. Denn das ist die Botschaft, die ihr von Anfang an gehört habt: Wir sollen einander lieben ... Wundert euch nicht, meine Brüder, wenn die Welt euch haßt. Wir wissen, daß wir aus dem Tod ins Leben hinübergegangen sind, weil wir die Brüder lieben. Wer nicht liebt, bleibt im Tod« (1 J 3, 10–14). Dieser Text legt ein Wort aus, welches das Johannesevangelium Jesus in seinen Abschiedsreden in den Mund legt: »Ein neues Gebot gebe ich euch: Liebt einander! Wie ich euch geliebt habe, so sollt auch ihr einander lieben. Daran werden alle erkennen, daß ihr meine Jünger seid: wenn ihr einander liebt« (J 13, 34 f.).

Worauf es Jesus also ankommt, wie schon mit der Verlagerung von der kultischen, äußeren Reinheit und Unreinheit auf die innere des Herzens deutlich wird, ist die Forderung umzudenken. Es kommt nicht auf die Oberfläche veränderten Verhaltens an, sondern auf die von Einstellungen, der verändertes Verhalten folgt. Damit aber die Einstellungen wirksam werden, können sie nicht nur die rationale Ebene

erfassen, sondern müssen auch die emotionale (»das Herz«) erreichen. Sicher folgen notwendig aus solch veränderten Einstellungen veränderte Handlungen und Unterlassungen: Primär bleiben aber die Einstellungen.
Es kommt darauf an, daß wir unsere Einstellungen prüfen, ähnlich der Nordung eines Kompasses. Es ist wichtig festzustellen, ob wir noch auf Kurs segeln. Gelegentlich sind Kurskorrekturen angebracht. Alles das schließt die Forderung umzudenken ein. So spricht denn auch die Bergpredigt nicht von Werken, die wir tun sollen, sondern von neuen Einstellungen und den Handlungen oder Unterlassungen, die daraus folgen.

(7) Die Bergpredigt

Wir haben schon häufig aus dieser »Bergpredigt« zitiert. Sie ist vermutlich ein zusammenhängender Text der Logiensammlung. Da sie das Grundgesetz des Christentums darstellt (wenn auch keineswegs der meisten christlichen Kirchen), seien hier ihre wichtigsten Themen vorgestellt:

a) Die acht Seligpreisungen (Mt 5, 3–12).

① *»Selig, die arm sind vor Gott; denn ihnen gehört das Himmelreich.«* »Armut« meint hier keineswegs die materielle Armut, sondern die Einstellung, die einen Menschen nichts von sich selbst, sondern alles vom Göttlichen erwarten läßt. Arm ist der, der sich nicht im Besitz ewiger Wahrheiten wähnt, sondern darum weiß, daß alles Wissen nur Wissen im Vorübergang ist. Arm ist der, der von nichts besessen wird. Das Wort »selig« ist heute veraltet. Gemeint ist »glücklich« in dem Sinn, daß Leben glückt. Das »Himmelreich« meint das Eingehen in das Göttliche, in dem allein Wahrheit und Realität ist. Man würde also besser übersetzen: »Glücklich sind Menschen, die von nichts besessen werden, denn sie werden eingehen in das Göttliche.«

② *»Selig die Trauernden, denn sie werden getröstet werden.«* Die Parallelstelle im Lukasevangelium lautet: *»Selig seid ihr, die ihr jetzt weint, denn ihr werdet lachen«* (Lk 6, 21). Und das Johannesevangelium schreibt: *»Ihr werdet trauern ..., aber euer Herz wird sich freuen, und niemand nimmt euch eure Freude«* (16, 20–22). Wie *Hans Deidenbach* zu Recht wahrnahm, könnte man sich hier verwundert die Augen reiben und sich an die »Vier edlen Wahrheiten« Buddhas erinnert fühlen.[169] Trauer ist hier nicht selbstzwecklich gemeint, sondern notwendige Durchgangsstufe für einen Menschen, der (etwa unter einem Verlust) leidet. Trauer ist Abschiednehmen von Illusionen, von Liebgewordenem. Wer noch trauern kann, noch Abschiedsschmerz erleben und zu Ende leben kann, bei dem wird das Trauern und das Schmerzen einmal enden und sich in Freude wandeln. Geschehenlassen können, ohne zu trauern, zuschauen können, daß nicht ich leide, sondern daß »es in mir leidet«, ist ein wichtiger Schritt hin zur Freude. Nicht einer hemmungslos-ausgelassenen Freude, sondern zugelassener Freude. *Horst Eberhard Richter* hat einem Buch den Titel gegeben: *»Wer nicht leiden kann, muß hassen«*. Auch hier ist Leiden sicher nicht

169 Hans Deidenbach, Zur Psychologie der Bergpredigt, Frankfurt (Fischer TB 10259) 1990, 17.

selbstzwecklich gemeint. Aber man muß es annehmen, zulassen, durchleben können, um nicht destruktiver Aggressivität zu verfallen oder zu resignieren.

③ *»Selig die Sanftmütigen, denn sie werden das Land erben.«* Das griechische *praós* bedeutet neben sanftmütig auch milde, gelassen, gleichmütig, wohlwollend. Das Wort »Sanftmut« ist in Verruf gekommen, denn es könnte meinen: mit sich alles machen lassen. Es meint vielmehr: »den Mut sänftigen«. »Mut« *(muot)* bedeutet im Mittelhochdeutschen soviel wie »kraftvoll streben«. »Sanftmütig« meint also »kraftvolles Streben sänftigen«. Die ökumenische Bibelübersetzung beschreibt das Gemeinte etwas grell mit »keine Gewalt anwenden«. Es ist sicherlich richtig, daß das Evangelium sich hier gegen jede Einstellung richtet, die zu einer gewalttätigen Landnahme führen könnte. Über solche gewalttätigen Landnahmen etwa sind der erste und der dritte (der heutige) Judenstaat entstanden. Auch »Land erben« ist schlecht übersetzt. Es geht vielmehr über ein »Besitzen der Erde«. Und in diesem Licht betrachtet, kann man unschwer die dritte Seligpreisung ökologisch interpretieren: »Glücklich sind die Menschen, die sich in ihrem Können mäßigen, denn ihnen wird die Erde gehören« – nicht aber denen, die sie im vollen Ausspielen ihres Könnens zugrunde richten.

④ *»Selig, die hungern und dürsten nach der Gerechtigkeit, denn sie werden satt werden.«* »Die Gerechtigkeit« meint nicht dasselbe wie unser Wort »Gerechtigkeit«, sondern meint Teilhabe an der Gottheit durch den Glauben an sie. Gerecht ist also der Gerechtfertigte. Gerechtigkeit im biblischen Sinne ist keine Tugend wie im Umgangssprachlichen, sondern die Folge göttlichen Handelns. Im Judentum rechtfertigt Gott, indem er richtet; im Christentum rechtfertigt Gott, wenn er Menschen in das Gottesreich ruft. Wer sich also ganz auf das Gottesreich hin orientiert, der wird auch in dieses Reich gelangen. Dazu gehört als notwendige Bedingung, zu werden wie ein Kind (d. h., die Kindwelt-Werte – etwa die Fähigkeit, immer wieder umzudenken und zu lieben – zu kultivieren und nicht die der Erwachsenenwelt).

⑤ *»Selig die Barmherzigen, denn sie werden Erbarmen finden.«* Das Wort »Barmherzigkeit« hat einen Bedeutungswandel mitgemacht. Das althochdeutsche *(ir-)barmen* wurde in der Übersetzung der beiden Wortteile von »miseri-cordia« zu »arma-herzi«, ein Herz haben für ... Gemeint sind die Menschen, die sich ihrer eigenen und anderer Schwäche und der Folgen daraus erbarmen und sich und anderen verzeihen. Die Seligpreisung sagt, daß ein Mensch, der aus dieser Einstellung handelt, selbst Erbarmen finden wird. Der Samariter, der jenem Juden half, der auf dem Weg herunter nach Jericho unter die Räuber fiel, war barmherzig, denn er war in der Lage, sich allen Menschen zum Nächsten zu machen.

⑥ *»Selig, die ein reines Herz haben, denn sie werden Gott schauen.«* »Herz« bedeutet die Einheit gebende Mitte unseres Menschseins. In ihm begegnen sich Emotionalität, Sozialität und Rationalität. Reinen Herzens ist ein Mensch, der aus dieser Mitte heraus lebt und »rein« ist (in dem Sinne, wie Jesus von Reinheit im Gegensatz zur Unreinheit spricht). Wer aus solcher Mitte heraus lebt, wird das Göttliche erfahren, das eben in dieser »reinen Mitte« wohnt. Das lateinische *»meditari«* (meditieren) bedeutet in schlechter, aber erhellender Etymologie: *»In medium ire et ex medio ire«* (= in die eigene Mitte hineingehen, um aus der eigenen Mitte heraus zu leben). Wer reinen Herzens regelmäßig in seine eigene Mitte hineingeht und sich so von allem, was nicht Mitte ist, ablöst und befreit, der kann das Göttliche in den Dingen, die Gotthaltigkeit der Welt erfahren. Das reine Herz sieht dann die Dinge, wie sie sind, nicht auf Grund uns immer wieder täuschender Sinneserkenntnis, sondern durch unmittelbare Wahrnehmung. Sie allein ist in der Lage, Welt erkennend und liebend zu rekonstruieren (im Gegensatz zu Konstruktion von Selbst und Welt durch die Alltagsaktivitäten unseres kognitiven Systems).

⑦ *»Selig, die Frieden schaffen, denn sie werden Söhne Gottes genannt.«* »Friede« ist hier nicht im Sinne der Umgangssprache als Friede zwischen den Völkern, zwischen Ehepartnern, zwischen Nachbarn gemeint, ist Jesus doch nicht gekommen, Frieden zu bringen, sondern das Schwert (Mt 10, 34 f.). Und das Johannesevangelium betont: »Frieden hinterlasse ich euch, meinen Frieden gebe ich euch; nicht einen Frieden, wie die Welt ihn gibt, gebe ich euch. Euer Herz beunruhige sich nicht und verzage nicht« (14, 27). Gemeint ist also der innere Friede, der Friede des Herzens. Der innere Friede, verbunden mit dem Bemühen zu möglichst biophiler Lebensorganisation, die jede destruktive Aggressivität, jede aktive Intoleranz, jedes moralische Verurteilen ausschließt. Sie wird auch äußeren Frieden schaffen. Es ist ein fataler Irrtum unserer Zeit, Menschen könnten äußeren Frieden schaffen, ohne daß zuvor der innere Friede in ihnen gefestigt wäre. Die Instrumente des Friedensschaffens, wie sie etwa die UNO bereitstellt, sind denkbar wenig geeignet, ihr Ziel zu erreichen.

⑧ *»Selig, die um der Gerechtigkeit willen verfolgt werden, denn ihnen gehört das Himmelreich.«* Mitunter wird der Satz so gelesen, daß die Menschen, die sich um menschliche Gerechtigkeit mühen, dafür mit dem Himmel belohnt werden. Das aber ist hier nicht gemeint. Das »willen« (gr. *heneken*) in »um der Gerechtigkeit willen« sollte man nicht wirkursächlich, sondern zielursächlich verstehen: »Wir werden verfolgt, damit wir gerecht werden« (und nicht: »Wir werden verfolgt, weil wir gerecht sind«).[170] »Gerechtigkeit« bedeutet – wie gesagt – Orientierung auf das Gottesreich. Wir werden also verfolgt, damit wir uns hin aufs Gottesreich orientieren. Solange wir unser Denken, Fühlen und Wollen noch nicht darauf ausgerichtet haben, sehen wir noch nicht die Dinge mit dem Herzen, so wie sie sind, sondern bilden uns bloß Konstrukte der Dinge. Das aber wird unvermeidbar zu Widerstandserfahrungen – vor allem der sozialen Umwelt – führen. Diese Widerstände erlauben es uns, unsere Konstrukte zu korrigieren. Wir sollten also dankbar sein für solche Verfolgungen. Insofern wir kaum jemals unsere Konstrukte realitätsdicht konstruieren (das ist erst möglich, wenn wir wie Kinder, im Gottesreich wieder mit den Augen und den Ohren des Herzens zu sehen und zu hören gelernt haben), ist Verfolgung und damit Leiden unausweichlich. Auch hier kann man sich wieder der ersten edlen Wahrheit des Buddhismus erinnern. Wie wir konkret mit unseren Verfolgern umgehen sollen, zeigt uns die Bergpredigt in zwei Fällen:

170 Vgl. dazu: Hans Deidenbach, a.a.O., 22.

- *»Ihr habt gehört, daß gesagt worden ist: Auge um Auge; Zahn um Zahn*[171]*. Ich aber sage euch: Leistet dem, der euch etwas Böses antut, keinen Widerstand«* (Mt 5, 38). Jesus setzt damit die *Lex talionis* (das Gesetz der Wiedervergeltung) außer Kraft. Nicht gemeint ist, daß man ungerechte Angriffe nicht mit geeigneten Maßnahmen abwehren dürfe, noch weniger, daß man nicht die Übel in der Welt bekämpfen solle. Gemeint ist vielmehr, daß ein Mensch, der sich immer wieder gedanklich oder in Worten mit dem Bösen beschäftigt, das man ihm tatsächlich oder vermeintlich angetan hat, statt dem Schädiger zu verzeihen und positiv von ihm zu denken, das Böse in sich selbst einpflanzt und böse wird. Hier aktualisieren sich die Forderungen Jesu vom Umdenken und vom Nicht-Richten. Wer lange in den Gefühlen des Hasses, der Rache oder der Verbitterung verharrt, behandelt sich selbst und mittelbar auch andere nekrophil. Psychoanalytisch wäre es wünschenswert, diese Emotionen durch Loslassen, Freiwerden (so daß man nicht

171 Das Evangelium beruft sich hier auf das »mosaische Gesetz«: »Ist weiterer Schaden entstanden, dann mußt du geben: Leben für Leben, Zahn für Zahn, Hand für Hand, Fuß für Fuß, Brandmal für Brandmal, Wunde für Wunde, Strieme für Strieme« (Ex 21, 24 f.). »Wenn jemand einen Stammesgenossen verletzt hat, soll man ihm antun, was er getan hat: Bruch um Bruch, Auge um Auge, Zahn um Zahn« (Lev 24, 19 f.). »Und du sollst kein Mitleid aufsteigen lassen: Leben für Leben, Auge für Auge, Zahn für Zahn, Hand für Hand, Fuß für Fuß« (Deut 19, 21). Das ist die Lex talionis (das Gesetz von der Wiedervergeltung), die sich im Kodex Hammurabi und in den assyrischen Gesetzen wiederfindet. Da sie eine Strafe verhängt, die dem angerichteten Schaden entspricht, versucht sie, der Rache Grenzen zu setzen. Das Gesetz der Blutrache wurde in Israel im Laufe der Zeit etwas gemildert. Der go'el, der Bluträcher, konnte sich mit Loskauf begnügen.

von ihnen besessen wird) zu relativieren. Kann man gar, etwa geführt durch Meditationen, sich selbst als Hassender, Auf-Rache-Sinnender beobachten, wird man vermutlich bald über sich selbst lächeln lernen. Mir geht es gelegentlich beim Autofahren so: Ein rücksichtsloser Fahrer biegt etwa aus einer Nebenstraße auf eine Bundesstraße ein und zwingt mich zur Vollbremsung. Ich werde wütend und sinne auf Rache. Ich habe mir in solchen und ähnlichen Situationen angewöhnt, die aggressiven Emotionen, die mich zu beherrschen drohen, dem kleinen Jungen, der ich einmal war und immer noch bin, zuzuordnen. Ich beobachte ihn in seiner Wut und gehe mit ihm um, wie ein kluger Vater mit seinem fünfjährigen wütenden Sohn umgeht: die Sache ernst nehmen, aber nicht tragisch. Ich beobachte den Bengel, hüte mich aber sehr wohl davor, seinem Begehren nachzukommen, ihm meine Erwachsenenstrategien zur Verfügung zu stellen. Und wenn er nach zehn Minuten immer noch wütend ist, sage ich ihm einigermaßen energisch: »Jetzt reicht's« – und fast immer funktioniert es.

- *»Ihr habt gehört, daß gesagt worden ist: Du sollst deinen Nächsten lieben und deinen Feind hassen,*[172] ich

---

172 Das Gebot, den Feind zu hassen, steht so nicht in den heiligen Schriften der Juden. Es ist daran zu denken, daß das sprachlich arme Aramäische meint: »Du sollst deinen Feind nicht lieben.« Der Text, der dem von Jesus vorgestellten Hassensgebot am nächsten kommt, lautet: »Gib dem Guten, nicht aber dem Bösen« (Sir 12, 4). Im Gegensatz zu diesem »Gebot« stehen vor allen Dingen Texte aus dem Buch der Sprichwörter: »Freu dich nicht über den Sturz deines Feindes, dein Herz juble nicht, wenn er strauchelt, damit nicht der Herr es sieht und mißbilligt« (24, 17 f.). »Hat dein Feind Hunger, so gib ihm zu essen, hat er Durst,

aber sage euch: Liebet eure Feinde und betet für die, die euch verfolgen« (Mt 5, 43). Das Gebot der Feindesliebe verwendet das griechische *»agapáo«*, das nicht eigentlich »Lieben« bedeutet, sondern »Hochachten«, »Gernhaben«. Es ist also nicht gemeint, dem Feind Gefühle der Liebe entgegenzubringen. Wir sollen eine ähnliche Einstellung haben wie Gott: Denn der läßt seine Sonne aufgehen über Bösen und Guten, und er läßt regnen über Gerechte wie Ungerechte (Mt 5, 45), behandelt also alle Menschen gleich. Das Gebot der Feindesliebe gebietet uns also, unsere Hochachtung nicht davon abhängig zu machen, ob jemand unser Freund oder unser Feind ist.
Soviel über das Umgehen mit Verfolgern und Feinden. Dabei ist durchaus auch daran zu denken, daß wir, wenn wir im Sinne psychoanalytischer Theorie vor den Ansprüchen unseres Über-Ich versagt haben, oft unbewußt unsere eigenen Verfolger, Ankläger, Feinde und Richter werden. Haben wir nicht gelernt, sinnvoll im Sinne der Bergpredigt mit unseren Verfolgern und Feinden umzugehen, werden wir uns selbst hassen, verachten und bestrafen. Wir werden sehr bald neurotische Symptome ausbilden oder andere Formen der Selbstbestrafung bis hin zur Todesstrafe finden. Zu solchen Strafen gehören etwa alle lebensmindernden Abhängigkeiten wie die von Nikotin, von Alkohol, von zu schnellem Autofahren, von Arbeit.

---

gib ihm zu trinken; so sammelst du glühende Kohlen auf sein Haupt, und der Herr wird es dir vergelten« (25, 21 f.).

b) Salz der Erde und Licht der Welt (Mt 5, 13–16)

»Ihr seid das Salz der Erde. Wenn das Salz seinen Geschmack verliert, womit kann man es wieder salzig machen? Es taugt zu nichts mehr. Es wird weggeworfen und von den Leuten zertreten.« Hier wird deutlich, daß die Bergpredigt keineswegs den Rückzug in die private Innerlichkeit fordert.[173] Das Markusevangelium fügt noch an: *»Habt Salz in euch, und haltet Frieden untereinander«* (9, 50). Wer aber ist »Salz der Erde«? Sicherlich sind damit die Menschen gemeint, die auf die Vollendung des Gottesreichs hin leben, Menschen, die in den Seligpreisungen »glücklich« genannt werden. Offenbar ist Jesus der Meinung, daß schon wenige dieser Menschen ausreichen, um die Erde zu salzen, ihr den Geschmack des Göttlichen zu geben. Wer nicht den Geist der Seligpreisungen zu leben versucht, ist dumm (»schal« ist eine Fehlübersetzung). Das Salzsein und die Beachtung der Seligpreisungen stehen zueinander in dialektischer Beziehung. Das eine kann nicht sein ohne das andere. Hier wird auch deutlich, daß sich die Seligpreisungen nicht auf spätere Weltzustände beziehen, sondern auf ganz normales Christsein heute. In besonderer Weise wären die Kirchen verpflichtet, Salz der Erde zu sein. Das sind sie aber nur, wenn sie in ihren führenden Mitgliedern die Seligpreisungen jetzt und heute ernsthaft zu realisieren versuchten – und nicht auf ihr Gelten im vollendeten Gottesreich verweisen würden.
»Ihr seid das Licht der Welt. Eine Stadt, die auf einem Berge liegt, kann nicht im Verborgenen bleiben ... So soll euer Licht leuchten, damit die Menschen eure guten Werke sehen

173 Hans Deidenbach, a.a.O., 24.

und euren Vater im Himmel preisen.« »Werke« meint die in der Bergpredigt genannten Einstellungs- und die daraus resultierenden Verhaltensweisen. Jesus stellt hier klar, daß das Verhalten von Christen sich erhebbar von dem von Nicht-Christen abheben muß. Ist Christsein nicht mehr bemerkbar, ist es zu einer rein innerlichen Sache geworden, ist es gestorben: gestorben in den Herzen von Menschen, gestorben im Zentrum der Kirchen. Menschen, die von der Bergpredigt erfaßt wurden, leuchten. Sie sind das Licht der Welt. In aller Dunkelheit des Widergöttlichen scheint in ihnen und durch sie das Göttliche in dieser Welt. Nicht selten wirken sie auf andere sehr überzeugend. Licht sollen wir sein für andere. Können wir das, ohne vom Göttlichen erleuchtet zu sein? Nicht der Fortschritt der Technik bringt mehr Menschlichkeit, sondern das Licht. »Licht« ist ein Name des Göttlichen. Im Prolog zum Johannesevangelium heißt es: »Das wahre Licht, das jeden Menschen erleuchtet, kam in die Welt« (1, 9).

c) Die Erfüllung des Gesetzes (Mt 5, 17–20)

»Denkt nicht, ich sei gekommen, um das Gesetz und die Propheten aufzuheben. Ich bin nicht gekommen, um aufzuheben, sondern um zu erfüllen ... Darum sage ich euch: Wenn eure Gerechtigkeit nicht größer ist als die der Schriftgelehrten und Pharisäer, werdet ihr nicht in das Himmelreich kommen.« Will Jesus damit den alten jüdischen Legalismus ins Gottesreich hinüberretten? Das ist ganz sicher nicht der Fall. Er verpflichtet weder sich noch seine Jünger, den 613 Geboten der Thora und ihren zahlreichen Auslegungen zu folgen. So hält er sich etwa nicht an das Sabbatgebot und die

Vorschriften über Unreinheit. Was meint also die Formel »Gesetz und Propheten« bei Jesus? Er selbst sagt es uns: Es ist die berühmte »Goldene Regel«, die in allen großen Religionen vorkommt und durchaus als die formale Norm angesehen werden kann, die sich unter verschiedenen Umständen sehr verschieden material auslegen kann.[174] Sie lautet: *»Alles, was ihr von anderen erwartet, das tut auch ihnen«*[175]

174 Formal ist eine Norm, wenn sie in verschiedenen Situationen material verschieden ausgelegt werden kann. Was in einer Situation normgerecht ist, kann in einer anderen normwidrig sein. Wenn ich erwarte, daß mich die Polizei beim Falschparken erwischt, sollte ich nicht andere beim Falschparken erwischen wollen. Wenn ich dagegen erwarte, daß andere mein Anliegen verstehen, dann sollte auch ich mich mühen, ihr Anliegen zu verstehen. Die Gebote der Thora sind nahezu ausschließlich materiale Normen. Solche Normen gelten unabhängig von den Umständen. So sind etwa die »Zehn Gebote« solche materiale Normen. Der Nachteil solcher materialer Normen ist, daß sie den Handelnden aus seiner Verantwortung entlassen. Folgt er der Norm, trägt der Normengeber (etwa Gott) die Schuld für die Handlungsfolgen. Nach jüdischer Vorstellung ist der »gerecht«, der allen materialen Normen folgt. Die Goldene Regel (oder auch die Biophilie-Maxime, welche durchaus der Goldenen Regel gehorcht) ist eine formale Norm, die den Handelnden nie aus seiner Verantwortung für die Folgen seiner Handlung entläßt. Er muß in jedem Einzelfall die mit zumutbarem Aufwand erkennbaren positiven wie negativen Folgen seines Handelns oder Unterlassens gegeneinander abwägen.

175 Sollte ein Mensch ein sehr negatives Menschenbild (etwa des Typs »Jeder ist sich selbst der Nächste!«) haben, wird man statt der positiven die sprichwörtliche negative Formulierung der Goldenen Regel wählen: »Was du nicht willst, daß man dir tu', das füg' auch keinem andern zu.« Da wir Menschen nur an zweiter Stelle von unserem verantworteten Handeln gesteuert werden, sondern es uns geht wie Paulus, der klagt: »Denn nicht das Gute, das ich will, sondern das Böse, das ich nicht will, tue ich. Wenn ich aber das tue, was ich nicht will, dann bin nicht mehr ich es, der so handelt, sondern die in mir wohnende Sünde« (Röm 7, 19 f.). Wir würden heute nicht von einer innewohnenden Sünde

und Jesus fährt fort: »Darin besteht das Gesetz und die Propheten« (Mt 7, 12). Die Goldene Regel wird von Jesus keineswegs moralisierend-fordernd vorgestellt. Man kann sie als eine psychologisch gut begründete Regel verstehen, die Sozialverträglichkeit zwischenmenschlichen Verhaltens optimiert. Interessant ist, daß die Goldene Regel sich nur auf die Mitmenschen bezieht. Möchte man sie als moralische Regel lesen, müßte man zugleich feststellen, daß es keine »Sünden wider Gott« gäbe. Selbst das dritte Gebot, das von der Sabbatruhe, wäre nur insoweit moralisch verbindlich, als es Sozialverträglichkeit optimiert. Insofern in ihr Gott nicht vorkommt, ist sie a-theistisch. Sie gilt für alle Menschen aller Glaubensüberzeugungen, jeder Rasse und jeder Kultur. Auch das »zweite Gebot«: »Du sollst den Nächsten lieben wie dich selbst« (Mt 22, 39), formuliert wenigstens einen Aspekt der Goldenen Regel. Es ist seine alttestamentarische Gestalt (Lev 19, 18).

Jetzt wird auch deutlich, warum Jesus den Schriftgelehrten und Pharisäern mangelnde Gerechtigkeit vorwirft. Sie versuchen, den materialen Normen der Thora möglichst exakt zu folgen, beachten dabei aber nicht die formale Goldene

---

sprechen, sondern von unbewußten Prozessen und Mechanismen. Auch in diesem Fall wäre es wohl angemessener, die negative Form der Goldenen Regel zu wählen. Übrigens ist die Überzeugung, die Goldene Regel enthalte das ganze Gesetz und die Propheten keineswegs eine Erkenntnis Jesu. So berichtet die rabbinische Literatur von einem Präsidenten des Sanhedrin, Hillel dem Alten, daß er 20 Jahre v. Chr. einem konversionswilligen Menschen die Goldene Regel als die Summe der Thora bezeichnet: »Was dir verhaßt ist, tue keinem anderen! Das ist das ganze Gesetz. Alles andere ist nur Kommentar« (K. O. Schmidt, Die Goldene Regel [3. Aufl.], München (Eichen) 1985, 65). Hillel verwendet also die negative Formel.

Regel und verhalten sich so sozialunverträglich: »Weh euch, ihr Schriftgelehrten und Pharisäer, ihr Heuchler, ihr gebt den Zehnten von Minze, Dill und Kümmel und laßt das Wichtigste im Gesetze außer acht: Gerechtigkeit, Barmherzigkeit und Treue« (Mt 23, 23). Es hat in den christlichen Kirchen nie an Versuchen gefehlt, mit einer Vielzahl materialer Normen Menschen zu disziplinieren. Und keineswegs ist der Maßstab dieser Normen die Goldene Regel (was man etwa von den Zehn Geboten durchaus sagen kann). Selbst *Paulus*, der sich mitunter weit von den etwa im Markusevangelium tradierten Vorstellungen Jesu entfernt, kann nicht umhin, heftig gegen den Legalismus zu polemisieren: »Zur Freiheit hat uns Christus befreit. Bleibt daher fest und laßt euch nicht von neuem das Joch der Knechtschaft (des Gesetzes) auflegen!« (Gal 5, 1).

d) Von der Versöhnung (Mt 5, 21–26)

»Ihr habt gehört, daß zu den Alten (im fünften mosaischen Gebot) gesagt worden ist: Du sollst nicht töten; wer aber jemanden tötet, soll dem Gericht verfallen sein. Ich aber sage euch: Jeder, der seinem Bruder auch nur zürnt, soll dem Gericht verfallen sein.« Sechsmal verwendet Jesus in den folgenden Versen der Bergpredigt die Redewendung: »Ihr habt gehört, daß zu den Alten gesagt worden ist . . ., ich aber sage euch . . .« Immer wieder kommt es ihm darauf an zu zeigen, daß sozialunverträglichem Handeln eine sozialunverträgliche Einstellung zugrunde liegt. Und die gilt es zu beheben. Wir Menschen sind zu schwache Wesen, als daß wir dauerhaft gegen unsere Einstellungen und Orientierungen handeln könnten. Also gilt es diese zu korrigieren. Es gilt die

Ursachen zu beheben, wenn man die Wirkungen vermeiden will. So ist auch das »Dem-Gericht-verfallen-Sein« keine juristische Aussage, sondern eher eine psychologische. Wer seinem Mitmenschen dauerhaft zürnt, wird vor das Gericht des eigenen Unbewußten gestellt. Fixieren wir uns auf das Böse, das uns andere tatsächlich oder vermeintlich angetan haben, bleiben wir darauf fixiert. »Unsere Gedanken, Gefühle und Vorstellungen wirken unvermeidlich wie ein Bumerang auf uns selbst zurück.«[176] Wir erhalten das Böse in unserem Unbewußten, und hier kann es sein böses Spiel treiben bis hin zum neurotischen Ende.

»Wenn du deine Opfergabe zum Altar bringst und dir dabei einfällt, daß dein Bruder etwas gegen dich hat, so laß deine Gabe dort vor dem Altar liegen; geh und versöhne dich mit deinem Bruder, dann komm und opfere deine Gabe.«

Sicherlich liegt es Jesus fern zu moralisieren. Also darf auch dieser Text nicht moralisierend gelesen werden, sondern muß als eine Aufforderung verstanden werden, sich sozialverträglich zu verhalten. Eigentümlich wirkt der Text, daß nicht der zur Versöhnung gerufen wird, der etwas gegen einen anderen hat, ihm etwa zürnt, sondern genau umgekehrt: Der soll sich versöhnen, gegen den ein anderer etwas hat (ihm etwa zürnt). Die Umkehr der beiden Passagen dieses Abschnitts werden dann leicht verständlich, wenn man dahinter die Regel sieht: Es ist gleichgültig, wer etwa mit dem Zürnen angefangen hat. Ein Streit um die Schuld des Anfangs führt zu nichts. Ob ich oder ein anderer mit dem Streiten begann, sozialverträglich ist es, zumindest Versöhnung zu versuchen. An einem sozialen Konflikt, der sich

176 Hans Deidenbach, a.a.O., 30.

stets als Kommunikationsstörung vorstellt, sind stets beide Partner beteiligt. Befreiung geschieht nur durch Vergebung. Gegnerschaft kann unvermeidbar sein. Aber im guten Denken über den Gegner verliert sie ihre nekrophile Funktion.

e) Vom Ehebruch (Mt 5, 27–30)

»Ihr habt gehört, daß (im sechsten und zehnten mosaischen Gebot) gesagt worden ist: Du sollst nicht die Ehe brechen. Ich aber sage euch, wer eine Frau auch nur lüstern ansieht, hat in seinem Herzen schon die Ehe gebrochen.« Wieder will Jesus nicht moralisieren, sondern an einem weiteren Beispiel aufzeigen, daß eine mit starken Emotionen besetzte Vorstellung einer Handlung dieselben psychischen Wirkungen hat wie die Handlung selbst. Das Unbewußte verarbeitet beides in recht ähnlicher Weise – und zwar lebensmindernd. *»Wenn dich dein rechtes Auge zum Bösen verführt, dann reiß es aus und wirf es weg. Es ist besser für dich, daß eines deiner Glieder verlorengeht, als daß dein ganzer Leib in die Hölle geworfen wird.«* Wenn dich also eine bestimmte Sicht der Dinge zum Bösen (zum sozialunverträglichen Handeln und Verhalten) verführt, dann gib diese unbedingt auf, wenn du das Gottesreich nicht verfehlen willst. Ändern wir die Sichtweise (dynamisieren wir also unsere Konstrukte), so können wir uns von lebensmindernden Einstellungen befreien. Es ist sehr notwendig, gelegentlich die eigenen Routinen zu sehen und auf ihre Biophilie hin zu überprüfen. Die Routine mit ihren Selbstverständlichkeiten kann zu einer üblen Falle werden.

f) Von der Ehescheidung (Mt 5, 31f.)

»Ferner ist gesagt worden: Wer seine Frau aus der Ehe entläßt, muß ihr eine Scheidungsurkunde geben (Dt 24, 1). Ich aber sage euch, wer seine Frau entläßt, obwohl kein Fall von Unzucht (genauer: der Prostitution) vorliegt, liefert sie dem Ehebruch aus; und wer eine Frau heiratet, die aus der Ehe entlassen worden ist, begeht Ehebruch.« Ehebruch ist nach mosaischem Gesetz nicht etwa ein sexuelles Vergehen, sondern nach der älteren (eloistischen) Fassung der Zehn Gebote ein klares Eigentumsdelikt: Das zehnte Gebot lautet: »Du sollst nicht nach der Frau deines Nächsten verlangen, nach seinem Sklaven, seinem Rind, seinem Esel oder nach irgend etwas, das deinem Nächsten gehört« (Ex 20, 17). Auch zur Zeit Jesu war eine Frau noch nahezu hilflos der Willkür ihres Mannes ausgeliefert. Diese Einstellung will Jesus ändern. Frauen sind den Männern gleichwertige Wesen und nicht etwa Eigentum der Männer. Jesus hat zu Frauen, die ihn während seiner Wanderpredigerzeit begleiteten, ein recht unbefangenes Verhältnis. Auch die samaritanische Frau am Jakobsbrunnen behandelte er durchaus als ihm gleichwertig. Was er mit keinem seiner Apostel je tat: Er führt mit ihr ein theologisches Gespräch. Solange wir nicht in Konflikten den Partner als uns gleichwertig wahrnehmen und die »Schuld« vorwiegend beim anderen suchen, werden wir niemals zu einer biophilen Lebenseinstellung finden. Das Entlassen einer Frau steht für das Fortlaufen vor Problemen. Wer flüchtet und nicht standhält, wird kaum jemals sein soziales Leben reich entfalten können.

g) Vom Schwören (Mt 5, 33–36)

»Ihr habt gehört, daß zu den Alten gesagt worden ist: Du sollst keinen Meineid schwören (d.h. den Namen Gottes nicht mißbrauchen), und du sollst halten, was du dem Herrn geschworen hast. Ich aber sage euch: Schwört überhaupt nicht ... Euer Ja sei ein Ja und euer Nein ein Nein; alles andere stammt vom Bösen.« Auch hier geht es nicht um Handeln, sondern um Einstellungen. Jesus fordert Menschen auf, authentisch zu sein. Wer schwört, versucht, seine angezweifelte oder nicht wahrgenommene Authentizität zu kompensieren. Authentizität ist mehr als Wahrhaftigkeit, schließt diese aber ein. Authentisch handelt und verhält sich ein Mensch, der weiß, wer er ist, der seinem Stern folgt. Er setzt sein Selbstkonstrukt dauernder Bewährung aus. Es wird ihm helfen, um sich herum ein biophiles Feld aufzubauen. Er wird nicht auf den Einfall kommen, sein Ja oder sein Nein zu beeiden. Wenn man ihm nicht glaubt, dann eben nicht.

h) Vom Almosen geben (Mt 6, 1–4)

»Hütet euch, eure Gerechtigkeit vor den Menschen zur Schau zu stellen, sonst habt ihr keinen Lohn von eurem Vater im Himmel zu erwarten ... Dein Almosen soll verborgen bleiben, und dein Vater, der auch das Verborgene sieht, wird es dir vergelten.« Nicht selten handeln Menschen nach den Regeln: »Tue Gutes und sprich darüber!« und noch ärger: »Tue Gutes und sorge dafür, daß andere Menschen darüber sprechen!« Nicht nur Menschen handeln nach solchen Regeln, sondern auch Unternehmen, Staaten, Kirchen,

getreu dem Motto: Was nutzt es mir, Gutes im verborgenen zu tun? Es ist das reiner Aufwand, dem kein Ertrag entgegensteht. Die Maxime, gegen die Jesus hier angeht, läßt sich vielleicht so formulieren: »Versuche, mit einem Minimum an sozialem, emotionalem, zeitlichem, finanziellem Aufwand ein Maximum an sozialem Ertrag (Anerkennung, Ansehen, Einfluß) zu erwirtschaften. Menschen, die bewußt oder unbewußt ihr Leben nach diesem ökonomischen Prinzip ausrichten, können nicht mehr ohne Zwecke handeln. Alles muß einen Nutzen bringen. Ihnen ist das Kindsein mit dessen Werten verlorengegangen: Kinder spielen, lieben noch zwecklos, einfach um zu spielen oder um zu lieben. Ein verzwecklichtes Leben ist jedoch ein armes Leben, weil ein Mensch, der solch ein Leben lebt, von den Zwecken seines Handelns – und das heißt immer: aus zweiter Hand – gelebt wird.

Das öffentliche Almosen-Geben wirkt fast immer recht herablassend. Der, der öffentlich Almosen gibt, übt in gewissem Sinn Herrschaft über den Empfänger aus. Da Jesus aber von der Gleichwertigkeit aller Menschen, der guten wie der bösen, ausgeht, sollte ihm ein solches Wort fremd sein. Und in der Tat ist »Almosen« eine Fehlübersetzung. In der ursprünglichen Bedeutung meint das griechische *»eleemosyne«* Barmherzigkeit. In Laufe der Zeit wandelte sich seine Bedeutung hin zum herablassenden Geben. Diese um ihrer selbst willen schenkende Barmherzigkeit setzt eine Einstellung zum Eigentum voraus, die sicherlich auch heute noch nicht sehr verbreitet ist: Wir sind vor dem Anspruch des Göttlichen nur Verwalter unseres Eigentums. Wer Almosen gibt, setzt aber meist voraus, er sei Herr seines Eigentums. In mancherlei Gleichnissen macht Jesus deutlich, daß wir im

materiellen Eigentum nur von Gott zugeteiltes Gut verwalten. Und wenn wir barmherzig sind, werden wir das uns anvertraute Gut mit Bedürftigen teilen – einfach um des Teilens willen und nicht, um einen für uns günstigen Zweck zu erreichen.
Der Text »Dein Vater wird es dir vergelten« kann ebenfalls zu Mißverständnissen führen. Gemeint ist hier sicherlich nicht eine Vergeltung nach dem Tode. Das griechische *»apodidemi«* bedeutet »zurückgeben«. Wichtige alte Handschriften fügen noch hinzu: *»en to phanero«* (sichbar, vor aller Augen). Diese Deutung, daß Gott das in Barmherzigkeit selbstzwecklich Gegebene schon in diesem Leben wieder zurückgeben wird, paßte jedoch, wie *H. Deidenbach*[177] vermutet, nicht in den supranaturalistischen Kontext mancher ekklesialer Interessen. Wie ist es denn mit der zweckfreien Barmherzigkeit bestellt? Menschen sterben in den Drittweltländern vor Hunger und vergiften sich durch das Trinken verdorbenen Wassers. Und die Länder der ersten Welt schauen voller Betroffenheit zu. Die Betroffenheit ist der Ersatz fürs Handeln geworden, die Spende die Entschuldung des eigenen Gewissens. Zwar versprach die BRD einmal, 0,7 % des BSP an Entwicklungshilfe zu zahlen. Unter der Führung zweier sich christlich nennender Parteien wurde daraus kaum die Hälfte. Die Produktion vieler Drittweltländer wird von der EU, aber auch von Japan und den USA durch hohe Zölle abgeblockt, so daß sie nicht die lebensnotwendigen Devisen erwirtschaften können. Wo bleibt da die Weisheit, daß nur derjenige, der gibt, auch erhalten wird? Es kommt dabei nicht darauf an, wieviel wir hergeben, son-

177 A.a.O., 51.

dern auf die rechte Gesinnung, wie folgende uns vom Markusevangelium (12, 41–44) berichtete Geschichte zeigt: Jesus saß einmal in der Nähe des Opferkastens im Tempel. Viele Reiche kamen und gaben viel. Dann aber kam auch eine arme Witwe und warf zwei kleine Münzen hinein. Und Jesus sagte zu seinen Jüngern: »Diese arme Witwe hat mehr in den Opferstock hineingeworfen als alle anderen, denn sie haben nur etwas von ihrem Überfluß hergegeben; diese Frau aber, die kaum das Nötigste zum Leben hat, sie hat alles gegeben, was sie besaß, ihren ganzen Lebensunterhalt.«
Das tatsächliche, von egoistischen Zwecken freie Weggeben von etwas ist nicht nur für den Empfänger, sondern auch für den Geber von zentraler Bedeutung. Es ist die leichteste Form des Loslassens. Im barmherzigen zweckfreien Hergeben kann das von Jesus so sehr geforderte Loslassen eingeübt werden. Man kann durchaus zu Recht bezweifeln, daß ein Mensch, der nicht von materiellem Besitz loslassen kann, erst recht nicht von seinem geistigen und von sich selbst frei werden kann. Das Umdenken, die *metanoia*, wird ihm kaum gelingen.

i) Vom rechten Beten (Mt 6, 5–15)

»Wenn ihr betet, macht es nicht wie die Heuchler. Sie stellen sich beim Gebet gern in die Synagogen und an die Straßenecken, damit sie von den Leuten gesehen werden . . . Du aber geh in deine Kammer, wenn du betest, und schließ die Tür zu; dann bete zu deinem Vater, der im Verborgenen ist. Dein Vater, der auch im Verborgenen sieht, wird es dir vergelten. Wenn ihr betet, sollt ihr nicht plappern wie die Heiden, die meinen, sie werden nur erhört, wenn sie viele Worte

machen. Macht es nicht wie sie; denn euer Vater weiß, was ihr braucht, noch ehe ihr ihn bittet.« In der Tat hat Jesus niemals in der Öffentlichkeit gebetet (sieht man einmal von einem möglichen Gebet am Kreuz ab), sondern er ging immer ganz allein auf Berge, um zu beten. Sicherlich kann man den Text auch als Aufforderung lesen, nicht in der Öffentlichkeit oder in Gruppen zu beten. Zudem mag er jedoch auch den Sinn haben, der von einer zunächst nicht naheliegenden Bedeutung von »Verborgen« ausgeht.[178] Das »Verborgen« mag das eigene Innere bedeuten. Bete zu dem in dir verborgenen Göttlichen. Es wird dir in dieser Verborgenheit erwidern. Das jedenfalls ist die Erfahrung der Mystiker: Das Göttliche ist in mir verborgen und sonst nirgends. Nur hier kann ich ihm begegnen. Wer so betet, dem wird das Göttliche in ihm, für alle erkennbar, zurückgegeben.

Über die Problematik des Bittgebets haben wir schon gehandelt und bedacht, was es heißt, daß das Göttliche in uns weiß, was wir benötigen, ohne daß wir ihm das sagen müssen. Beten ist also nicht an erster Stelle ein Bitten, sondern ein Dem-Göttlichen-in-uns-Begegnen. Und dieses Göttliche ist von uns nicht manipulierbar. Es führt und lenkt uns, wenn wir uns ihm überlassen, stets auf rechtem Weg. Eine realistische Interpretation des Bittgebets führt notwendig in das Theodizee-Dilemma: Entweder ist Gott gut, dann erhört er unser Beten und schafft alle Not, um deren Beseitigung wir bitten, weg, oder aber es gibt keinen guten Gott. In allen drei semitischen Großreligionen besteht die Gefahr, das Göttliche so sehr zu personalisieren, daß wir es

178 So etwa Hans Deidenbach, a.a.O., 56.

für manipulierbar halten und nicht um alles wissend. Die Vorstellung eines Gottes, der nur gut ist, wenn man ihn darum bittet, ist absurd. Es ist blasphemisch, wenn man sich Gott als eine ins Gigantische vergrößerte quasimenschliche Person vorstellt. Das Personsein des Göttlichen erschöpft sich – wie gesagt – darin, daß wir zu ihm du sagen dürfen. Jedes von dem Göttlichen gemachte Bild ist eher falsch als richtig. Das Bittgebet hat einzig die Funktion, die erste Seligpreisung für uns realistisch zu machen: die Anerkenntnis unserer eigenen Ohnmacht und Leere.

Völlig unsinnig ist die Vorstellung, das Göttliche in uns kompensiere auf unsere Bitte hin unser eigenes Versagen. Wenn jemand schlecht studiert hat, wird das Bittgebet, das Examen zu bestehen, wenig helfen. Die Erkenntnis, daß es von uns Menschen abhängt, was wir mit uns, mit unseren Mitmenschen und mit unserer Erde machen, kann und darf nicht durch die Vorstellung magischer Kräfte des Bittgebets verdunkelt werden. Nicht wenige Menschen wenden sich enttäuscht von Religionen ab, weil ihre Bittgebete selten oder nie erhört wurden. Hier liegt in der Verkündigung der Jesusbotschaft noch vieles im argen.

Wie aber sollen wir beten? Offenbar ist das Gebet, welches Jesus seine Jünger lehrt, mehr als eine Abfolge von Bitten, es ist die gebetete Zusammenfassung der Bergpredigt:[179]

- *»Unser Vater im Himmel«:*
  Das Wort »Vater« kann leicht mißverstanden werden. Wie schon gesagt, projizieren wir unvermeidlich in dieses Wort die Erfahrungen mit dem eigenen Vater und sehen so

---

179 Vgl. dazu: Hans Deidenbach, a.a.O., 62–82.

Gott in gewisser Analogie zum eigenen Vater. »Vater« meint hier aber etwas anderes. Es ist die Bezeichnung für das Göttliche, aus dem heraus wir unser Leben in allen seinen Dimensionen erhielten, und der Hinweis darauf, daß wir Anteil haben an seiner göttlichen Natur (2 Petr 1, 4). Der »Vater« lieh uns etwas von seinem Leben, und wir werden ihm diese Leihgabe im Tod zurückgeben. In ihm leben wir, und er lebt in uns. Das Wort »unser« in »unser Vater« zeugt von der Einheit aller Menschen aller Zeiten vor dem Göttlichen. Alle Menschen haben denselben Vater. Das aber bedeutet, daß alle Menschen eine reale Einheit bilden. Die Einheit muß nicht erst hergestellt werden, sie ist schon vorhanden. Und diese vorhandene Einheit gilt es bewußtzumachen. Es ist das sicherlich nicht die Einheit im Sinne einer Organtheorie, nachdem die Menschheit einen Leib bildet und die Einzelnen nur Organe dieses Organismus bilden, wie *Paulus* im Römerbrief (12, 4 f.) nahezulegen scheint, sondern die Einheit der Menschen, die in das Göttliche, das bestimmt ist durch den Prozeß Liebender–Geliebter–Liebe, hineingenommen worden sind. In diesem Sinne sind alle Menschen für alle verantwortlich. Wir müssen mit Menschen und Natur so umgehen, daß wir in Gegenwart wie in Zukunft Leben von Menschen eher mehren denn mindern. Die Verantwortung für die Zukunft scheint uns abhanden gekommen zu sein, wenn es uns nur in der Gegenwart gutgeht. Staatsverschuldung und Umweltverschmutzung, Ressourcenvergeudung und Überbevölkerung der Erde scheinen nekrophile Vorgaben an das Zukünftig zu sein. Das »unser« in »unser Vater« verpflichtet uns jedoch – nicht im Sinne einer moralisierenden Verpflichtung, sondern einer ontologischen Selbstverständlichkeit. Das »unser« ist sogar auf die ganze Welt, als Schöpfung verstanden, zu beziehen, denn auch sie entstammt dem Göttlichen. Die Einheit des Kosmos ist nicht nur Überzeugung der meisten Religionen, sondern auch der Physik, wenn sie annimmt, daß alles in der Welt durch virtuelle Feldquanten miteinander verbunden ist. Dann aber bedeutet »unser« auch, daß wir das Gebet als Gebet der ganzen Schöpfung sprechen und uns im Beten verpflichten, uns als Hüter dieser Schöpfung zu verhalten.

- *»Dein Name werde geheiligt«:*
  Nach jüdischer Auffassung ist der Name eines Menschen der Mensch selbst. Verfüge ich über einen Namen, verfüge ich auch über den Menschen, der diesen Namen trägt. Auf die Frage nach dem Namen des ihn Sendenden antwortet Gott dem *Mose:* »Ich-bin-da«.[180] »So sollst du zu den Israeliten sagen: Der Ich-bin-da hat mich zu euch gesandt ... Das ist mein Name für immer, und so wird man mich nennen in allen Generationen« (Ex 3, 14 f.). *Paulus* nimmt in seiner Rede auf dem Areopag diesen Namen wieder auf, wenn er sagt: »In ihn leben wir, bewegen wir uns und sind wir« (Apg 17, 28). Das »Dein Name werde geheiligt« nimmt ein göttliches Gebot aus dem *Buch Ezechiel* auf: »Meinen großen, bei den Völkern entweihten Namen, den ihr mitten unter ihnen entweiht habt, werde

180 Der hebräische Text ('ehje 'ascher 'ehje) bedeutet eher »Ich bin, was ich bin« (das käme einer Verweigerung einer Antwort auf die Frage nach dem Namen gleich). Er kann aber auch bedeuten: »Ich bin der, der ist«, dann wäre die im Text vorgestellte Bedeutung stimmig.

ich wieder heiligen« (36, 23). Was meint »Heiligen«? Das mittelhochdeutsche *»heilec«* bezeichnet »(der Gottheit) gehörig«. Ich denke, daß kein Name mehr entheiligt wurde als der Name des Göttlichen: »Gott«. In seinem Namen geschahen die größten Scheußlichkeiten, die Menschen anderen antaten und noch antun. Nicht nur die Kreuzzüge wurden »im Namen Gottes« geführt, auch die auf Hiroshima abgeworfene Atombombe war von christlichen Pfarrern »im Namen Gottes« gesegnet worden. Es kommt darauf an, der Bitte um Heiligung des göttlichen Namens, insofern sie eine Einstellung bewirken soll, auch Taten folgen zu lassen. Die wichtigste ist sicherlich, den Namen des Göttlichen nicht zu entheiligen. Nicht zufällig heißt das zweite mosaische Gebot: »Du sollst den Namen des Herrn, deines Gottes, nicht mißbrauchen« (Ex 20, 7).

- *»Dein Reich komme«:*

Nach dem schon erwähnten Zeugnis des Lukasevangeliums ist das Reich Gottes schon unter *(»entós«)* uns. Warum sollen wir dann noch um sein Kommen beten? Wir beten um die allgemeine Erfahrbarkeit seines Reiches. Wir erleben das Kommen und Gehen aller möglicher »Reiche« – nicht aber das des Göttlichen. Alle unsere Konstrukte stammen aus den Erfahrungen unserer individuellen wie kollektiven Vergangenheit. Und beide liefern Elemente für unser Konstrukt »Reich«. Jedes Konstrukt »Reich« ist also stets »unser Reich«. »Unser Reich« ist immer ein Reich der Vergangenheit. Das Reich des Göttlichen jedoch ist immer ein Reich der Zukunft. Es ist gar »die absolute Zukunft«. Die Bitte um »dein Reich« bedeutet also wieder einmal die Bitte um die Aufhebung unserer

Konstrukte, die Bitte, Realität zu erfahren, die nur das Herz sehen kann. An anderer Stelle merkt die Bergpredigt an: *»Sorgt euch nicht um euer Leben und darum, daß ihr etwas zu essen habt . . ., denn um all das geht es den Heiden. Euer himmlischer Vater weiß, daß ihr das alles braucht. Euch aber muß es zuerst um sein Reich und um seine Gerechtigkeit gehen; dann wird euch alles andere dazugegeben«* (Mt 6, 25, 32 f.). Es ist sehr wichtig, daß wir erkennen, daß alle unsere Konstrukte von »Reich« heidnisch-gottlos sind. Die Aufgabe dieser Konstrukte vom »Reich«, das unser Leben schützt und für unser Wohlergehen sorgt, ist Jesus wichtig. Unsere Sorge soll vor allem dem Reich Gottes gelten, d. h. nicht *meinem* Reich, sondern dem *realen* Reich, das nur mein Herz sieht, abgelöst von allen individuellen und kollektiven Erfahrungen, die unser Unbewußtes speichert. Die Heiden kümmern sich zuerst um die Wirkungen (Leben, Versorgung), Christen sollten sich zuerst um die Ur-Sache[181] (das Göttliche und sein Reich) kümmern. Sein Reich kann aber nur unter uns werden, wenn es gelingt, radikal umzudenken, von unseren liebgewordenen Vorstellungen und Vorurteilen zu lassen, uns ihrer zu entleeren und sie in ihrer Relativität zu erkennen. Denn »Gottesreich« bedeutet die Umwertung nahezu aller Werte der Erwachsenenwelt und die Aufwertung der Werte der Kindwelt.

- *»Dein Wille geschehe wie im Himmel so auf der Erde«:* Hier kommt es wieder auf die Entgegensetzung: »unser Wollen« und »dein Wille« an. »Unser Wollen« gründet in

181 Vgl. dazu: Hans Deidenbach, a.a.O., 67.

unseren Konstrukten, also in der individuellen und in Sozialisationsprozessen übernommenen kollektiven Vergangenheit. »Dein Wille« richtet sich aber auf das Zukünftige, von dem wir, in unseren Konstrukten gefangen, nicht die geringste Ahnung haben. Erst wenn es uns gelingt, unser Selbstkonstrukt zu transzendieren, werden wir in diesem »Jenseits des Ich« das lebende Wollen des Göttlichen begreifen – erfahren, wie etwas sein soll. Manchen Menschen vermittelt das »Dein Wille geschehe« ein Gefühl tiefer Geborgenheit. Es könne ihnen ja letztlich nichts Arges geschehen, wenn Gottes Wille geschähe. Dennoch kann Jesus das nicht gemeint haben. Denn obwohl Milliarden von Menschen das »Dein Wille geschehe« beteten, hat sich die Menge von Unheil unter uns Menschen eher gemehrt als gemindert. Vielmehr ist es das Wollen des Göttlichen, daß wir uns auf die Vollendung des Gottesreiches zubewegen und daß wir von seinem Angebot, im schon bestehenden Gottesreich, das ergreifen, was wir ergreifen wollen. Das Angebot Gottes bezieht sich auf alles, was wir zu unserem (emotionalen, sozialen, physischen) Leben benötigen. Und er weiß, was wir brauchen, ehe wir ihn darum bitten (Mt 6, 8). In den Gleichnissen von Arbeitern im Weinberg (Mt 20, 1–16) und vom verlorenen Sohn (Lk 15, 11–32) zeigt Jesus deutlich, daß das Göttliche uns alles gewährt, was wir brauchen, wenn wir es ergreifen, ohne alles Bitten. Das »wie im Himmel, so auf der Erde« meint einfach »immer und überall«. Ob man aus diesem Text folgern kann, daß Jesus die um 100 vor Christus vermutlich zur hermetischen (fälschlich dem *Hermes Trismegistos* zugeschriebenen) Literatur gehörende *»Rabula smaragdina«* gekannt hat, mag etwas kühn sein. In dieser Schrift steht als zweite These der Satz: »Das, was unten ist, und das, was oben ist; und das, was oben ist, ist gleich dem, was unten ist, um zu vollbringen die Wunderwerke eines einzigen Dinges.«[182] Richtig aber ist, daß Jesus mit »wie im Himmel, also auch auf Erden« eine Bezeichnung verwendet, die »alles« umschließt.

- *»Gib uns heute das Brot, das wir brauchen«:*
  »Brot« steht hier für alles, was wir im Leben benötigen. Das »unser« verweist auf den sozialen (und nicht egozentrischen) Charakter aller Inhalte der Bergpredigt. Die Bitte erinnert stark an die Erzählung vom Manna in der Wüste. »Da sprach der Herr zu Mose: Ich will euch Brot vom Himmel regnen lassen.« Und es regnete Manna. Jeder sammelte davon soviel wie er für sich und seine Familie benötigte. Aber nur für einen Tag (außer am Vortag des Sabbat). Verboten war, mehr zu sammeln (Ex 17, 4–31). Gott gab dem Volk heute das Brot, das es an diesem Tag brauchte. Die Bitte um das Brot ist die einzige, scheinbar profane Bitte des Gebets. Und dennoch widerspricht es unseren Gewohnheiten. Wir sind gewohnt, selbst dafür zu sorgen, daß wir das zum Leben Nötige erwerben und darüber frei verfügen können. Andererseits legt die Parallele zum Manna-Geschehen den Hinweis nahe, nur für den Tag zu sorgen. »Sorgt euch also nicht um morgen, denn der morgige Tag wird für sich selbst sorgen« (Mt 6, 34). Das ist schon weniger profan. Das Johannesevangelium läßt Jesus einmal sagen: »Der

---

182 Hans Deidenbach denkt (a.a.O., 71) an eine solche Zurechnung.

Ich-bin-da ist das Brot des Lebens« (J 6, 32–35).[183] Dann handelt es sich hier keineswegs um eine profane Bitte, sondern um die nach der täglichen Begegnung mit dem Göttlichen, das uns – in sich – Kraft und alles andere schenkt, wir zum Leben benötigen.

- *»Und erlaß uns unsere Schulden, wie auch wir unseren Schuldnern erlassen haben«.*
  Und Jesus fügt erläuternd hinzu: »Denn wenn ihr den Menschen ihre Verfehlungen verzeiht, dann wird euer himmlischer Vater auch euch verzeihen. Wenn ihr aber den Menschen nicht verzeiht, dann wird euch euer Vater eure Verfehlungen auch nicht verzeihen« (Mt 6, 14 f.). Solange wir also in unseren Herzen Gedanken der Rache, der Vergeltung, des Hasses tragen, vergiften wir uns selbst, und das Göttliche in uns kann uns nicht verzeihen. Es geht also auch hier wieder um ein Loslassen von sich selbst. Nur der kann verzeihen, der sich nicht in den Mittelpunkt der Welt stellt, sondern um seine eigene Schwäche weiß, der weiß, daß er Sachverhalte nicht wahrnimmt, wie sie sind, sondern nur als selbsterzeugte Konstrukte. Erlassen wir aber anderen ihre Schuld, wenn sie denn schon tatsächlich an uns schul-

---

183 Diese Übersetzung fügt sich jedenfalls hervorragend dem Kontext ein: »Jesus sagte zu ihnen: Amen, amen, ich sage euch: Nicht Mose hat euch das Brot vom Himmel gegeben, sondern mein Vater (der Ich-bin-da) gibt euch das wahre Brot vom Himmel. Denn das Brot, das Gott gibt, kommt vom Himmel herab und gibt der Welt das Leben. Da baten sie ihn: Herr, gib uns immer dieses Brot. Jesus antwortete ihnen: Ich bin das Brot des Lebens« (J 6, 32–35). Das »Ich bin« läßt sehr wohl an die Offenbarung des Namens des Göttlichen, die dem Mose gegeben wurde, denken: Ich bin der: »Ich bin«.

dig geworden sein sollten, dann wird das Göttliche in uns auch uns alles das erlassen, was uns vielleicht an anderen hat schuldig werden lassen. Verzeihen heißt nicht vergessen. Verzeihung bedeutet vielmehr, eine fremde Handlung oder Unterlassung so in die Beziehung zu integrieren, daß sie ihre Schuld-Bedeutung verliert. Mir wird das Göttliche meine Schuld nur erlassen, wenn ich zu meiner Schuld stehe und sie nicht abwehre. Wehre ich sie ab, kann sie nur scheinbar durch stets nekrophile Selbstbestrafung gesühnt werden. Das Verbot, zu richten, gehört hierher. Richten ist das Gegenteil von Verzeihen. Es versucht auf nekrophile Weise, ein Schuldverhältnis zu Ende zu bringen.

- *»Und führe uns nicht in Versuchung, sondern rette uns vor dem Bösen«:*
  Es scheint paradox zu sein, dem Göttlichen unterstellen zu wollen, es könne uns in Versuchung führen. Der griechische Text nennt *»peirasmós«*. Das kann neben »Versuchung« auch »Erprobung« oder »Prüfung mit offenem Ausgang« bedeuten. Die Erprobung kann auch etwas Positives sein. Eine Chance bieten, sich zu bewähren, neue Erfahrungen zu sammeln. Solange wir noch nicht »Meister«, sondern allenfalls »Jünger« sind, können solche Erprobungen sehr sinnvoll sein. Unter der Chiffre der Versuchung in der Wüste wird Jesus selbst der Erprobung unterzogen. Er wird versucht, Steine in Brot zu wandeln, sich von den Zinnen des Tempels zu stürzen und das Böse anzubeten, um »alle Reiche dieser Welt mit ihrer Pracht« zu erhalten« (Mt 4, 1–10). Jesus wird dreimal vor die Entscheidung gestellt, sich entweder der sichtbaren Welt außerhalb des Selbst hinzugeben oder dem Göttlichen in

sich. Dreimal entscheidet er sich für das letztere. Offensichtlich ist das Böse, das Jesus versucht, nicht eine Instanz im Außen, sondern in ihm selbst, die er durch die Erprobungen zum Schweigen bringt. Die Bitte, nicht auf die Probe gestellt zu werden, ist durchaus verständlich, wenn sie auch keineswegs immer erhört wird. Das Böse in uns ist nicht so endgültig überwunden, wie es Jesus in sich überwand. So läßt denn auch das Johannesevangelium Jesus beten: »Für sie bitte ich; nicht für die Welt bitte ich, sondern für alle, die du mir gegeben hast; denn sie gehören dir ... Ich bin nicht mehr in der Welt, aber sie sind in der Welt, und ich gehe zu dir. Heiliger Vater, bewahre sie in deinem Namen ... Solange ich bei ihnen war, bewahrte ich sie in deinem Namen, den du mir gegeben hast. Und ich habe sie behütet ... Ich bitte dich nicht, daß du sie aus der Welt nimmst, sondern daß du sie vor dem Bösen bewahrst« (J 17, 11–15). Damit wird schon deutlich, daß das »Führe uns nicht in Versuchung« und das »Bewahre uns vor dem Bösen« eng zusammengehören. *Konrad Adenauer* mag nicht ganz unrichtig gedacht haben, wenn er diese Bitte des Vaterunser so betete: »Und führe uns auch in der Versuchung«, selbst wenn ihm seine theologischen Freunde vom Gegenteil zu überzeugen versuchten.[184]

j) Über das Fasten im Verborgenen (Mt 6, 16–18)

»Wenn ihr fastet, macht kein finsteres Gesicht wie die Heuchler ... Du aber salbe dein Haar, wenn du fastest,

---

184 Vgl. Rudi Kilgus, Und führe uns auch in der Versuchung, in: Fränkische Nachrichten vom 20. 8. 1993, S. 3.

und wasche dein Gesicht, damit die Leute nicht merken, daß du fastest, sondern nur dein Vater, der auch das Verborgene sieht; und der Vater, der das Verborgene sieht, wird es dir vergelten.« Ein drittes Mal fordert die Bergpredigt ein Verhalten im Verborgenen ein. Nach dem Almosengeben und dem Beten ist es das Fasten. Die Regel, die allen drei Aufforderungen zugrunde liegt, ist dieselbe: Es kommt nicht primär auf das äußere Tun an, sondern auf eine innere Haltung, die zum äußeren Tun führt. Jesus selbst hält nicht sehr viel vom Fasten: »Der Menschensohn ist gekommen, er ißt und trinkt, darauf sagen sie: Dieser Fresser und Säufer, dieser Freund der Zöllner und Sünder« (Mt 11, 19). Jesus war also alles andere als ein Asket. Auch seine Jünger fasteten offenbar in der Ausbildungszeit zu Meistern nicht: »Da kamen die Jünger des Johannes zu ihm und fragten: Warum fasten deine Jünger nicht, während wir und die Pharisäer fasten?« (Mt 9, 14). Auch *Buddha* erkannte nach langen Jahren der Askese, daß sie nicht zur Erleuchtung führt. Seine Freunde beschuldigten ihn mit ganz ähnlichen Worten wie die Juden Jesus.

Das soll aber nicht heißen, daß Jesus dem Fasten keinerlei Wirkung zugesprochen habe: Ein Mann trat auf Jesus zu mit seinem epileptischen Sohn (damals als dämonische Besessenheit diagnostiziert). Seine Jünger konnten ihn nicht heilen. Jesus heilte ihn. Und als die Jünger ihn fragten, wie das denn möglich sei, antwortete er ihnen: »Diese Art (von Dämonen) kann nur durch Gebet und Fasten ausgetrieben werden« (Lk 9, 29). Dabei ist noch anzumerken, daß das »Fasten« nur bei wenigen relativ späten Textzeugnissen erwähnt wird. Fasten ist, wenn es keine therapeutische Funktion hat oder das Meditieren erleichtern soll, allenfalls

dann hilfreich, wenn es als eine Art bewußten Verzichtens auf etwas, das man haben könnte, verstanden wird.
Detailvorschriften, ob und wann man fasten solle oder nicht, gehörten zu den materialen Normen. Diese sind, wie gesagt, der Bergpredigt fremd. Wenn das Fasten hilfreich ist, die Goldene Regel zu erfüllen, soll es geschehen, wenn nicht, ist es überflüssig, wenn nicht gar schädlich. Es ist etwa immer dann (religiös) schädlich, wenn ein Mensch sich anderen, seines Fastens willen, überlegen fühlt oder mit seinem Fasten seine religiöse Qualität belegen will.
Das Christentum, als die von Jesus gestiftete Religion, kennt solche Vorschriften nicht. Das soll nicht heißen, daß das nachkonstantinische Christentum nicht solche materialen Normen einführte. Dazu gehört der von Kaiser *Konstantin* zur Ehrung seines Sonnengottes eingeführte »Sonntag«, an dem die Soldaten nicht arbeiten sollten. Jahrhunderte später wurde daraus – in Analogie zum jüdischen Sabbat – die allgemeine materiale Norm der »Sonntagsheiligung«.

k) Vom Schätzesammeln (Mt 6, 19–21)

»Sammelt euch nicht Schätze hier auf der Erde, wo Motte und Wurm sie zerstören und wo Diebe einbrechen und sie stehlen, sondern sammelt euch Schätze im Himmel, wo weder Motte noch Wurm sie zerstören und keine Diebe einbrechen und sie stehlen. Denn wo dein Schatz ist, da ist auch dein Herz.« Es gibt Menschen, die durch das Anhäufen materieller Werte (Immobilien, Edelmetalle, Geld, Wertpapiere) glauben, sie könnten auf diese Weise in Sicherheit leben. Sie werden vom Haben gehabt. Im Kontext des Mammon-Dienstes wurde schon darüber gehandelt. Hier erhält

die Feststellung, es sei unmöglich, zwei Herren zu dienen, die Formulierung: »Wo dein Schatz ist, da ist auch dein Herz.« Schätze des Himmels sind die Schätze des Herzens. Jesus fordert eine klare Entscheidung: Suchen wir unser Heil in den Vorgegebenheiten des Sichtbaren oder in den Einstellungen des Herzens?

Manche Menschen sitzen zwischen beiden Stühlen – und das ist nicht nur unbequem, sondern auch nekrophil: Es schadet der psychischen und der sozialen Gesundheit. Wer sein Leben nach der Theorie organisiert, nach der immer das Schlimmste eintreffe, wird versuchen, das Schlimmste durch Ansammeln äußerer Sicherheiten zu vermeiden – zugleich aber um das Unvermeidbare des Argen wissen. Jesus weiß darum, daß es schwer ist für manche Menschen, auf das Haben zu verzichten, um nicht im Herzen arm und hart zu werden.

Besorgt mahnt er deshalb: »Geht durch das enge Tor! Denn das Tor ist weit, das ins Verderben führt, und der Weg dahin ist breit, und viele gehen auf ihm. Aber das Tor, das zum Leben führt, ist schmal, und nur einige finden es.« Die Jünger Jesu mußten sich einer wohl mehrjährigen Lehre unterziehen, um Meister werden zu können: »Jeder aber, der alles gelernt hat, wird wie sein Meister sein« (Lk 6, 40). Wer aber ist Meister? Auf die Frage, warum er stets in Gleichnissen rede, antwortet Jesus nach dem Matthäusevangelium, daß es den meisten Menschen nicht gegeben sei, die Geheimnisse des Gottesreiches zu erkennen, und er deshalb in Gleichnissen reden müsse. »Euch ist es gegeben, die Geheimnisse des Himmelreiches zu erkennen« (Mt 13, 10–13). Meister ist also der, dem die »Geheimnisse des Gottesreichs anvertraut sind« (Mk 4, 11). Er hat die Bergpredigt verstanden, ohne daß sie ihm in Gleichnissen erläutert werden müßte. Der Weg, den die Bergpredigt weist, ist schmal – und nur wenige finden ihn. Die meisten werden ihr Christsein aus den Gleichnissen begründen.

Übrigens bestanden nicht einmal die Apostel die eigentliche »Meisterprüfung«. Sie flohen nach der Gefangennahme Jesu. Daß der Lieblingsjünger *Johannes* nicht geflohen sein soll, dürfte eine Erfindung der Verfasser des Johannesevangeliums sein. Auch *Petrus* wird ausdrücklich getadelt, weil er auf die Ankündigung Jesu, er werde in Jerusalem sterben, protestiert. Er habe die Geheimnisse des Himmelreiches noch nicht verstanden, sondern: »Du hast nicht das im Sinn, was Gott will, sondern was die Menschen wollen« (Mt 16, 23). Der schmale Weg der Bergpredigt, der ein totales Umdenken, weg von allen Werten der Erwachsenenwelt fordert, ist sicherlich für wenige gangbar. Die *Metanoia* tatsächlich zu leben und sich an nichts festzuhalten außer an der Goldenen Regel, das ist schwer.

Und noch einmal warnt Jesus: »Hütet euch vor den falschen Propheten; sie kommen zu euch wie harmlose Schafe, in Wirklichkeit sind sie reißende Wölfe. An ihren Früchten werdet ihr sie erkennen« (Mt 7, 15 f.). Diese Unterscheidungsregel ist vergleichsweise einfach anzuwenden. Nur der Lehrer, der auch das praktiziert, was er lehrt, bringt gute Frucht hervor. Tut er es nicht, sind seine Früchte schlecht. Jede Theorie, ohne die Möglichkeit, sie an der Praxis zu bewähren, ist unbrauchbar. Die biophile Lebenspraxis ist der Beweis für die Stimmigkeit einer Lehre. Es gibt keine Patentrezepte – etwa nur eine einzige Ausdeutung einer Lehre. Aber jede Ausdeutung wird sich an der Realisierung der Biophilie-Maxime messen lassen müssen. In unseren

Tagen, da die Esoterik ihre modrigen Blüten treibt, ist der Markt voller solcher Rezepte, glücklich zu werden. Es wimmelt nur so von falschen Propheten. Die Begegnung mit dem Fremden ist attraktiv, kann auch zum besseren Verstehen des Anderen und so zur Toleranz führen. Doch läßt sich einem kulturellen Wertesystem nicht ein anderes überstülpen. In der Gestalt des Fremden, des Unbekannten, des Neuen können sich reißende Wölfe einschleichen, gegen die wir keine Abwehrinstrumente entwickeln konnten. Wenn Jesus die Kindwerte einfordert, dann fordert er auch transkulturelle Werte ein, denn die Werte der Kindwelt dürften bei allen Menschen aller Zeiten recht ähnlich sein. Ähnliches gilt auch für die Ablehnung der Werte der Erwachsenenwelt.

Wer aber geht den rechten Weg? »Nicht jeder, der zu mir sagt: Herr!, wird in das Himmelreich kommen, sondern nur, wer den Willen meines Vaters erfüllt« (Mt 7, 21). Nicht Lippenbekenntnisse führen weiter, sondern nur die innere Einstellung, dem Wollen des Göttlichen zu folgen, führt ans Ziel. Das Wollen des Göttlichen ist die Entfaltung des eigenen und fremden Lebens, denn das Leben ist das Göttliche. »Ich bin das Leben«, sagte Jesus einmal von sich selbst (J 14, 6).

Es ist ein wichtiger Unterschied zwischen Hören und Tun. Jesus beendet die Bergpredigt mit den Worten: »Wer diese meine Worte hört und danach handelt, ist wie ein kluger Mann, der sein Haus auf Fels baute ... Wer aber meine Worte hört und nicht danach handelt, ist wie ein unvernünftiger Mann, der sein Haus auf Sand baute« (Mt 7, 24–26). Tun und Hören gehören also eng zusammen. Wer tut, ohne zuvor gehört zu haben, gleicht einem Menschen, für den seine Aktivitäten eigenwertig sind. Meist weiß er nicht, wer er eigentlich ist, wenn er nicht aktiv ist. Das Verhaltensmuster ist neurotisch, weil solche zwanghaften Aktivitäten niemals zum erwünschten Ziel führen: herauszufinden, wer man denn eigentlich sei.

Ebenso sinnlos ist das Hören ohne das Tun. Alle religiösen Erfahrungen nutzen nichts, wenn sie sich nicht im Tun ausweisen. Die Jesusbotschaft gilt es zunächst zu hören, dann kommt es darauf an, sie zu verstehen, und endlich wird nur der Christ werden können, der ernsthaft versucht, sein Leben nach dem Verstandenen einzurichten.

Die Bergpredigt als das Grundgesetz des Christentums sprach selbst *Mahatma Gandhi* stark an. »Wenn ich dann nur die Bergpredigt vor Augen hätte und meine eigene Deutung davon, würde ich nicht zögern zu sagen: O ja, ich bin ein Christ.« Das aber wäre mißverständlich, weil »vieles, das als Christentum gilt, meiner Meinung nach eine Verneinung der Bergpredigt ist. Bitte achten sie sorgfältig auf meine Worte. Im Augenblick rede ich nicht speziell über christliches Handeln. Ich rede über christliches Glauben, über das Christentum, wie es im Westen verstanden wird. Ich bin mir peinlich bewußt, daß Handeln überall dem Glauben zu kurz gerät ... Ich stelle meine fundamentalen Schwierigkeiten hinsichtlich der Erscheinungsgestalt des Christentums in der Welt und in der Formulierung christlicher Lehren vor sie hin.«[185]

---

185 Mahatma Gandhi, Jesus hinduistisch gesehen (1968), in: Johannes Thiele (Hrsg.), Jesus. Auf der Suche nach einem neuen Gottesbild, Düsseldorf (ECON TB 26107) 1993, 299–304, 300 f.

(8) Die Lehre der Wunder

Die Jesusbotschaft hat zwei Aspekte: sein Leben und seine Lehre. Seine Lehre läßt sich wiederum in zwei Aspekte unterteilen: seine Worte und seine Wunder. Über diese Wunder, die sowohl seine Art des Menschseins (im Markusevangelium) als auch theologisch seine Lehre ausdeuten (im Matthäus- und sehr viel mehr im Johannesevangelium), sei im Folgenden gehandelt.

Viele Menschen haben Schwierigkeiten mit dem Christentum seiner zahlreichen Wundergeschichten willen. Das mag daran liegen, daß die Bestimmung dessen, was ein Wunder ist, weitgehend sozio-kulturell bedingt ist. Allen Kulturen (d.h. allen kollektiven großen Wertesystemen) ist jedoch gemeinsam, daß sie Ereignisse kennen, die zur Verwunderung Anlaß geben, und das so, daß man in ihnen etwas begegnet, das anders und größer ist als man selbst.

Die Wunder Jesu haben die Aufgabe, sein Leben und seine Lehre verständlicher zu machen, sie auszudeuten. Solche Ausdeutungen sind immer an Menschen einer bestimmten Zeit gerichtet. Vermutlich hätte Jesus heute andere Wunder wirken müssen. Unsere Zeit interpretiert die Jesuswunder als Außerkraftsetzen von Naturgesetzen – das aber ist weder ihre Aufgabe noch ihr Wesen. Solche Wunderberichte lösen heute eher ungläubiges Erstaunen als religiöses Glauben aus. Versetzen wir uns – bei allem Präsentismus – einmal in die Zeit Jesu. Damals galten Wunder, wie sie Jesus vollbrachte, als Bestätigung der göttlichen Botschaft.

Das althochdeutsche *»wunter«* bezeichnet »Unmenge«, »Verwunderung«. Ein Wunder ist also Ereignis, das Menschen sich wundern läßt, das ihre Konstrukte dynamisiert –

hin auf eine religiöse Ebene, wenn sie es nicht einfach als Täuschung abwehren. Wunder ist also ein im Horizont menschlicher Erfahrung antreffbares Geschehen, das wesentlich nicht aus den grundsätzlichen einsichtigen Konstruktkomplexen dieses Erfahrungsraums erklärt werden kann. Dieser Widerspruch zu den Konstruktkomplexen des Erfahrungsraums orientiert diesen wiederum neu. Die Erfahrung von etwas diesen Erfahrungsraum Transzendierendem sollte in der Regel biophil ausgehen. Und das ist das Eigentümliche der Jesuswunder: daß sie in aller Regel biophil ausgingen und die Einstellungen der Menschen auf ein biophileres Niveau hoben. Dabei soll nicht von allen Jesuswundern behauptet werden, daß sie im Sinne des neuzeitlichen Denkens »Naturgesetze« (die es konstruktivistisch natürlich »an sich« nicht, sondern nur als unsere Konstrukte gibt) außer Kraft setzten. Manche seiner Wunder sind durchaus als Ereignisse zu erklären, die durch hypnotische Kraft psychosomatische oder psychische Krankheiten heilte. Andere seiner Wunder sind sicherlich auch nur berichtet, um – ähnlich wie durch Gleichnisse – wichtige Inhalte seiner Lehre zu verdeutlichen.

Einen wesentlichen Unterschied finden wir bei den Wunderberichten des Markusevangeliums, dem noch nicht die Logienquelle zur Verfügung stand, die offensichtlich zur Folge hatte, daß neben der paulinischen eine synoptische Theologie entwickelt wurde. Das Markusevangelium möchte offensichtlich der paulinischen wie jeder anderen Theologie Paroli bieten, denn es erzählt nicht von dem Christus, sondern von dem Menschen Jesus von Nazaret. Hier erleben wir das genaue Gegenteil der ausschmückenden Amplificatio. Die Berichte werden im Lauf der Zeit immer abstrakter und kürzer, dafür aber immer theologischer. Ich will das in Anlehnung an Eugen Drewermann[186] an einigen Beispielen erläutern.

Jesus macht sich im Markusevangelium niemals selbst zum Thema, erst recht nicht zu Gott. Als Jesus auf das Ende der (noch nicht voll zum Gottesreich gewandelten) Welt zu sprechen kommt, riskiert das Markusevangelium in einem Einschub in die mündliche Erzähltradition ein einziges Mal eine Antwort, in der Jesus sich vermutlich selbst vorkommen läßt: »Doch jenen Tag und jene Stunde kennt niemand, auch nicht die Engel im Himmel, nicht einmal der Sohn, sondern nur der Vater!« (Mk 13, 32). Die »Gottessohnschaft« wird hier ganz sicher nicht athanasianisch-christlich (trinitarisch) verstanden. Der Gottessohn ist vielmehr – wie es der Sufismus weiß – der von Gott unendlich Geliebte, der göttliche Liebe an die Menschen weitergeben kann. Das Matthäusevangelium streicht der Einfachheit halber den »Sohn« aus dem Text und enthebt sich so aller dogmatischen Schwierigkeiten.[187]

Man könnte annehmen, daß das Markusevangelium den »guten Menschen« Jesus vorstellt – im Protest auf christliche Bestrebungen, ihn zum Messiasgott zu machen. Das Matthäusevangelium erliegt dieser Versuchung. Die Theolo-

186 Eugen Drewermann, Jesus, therapeutisch gesehen (1992), in: J. Thiele, a.a.O., 184–205.

187 Einer ähnlichen theologischen Entwicklung begegnen wir im Zusammentreffen Jesu mit einem reichen jungen Mann. Als dieser ihn »guter Meister« anredet, fährt er ihm nach dem Zeugnis des Markusevangeliums barsch in die Parade: »Warum nennst du mich gut? Niemand ist gut, außer Gott dem einen« (10, 18). Das Matthäusevangelium biegt diesen Text schon theologisch um: »Was fragst du mich nach dem Guten? Nur einer ist der Gute« (Mt 19, 17). Auch hier bereitet es dem athanasianischen Christentum den Weg.

gisierung der Jesusbotschaft (auch die der Wunder) führt bei Matthäus nahezu unvermeidlich dazu, die Menschlichkeit Jesu in den Hintergrund treten zu lassen und ihn ins Göttliche, ins Unnahbare zu rücken, so daß seine Wunder ausschließlich die Funktion haben, die Göttlichkeit zu belegen. Der Jesus des Markusevangeliums dagegen läßt Wunder geschehen durch das Vertrauen, das Menschen auf ihn setzen.

Die Differenz zwischen den Wunderberichten des Markusevangeliums und denen des rund fünfzehn Jahre später verfaßten Matthäusevangeliums ist nicht zu verkennen: Jesus sucht im Markusevangelium die menschliche Nähe, die Berührung. Das Matthäusevangelium hält Jesus auf Distanz. Man bringt einen Blinden zu Jesus. Er nimmt in an die Hand, führt ihn vor das Dorf und bestreicht seine Augen mit Speichel, legt ihm die Hände auf und fragt: »Siehst du etwas?« Der Mann blickt auf und erwidert: »Ich sehe Menschen, denn ich sehe etwas, was wie Bäume aussieht und umhergeht« (Mk 8, 22–24). Matthäus verzichtet darauf, dieses unpassende Ereignis zu berichten. Im Gebiet der Dekapolis bringt man einen Taubstummen zu Jesus und bittet ihn, er möge ihn berühren. Er nimmt ihn beiseite von der Menge weg, legt ihm die Finger in die Ohren und berührt dann die Zunge des Mannes mit Speichel, dann blickt er zum Himmel auf und sagt zu dem Taubstummen: *»Effata«* (»Öffne dich«). Und sogleich kann der Taubstumme hören und sprechen. Auch dieses Ereignis verschweigt Matthäus wohlweislich. Als Jesus einmal wieder nach Hause kommt und bei seinen Verwandten und seiner Familie wohnt, kann er keine Wunder tun, wegen ihres Unglaubens (Mk 6, 5f.). Im Markusevangelium ist noch deutlich, daß Jesus eben nicht der allmächtige Wundertäter ist, sondern ein Heiler, der auf den Glauben der Kranken angewiesen ist. Das Matthäusevangelium macht ihn zum allmächtigen Wunderheiler, der, um die Ungläubigen zu strafen, keine Wunder wirkt (Mt 13, 58). Stellen wir nun einmal einige Wundererzählungen der beiden Evangelisten einander gegenüber (links den Markus-, rechts den Matthäustext), wird das Gemeinte deutlich.

»Sie kamen an das andere Ufer des Sees, in das Gebiet von Gerasa. Als er aus dem Boot stieg, lief ihm ein Mann entgegen, der von einem unreinen Geist besessen war. Er kam von den Grabhöhlen, in denen er lebte. Man konnte ihn nicht bändigen, nicht einmal mit Fesseln... Bei Tag und Nacht schrie er unaufhörlich in den Grabhöhlen und auf den Bergen und schlug sich mit Steinen. Als er Jesus von weitem sah, lief er zu ihm hin, warf sich vor ihm nieder und schrie laut: Was habe ich mit dir zu tun, Jesus, Sohn des höchsten Gottes? Ich beschwöre dich bei Gott, quäle mich nicht. Jesus hatte nämlich zu ihm gesagt: Laß diesen Mann, du unreiner Geist. Jesus fragte ihn: Wie heißt du? Er antwortete: Mein Name ist Legion, denn wir sind viele. Und er flehte Jesus an, sie nicht aus der Gegend zu verbannen. Nun weidete dort an einem Berghang gerade eine große Schweineherde. Da baten ihn die Dämonen: Laß uns doch in die Schweine hineinfahren. Jesus erlaubte es ihnen« (Mk 5, 1–13).

»Als Jesus an das andere Ufer kam, in das Gebiet von Gadara, liefen ihm aus den Grabhöhlen zwei Besessene entgegen. Sie waren so gefährlich, daß niemand den Weg benutzen konnte, der dort vorbeiführte.«

»Sofort begannen sie zu schreien: Was haben wir mit dir zu tun, Sohn Gottes! Bist du hergekommen, um uns schon vor der Zeit zu quälen? In einiger Entfernung weidete gerade eine große Schweineherde. Da baten ihn die Dämonen: Wenn du uns austreibst, dann in die Schweineherde. Er sagte zu ihnen: Geht!« (Mt 8, 28 bis 32).

Das Markusevangelium schildert ausdrücklich die unsägliche Einsamkeit dieses geistig kranken Menschen. Aber das Matthäusevangelium macht gleich zwei aus ihnen, vermutlich um die Wundermacht Jesu zu vergrößern. Es verkennt in seiner Unfähigkeit, sich in den Leidenden hineinzuversetzen, daß zwei auf diese Weise kranke Menschen nicht zusammenleben können. Nicht sie leiden, sondern sie machen andere unter sich leiden, andere werden zu Umwegen genötigt. Für das Markusevangelium ist es wichtig, daß Jesus den Besessenen nach seinem Namen fragt. Matthäus macht aus dem therapeutischen Geschehen nicht mehr als ein an sich recht uninteressantes Objekt, an dem Jesus seine Wundermacht beweisen kann. Auch das weitere Schicksal interessiert ihn nicht; nachdem das Wunder geschehen war, war der Mann uninteressant. Das Markusevangelium erzählt noch weiter: Die Leute eilen herbei, um zu sehen, was geschehen war. Sie kommen zu Jesus, der bei dem Geheilten sitzt. Der ist ordentlich gekleidet und wieder bei vollem Verstand. »Da fürchteten sie sich« (Mk 5, 14 f.).
Ein anderes Beispiel für die Verwandlung des gläubigen Berichts bei Markus in eine an Menschen kaum mehr interessierte Theologie ist die Geschichte von der Heilung der kleinen Tochter des Jairus.

»Jesus fuhr mit dem Boot wieder ans andere Ufer hinüber, und eine große Menschenmenge versammelte sich um ihn. Während er noch am See war, kam ein Synagogenvorsteher namens Jairus zu ihm. Als er Jesus sah, fiel er ihm zu Füßen und flehte ihn um seine Hilfe an. Er sagte: Meine Tochter liegt im Sterben. Komm und lege ihr die Hände auf, damit sie wieder gesund wird und am Leben bleibt. Da ging Jesus mit ihm. Viele Menschen folgten ihm und drängten sich um ihn ... Während Jesus noch redete, kamen Leute, die zum Haus des Synagogenvorstehers gehörten, und sagten zu Jairus: Deine Tochter ist gestorben. Warum bemühst du den Meister noch länger? Jesus, der diese Worte gehört hatte, sagte zu dem Synagogenvorsteher: Sei ohne Furcht, glaube nur! Und er ließ keinen mitkommen außer Petrus, Jakobus

»Während Jesus so mit ihnen redete, kam ein Synagogenvorsteher, fiel vor ihm nieder und sagte: Meine Tochter ist eben gestorben; komm doch, leg ihr deine Hand auf, dann wird sie wieder lebendig.«

»Jesus stand auf und folgte ihm mit seinen Jüngern.«

»Als Jesus in das Haus des Synagogenvorstehers kam und die Flötenspieler und die Menge der klagenden Leute sah, sagte er: Geht hinaus! Das Mädchen ist und Johannes, den Bruder des Jakobus. Sie gingen zum Haus des Synagogenvorstehers. Als Jesus den Lärm bemerkte und hörte, wie die Leute laut weinten und jammerten, trat er ein und sagte zu ihnen: Warum schreit und weint ihr? Das Kind ist nicht gestorben, es schläft nur. Da lachten sie ihn aus. Er schickte sie alle hinaus und nahm außer seinen Begleitern nur die Eltern mit in den Raum, in welchem das Kind lag. Er faßte das Kind an der Hand und sagte *»Talita kum«* (Mädchen stehe auf!). Sofort stand das Mädchen auf und ging umher. Es war zwölf Jahre alt. Die Leute gerieten außer sich vor Entsetzen. Doch er schärfte ihnen ein, niemand dürfe davon etwas erfahren; dann sagte er, man solle dem Mädchen etwas zu essen geben« (Mk 2, 21–24 und 35–43).

nicht gestorben, es schläft nur. Da lachten sie ihn aus.«

»Als man die Leute hinausgedrängt hatte, trat er ein und faßte das Mädchen an der Hand; da stand es auf. Und die Kunde davon verbreitete sich in der ganzen Gegend« (Mt 9, 18 f. und 23–25).

Dem Matthäusevangelium kommt es weder auf den besorgten Vater noch auf das sterbende Mädchen an (es wird hier gleich für tot erklärt, vermutlich um deutlich zu machen, daß Jesus hier nicht zwei Menschen geholfen hat, sondern einen Toten erweckte). Es interessiert sich weder für den Namen des Mannes noch für das Alter des Kindes. Das Mädchen wird auch nicht angesprochen. Dem Jairus wird nicht gesagt, er solle nur Vertrauen haben und keine Angst. Kurzum: Alles Menschliche ist bei Matthäus herausgestrichen. Es kommt ausschließlich darauf an, daß Jesus einen Toten erweckt. Und wie bei vielen Jesuswundern berichtet Markus, daß die Menschen große Furcht hatten. Das paßt natürlich nicht zu dem Jesus des Matthäusevangeliums. Er soll bewundert werden und nicht die Konstrukte von Menschen dynamisieren.

Was aber ist der theologische Grund für dieses eigentümliche Verhalten des Verfassers des Matthäusevangeliums? Er berichtet bald nach der Bergpredigt: »Er (Jesus) trieb mit seinem Wort die Geister aus und heilte alle Kranken. Dadurch sollte sich erfüllen, was durch den Propheten Jesaias gesagt worden ist« (Mt 8, 17). Es kommt ihm offensichtlich ausschließlich darauf an, zu zeigen, daß sich in Jesus die Prophezeiung im Lied vom Gottesknecht bei Jesaias auch in diesem Punkt erfüllte: »Er hat unsere Krankheit getragen und unsere Schmerzen auf sich geladen« (53, 4). Das ist der Kern der Theologie des Matthäusevangeliums: Jesus ist die Erfüllung des Alten Bundes und seiner Weissagungen über den Messias. Alle Wundererzählungen, die nicht diesem Interesse dienen, werden entweder ganz ausgelassen oder entsprechend umformuliert.

Auch die erst in der Logienquelle auftauchende Frage der

Johannesjünger steht ganz in dieser Tradition. Das Matthäusevangelium berichtet: »Johannes hörte im Gefängnis von den Taten Christi. Da schickte er seine Jünger zu ihm und ließ in fragen: Bist du der, der kommen soll, oder müssen wir auf einen anderen warten? Jesus erwiderte ihnen: Geht und berichtet dem Johannes, was ihr hört und seht: Blinde sehen wieder, und Lahme gehen; Aussätzige werden rein, und Taube hören; Tote stehen auf, und den Armen wird das Evangelium verkündet« (Mt 11, 2–5). Auch hier wird wieder eine »Prophezeiung« aus Jesaias aufgegriffen: »An jenem Tage hören alle, die taub sind, sogar Worte, die nur geschrieben sind, und die Augen der Blinden sehen selbst im Dunklen und Finstern« (Jes 29, 18); »Da werden die Augen der Blinden geöffnet, auch die Ohren der Tauben sind wieder offen. Dann springt der Lahme wie ein Hirsch« (Jes 35, 5 f.); »Deine Toten werden leben« (Jes 26, 19); »Der Geist Gottes, des Herrn, ruht auf mir; denn der Herr hat mich gesalbt. Er hat mich gesandt, damit ich den Armen eine frohe Botschaft bringe und alle heile, deren Herzen zerbrochen ist« (Jes 61, 1 f.).

Ich denke, wir müssen uns hüten, alle Wunder Jesu primär als ein äußeres Geheiltwerden zu verstehen. Nach dem Bedenken der Bergpredigt wird deutlich sein, daß

- eine Heilung vom körperlichen Blindsein bei Jesus stets bedeuten soll eine Heilung von der Blindheit des Herzens.
- Eine Heilung von Besessenheit wird stets darauf verweisen, daß er auch Menschen heilte, die von Vermögen, Macht, Ansehen und Haß besessen waren.

- Eine Heilung von Taubheit wird immer darauf verweisen, daß wir eigentlich nur mit dem Herzen richtig verstehen können; daß wir manches Wichtige überhören vor dem Andrang des Unwichtigen. Heute, im Zeitalter des unverantworteten Geschwätzes, wird dieses Heilungswunder besonders angemessen sein.
- Eine Erweckung vom Tode auch darauf verweist, daß nicht wenige Menschen wie »Zombies« durch die Welt laufen, schon längst gestorben – ohne es zu wissen. Sie leben nicht mehr, sondern werden gelebt von allem möglichen, von Sorgen, von Erwartungen anderer Menschen, von Zwängen gleich welcher Art (Siegzwänge, Süchte, Arbeitszwänge, Erfolgszwänge).

Daß Jesus in der Antwort auf die Frage der Johannesjünger vor allem diese inneren Wunder meint, zeigt die letzte Beglaubigung seiner Aufgabe: »Armen wird die frohe Botschaft verkündet.« Das sind die Armen der ersten Seligpreisung.

Worte zum Schluß

Ich habe dem Leser selbstredend nichts anderes vorstellen können als meine Konstrukte von Gott und von Jesus von Nazaret – aber auch meine Konstrukte von Theologie und Religiosität.

In meiner Wahrnehmung, gemäß der in meinen Konstrukten abgelegten Erfahrungen, begleitet die christliche Theologie (vor allem die der Neuzeit) nicht selten das Sterben christlicher Religiosität. Solche Konstrukte besitzen keinerlei Verbindlichkeitsanspruch über den Menschen hinaus, dessen kognitives System sie sich schuf. Für mich sind sie insoweit verbindlich, da ich (wie jeder Mensch) mein Leben und meine Welt nach Maßgabe meiner Konstrukte einrichten und in ihr leben muß.

Das einzige Zeugnis über die Qualität der Konstrukte bildet ein Leben, das nicht abstrakt, sondern sehr real eigenes und fremdes personales Leben eher mehrt als mindert.

Dies alles bedenkend, kann ich Menschen verstehen, die ihr Christsein außerhalb der Kirchen, jenseits der Kirchen zu leben suchen. Und so ist das Wort vom lebenden Jesus und der (in Europa zumindest) sterbenden Kirche nicht ohne Sinn.

Anhang

Ich vermute, daß erst das in den Exkursen Vorgestellte die im Text vertretenen Thesen legitimieren. Wegen des vergleichsweise hohen Abstraktionsgrades habe ich meine Thesen an Ort und Stelle frei von den in den Exkursen vorgestellten Sachverhalten gelassen. Wer nach Begründungen sucht, wird um die verstehende Lektüre dieser Exkurse kaum herumkommen.

Alles redliche Mühen – auch das der Religiosität – beginnt mit der Frage: »Woher weiß ich das?« Diese Frage kann nach dem Stand unseres Wissens über das Wie und das Was der Erkenntnis nur konstruktivistisch beantwortet werden. Der erkenntnistheoretische Konstruktivismus ist die einzige nicht-falsifizierte Erkenntnistheorie (was nicht sagt, daß sie »wahr« sei, es wird »nur« ihre Brauchbarkeit behauptet).

Da das nachkirchliche Christentum (wie schon das kirchliche Christentum es stets hätte tun sollen und mitunter auch tat) aus der intellektuellen Redlichkeit seiner erkenntnismäßigen Grundlagen lebt, sollen diese hier in einigen Exkursen vorgestellt werden.

1. Exkurs: Über das Erkennen

Eine auch das religiöse Wissen betreffende Erkenntnistheorie hat zwei Fragen zu beantworten: »*Wie* erkennen wir?« und »*Was* erkennen wir?« Dabei soll hier einmal von der Frage nach der Erkenntnis aus der Glaubensgnade *(fides, qua creditur)* methodisch abgesehen werden. Die erste Frage, die nach dem Wie des Erkennens, wird vom empirischen Konstruktivismus (als einer Kognitionstheorie), die zweite, nach dem Was des Erkennens, von dem auf diesem beruhenden erkenntnistheoretischen (und somit philosophischen) Konstruktivismus beantwortet. Beide seien hier kurz gerafft in ihren Kernaussagen dargestellt.

1. Der Konstruktivismus als Kognitionstheorie

Eine (empirische) Kognitionstheorie beantwortet die Frage nach dem Wie des Erkennens. Diese Frage muß beantwortet sein, ehe man die (philosophisch) erkenntnistheoretische nach dem Was des Erkennens zu beantworten sucht, da das Wie das Was erheblich beeinflußt.
Humberto Maturana, dem wir in dieser Sache zunächst folgen wollen, entwickelt den Terminus »Erkennen« biologisch. Er fragt zunächst nach den Funktionen von Lebewesen, um von hierher die Funktion kognitiver Systeme zu

erläutern.[188] Alle lebenden Systeme sind strukturell determiniert. Äußere und innere Affektionen können jedoch im Rahmen der strukturellen Vorgaben beantwortet werden. Nicht die Affektion ist jedoch die Ursache der Antwort (– allenfalls ihre Bedingung), sondern die durch sie ausgelösten Abläufe im lebenden System. Es gibt also keinen Stimulus-response-Determinismus, sondern nur einen strukturellen innerhalb des Systems. Wenden wir diese Einsicht auf biologische Subsysteme vom Typ kognitiver Systeme an, kommen wir mit *Maturana* zu dem Schluß: »Nichts außerhalb eines kognitiven Systems kann für dieses spezifizieren, was in ihm geschieht.«[189]
Die moderne Kognitionstheorie denkt interaktionistisch, ohne über die »Realität« von Interaktionen oder Interaktionssubjekten Aussagen zu machen. Kognition ist ein Ereignis, das geschieht, wenn wir unsere interpersonalen Handlungen und Beziehungen koordinieren, und zugleich beschreibt, was wir tun, wenn wir diese Handlungen und Beziehungen koordinieren und so Erkenntnis erzeugen. Kognition geschieht also in Interaktionen und erzeugt interaktionell Erkenntnis. Alle Erkenntnis generierenden Interaktionen setzen in einer interaktionistischen Kognitionstheorie (als

---

188 Als H. Maturana diese Analogie praktizierte (etwa in: H. R. Maturana und F. J. Varela, Der Baum der Erkenntnis, Bern (Scherz) 1987, war sie für den Kognitionsbereich alles andere als gesichert. Erst die moderne hirnphysiologische Forschung konnte die Vermutung Maturanas als brauchbare Theorie entwickeln.

189 Humberto Maturana, Wissenschaft und Alltagsleben, 107–138, in: Wolfgang Krohn/Günter Küppers (Hrsg.), Selbstorganisation. Aspekte einer wissenschaftlichen Revolution, Braunschweig (Vieweg) 1990, 109.

Konstrukt) die Existenz eines Inneren Beobachters voraus. Und so kann *Maturana* schreiben: »Erkenntnis wird von einem Beobachter als operationale Fähigkeit konstituiert, die er einem anderen lebenden System zuschreibt, das auch er selbst sein könnte, indem er dessen Handlungen für einen durch diese Zuschreibungen spezifizierten Operationsraum als adäquat anerkennt.«[190] Das, was *Maturana* »Operationsraum« nennt, benennen wir mit *L. Wittgenstein* mit »Sprachspiel« oder mit »Lebensform«. Beide werden durch Interaktionen geschaffen und enthalten u. a. Unterscheidungen, Operationen, Gedanken, Reflexionen mit standardisierten Bedeutungen und Verknüpfungsregeln zwischen diesen.

Das kognitive System[191] erzeugt auf Grund endogener und/oder exogener Affektionen eine der Struktur des kognitiven Systems entsprechende Vorstellung von »realen Sachverhalten«. »Das Modell, das unser Gehirn von Realität entwirft, soweit es sich um das handelt, was unser Bewußtsein erfaßt, ist Realität – etwas anderes gibt es nicht wahrzunehmen.«[192] Die vom kognitiven System erzeugten Denkzeichen enthalten die Eigenschaften »Dasein« und »Realität«[193] Diese These soll begründet werden.

---

190 Ibd.

191 Die sich-selbst-organisierenden Prozesse der Kognition gründen in den sich-selbst-organisierenden Prozessen bei der Ausbildung der Hirnstruktur, auf die wir hier nicht eingehen wollen, sind sie doch Funktionen dieser Struktur.

192 W. T. Powers, Behavior: The Control of Perceptions, Chicago (Aldine) 1973, 24 und 159.

193 I. Kant ist der Ansicht, daß die »Wirkung eines Gegenstandes auf die Vorstellungsfähigkeit, sofern wir von demselben affiziert werden«, Empfindung sei (B 34). Das »Reale, was den Empfindungen überhaupt korrespondiert . . ., stellt nur etwas vor, dessen Begriff an sich ein Sein

»Kognitives System« bezeichnet in einer konstruktivistischen Kognitionstheorie ein System, das in der Lage ist, Signale zu Informationen zu verarbeiten. Es besteht also aus zwei Hauptkomponenten, die in einem informationsursächlichen Zusammenhang stehen: den zentralnervösen Prozessen (mikroskopische Systemebene) und Bewußtseinszuständen (makroskopische Systemebene). Auf der mikroskopischen Ebene herrschen physikalische, chemische, physiologische Gesetzmäßigkeiten. Sie sind – außerhalb der Unschärfe – kausal-deterministisch, wennschon wegen der hohen Komplexität des zentralen Nervensystems (ZNS) chaotisch organisiert. Bewußtseinszustände sind dagegen weit weniger komplex und erscheinen geordnet. Sie gehorchen einer nicht deterministisch zu erfassenden Informationskausalität.

Wie kann es dazu kommen, daß die chaotischen[194] Prozesse im

---

enthält, und bedeutet nichts als die Synthesis in einem empirischen Bewußtsein überhaupt« (B 217). Die apriorischen Formen haben die Funktion, das Chaos der Empfindungen zu ordnen. Insofern Kant die Ansicht vertritt, daß das, was die Sinne affiziert, uns nur in seinem ganz leeren Dasein zugänglich ist und erst durch die synthetische Aktivität unseres kognitiven Systems, das diesem Da ein So zuordnet, zu einem empirischen Sachverhalt wird, entspricht seine Darstellung einer konstruktivistischen Erkenntnistheorie. Diese wird jedoch schon die »Empfindung«, wennschon nur chaotische Inhalte enthaltend, nicht auf der Ebene der Signale, sondern auf der Informationen etablieren.

194 Soweit bekannt, sind alle sich-selbst-organisierenden Systeme chaotisch. Das bedeutet vor allem: Sie sind nicht durch lineare Differenzialgleichungen adäquat zu beschreiben. Die Nicht-Linearität bedeutet, daß eine sensible Abhängigkeit vom äußeren Milieu besteht, so daß in Bifurkationspunkten (lat. »furca« = die zweizinkige Gabel) geringste Veränderungen des Milieus zu drastischen Systemänderungen führen können. Zwischen solchen »evolutiven Punkten« kann sich das System

ZNS an verschiedenen Orten und zu verschiedenen Zeiten verschiedene lokale Stabilitäten hervorbringen, die notwendig sind, damit Informationsproduktion überhaupt erst möglich wird? Man kann mit Hilfe des EEG zeigen, daß das Auftreten chaotisch ungeordneter Signale, wenn sie überhaupt zur Verarbeitung im Gehirn zugelassen werden, zu einer aktiven Produktion deterministisch chaotischer Wellen führt. In chaotischen Systemen entstehen zwangsläufig immer wieder Stabilitäten (Attraktoren[195]). Wurde über einen solchen Attraktor eine Signalmenge einer etwa für eine Geruchswahrnehmung erheblichen Hirnregion zugewiesen, entstanden auch Attraktoren in den anderen chaotisch geordneten, für die Geruchswahrnehmung zuständi-

---

als völlig unempfindlich gegenüber Milieuänderungen erweisen. Bei langsamer Veränderung externer Einflußgrößen können relativ plötzliche Übergänge zwischen qualitativ verschiedenen Strukturtypen eines Systems, etwa zwischen Gleichgewicht, Grenzzyklus und Chaos, stattfinden. Diese Übergänge bezeichnet die Mathematik meist als »Bifurkation«, die Physik als »Phasenübergang«. »Chaos« bezeichnet Ereignisfolgen oder Prozesse, die wegen ihrer empfindlichen Abhängigkeit von ihren Anfangsbedingungen langfristig nicht prognosefähig sind. Die Empfindlichkeit hat zur Folge, daß kleinste Ursachen große Wirkungen haben können (vgl. dazu W. Krohn und G. Küppers, Emergenz, Glossar, a.a.O.). Zudem führt die Nicht-Linearität im Systeminnen zu Erscheinungen zirkulärer Kausalität (eine Ursache wirkt – aufschaukelnd oder dämpfend – auf sich selbst zurück). Es kommt im Zusammenspiel von positiver wie negativer Rückkopplungen zu selbstverstärkenden oder selbst-dämpfenden Wirkungen. Vgl. dazu etwa Wolfgang Tschacher, Interaktion in selbstorganisierten Systemen, Heidelberg (Roland Ansanger) 1990, 15 f. Chaotische Systeme sind etwa das Planetensystem (vgl. dazu Science 257 [1992], 56–62 und NZZ vom 16. 12. 1992, S. 43), jedes soziale System, aber auch das kognitive System.

195 Vgl. dazu: M. Stadler und P. Kruse, a.a.O., 146 f.

gen, oft weit von der primären entfernten Hirnregionen.[196] Die Bildung von Attraktoren demonstriert die Selbstorganisation der Kognition. Attraktoren sind relativ stabile, lokal begrenzte Zustände in einem chaotischen System. Sie werden einem chaotischen System nicht von außen induziert, sondern bilden sich nach der ökonomischen Regel des minimalen Energieverbrauchs (also deterministisch) aus. Dabei kann zunächst ein suboptimaler Attraktor entstehen. Im Bereich der Unschärfe werden Attraktoren »zufällig« (also nicht mehr deterministisch) gebildet. Attraktoren sind also ordnende Ordnungszustände, die keines Ordners bedürfen. Sie entstehen in chaotischen Systemen ebenso zwangsläufig wie (von außen) unverursacht. Energetisch optimale Attraktoren sind meist recht stabil.

Das kognitive System hat die wichtige Funktion, Signale zu Informationen zu übersetzen. »Signal« bezeichnet kognitionstheoretisch ein physikalisches Signal, das unser zentrales Nervensystem (ZNS) affiziert. Diese Signale können akustischer, optischer, taktiler, elektrischer oder chemischer Art sein. Elektrische Signale werden vor allem von den Sinnesorganen erzeugt und in den Neuronen zum Gehirn weitergeleitet, von dem sie – unter bestimmten Umständen – zu Informationen verarbeitet werden. Von besonderer Bedeutung ist die Frage, wie physikalische Primär-Signale (welche die äußeren Sinne affizieren), nachdem sie zu elek-

---

196 W. J. Freeman, On the problem of anomalous dispersion in chaoto-chaotic phase transitions of neural masses, and its significance for the management of percetual information in brains, in: H. Haken und M. Stadler (Hrsg.), Synergetics of Cognition, Berlin (Springer) 1990. Vgl. M. Stadler und P. Kruse, a.a.O., 146.

trischen Sekundär-Signalen wurden (die in den Neuronen weitergeleitet werden), mittels Hirnaktivitäten zu Informationen verarbeitet werden. Dabei werden die Signale informations-erzeugend (informationsursächlich) tätig. Der Input in ein Dendron ist physikalischer Art, sein Output aber informationeller. Es handelt sich also um einen fundamentalen Wechsel der »Seinsebenen«.

»Information« bedeutet, kognitions- wie erkenntnistheoretisch verstanden, ein Bündel von miteinander (oft unbewußt) verschränkten Erkenntnissen (Inhalten und/oder Gegenständen), Erklärungen, Wertungen, Besetzungen (mit Emotionen, Interessen, Wertungen, Bedürfnissen).

Unser kognitives System rezipiert und verarbeitet ausschließlich die von ihm selbst geschaffenen Informationen. Alle Signale, ob sie nun im Außen des kognitiven Systems ihre Quelle haben oder im Innen, übersetzt es, insoweit sie nicht durch Reduktion im Rauschen verschwinden, in seine Sprache. Mit dieser Übersetzung organisiert es sich im Rahmen der vorgegebenen Strukturen neu. Diese Neuorganisation geschieht autonom (wenngleich es auf wenigstens gelegentliche »Sinnesanregungen« – und seien es auch selbstproduzierte – angewiesen ist).[197] Kognition ist zugleich die Neuordnung wie die Folge der Neuordnung des kognitiven Systems.

Lebewesen (zumindest alle höheren Tiere) registrieren andauernd Signale über die innerhalb und außerhalb des eigenen Organismus ablaufenden Prozesse. So werden bei jeder optischen Sinnesaffektion in einer Vielzahl von Nervenzellen

---

197 Diese fundamentale Autonomie der Kognition ist eine notwendige (wenngleich nicht hinreichende) Bedingung aller Autonomie.

elektrische Entladungen ausgelöst, die gleichzeitig (parallel) und in Folge (seriell) über einige hunderttausend Nervenfasern weitergeleitet und verarbeitet werden. In diesem Verarbeitungsprozeß werden die Signale durch die Aktivitäten des kognitiven Systems immer komplexer und abstrakter. So wählen bestimmte Bereiche des Thalamus jeweils die Zellverbände der Großhirnrinde aus, die aktiviert werden sollen. Hier werden sie zunächst zu primären Informationen verarbeitet. Diese primären Informationen werden durch Aktivitäten des kognitiven Systems, dem man früher »innere Sinne«[198] zusprach, und Informationen aus anderen Regionen zu einer »Gesamtinformation« verbunden. Die Aktivitäten der »inneren Sinne« verarbeiten primäre zu sekundären Informationen. Aus Empfindungen werden Wahrnehmungen. Diese Verarbeitung ist nicht an bestimmbare Gehirnaktivitäten gebunden. Im EEG wird in der Regel nur eine Aktivität bemerkbar, die sich »dunstartig über das ganze Gehirn verteilt« *(Karl Lashley)*. Wir befinden uns nicht mehr auf der Ebene physikalisch erreichbarer Prozesse.

Das gilt erst recht für das Denken. Es erzeugt auch tertiäre Informationen, wenn es etwa Wahrnehmungen erklärt, wenn es Wahrgenommenes beurteilt, wenn es über Wahrgenommenes reflektiert. Es ist jedoch unmöglich, aus dem Verlauf chaotischer Entladungen in den Nervenzellen auf Denk-

---

198 Die wichtigsten inneren Sinne sind der »sensus communis«, der uns Informationen verschiedener Sinnesorgane (etwa dem optischen und dem taktilen) zusammenbringen läßt und auf einen einzigen Sachverhalt bezieht, das Gedächtnis, die Phantasie, die vis aestimativa (die uns sagt, ob das Erkannte uns nützlich oder schädlich ist), die vis cogitativa (die uns Informationen aus verschiedenen Quellen zu Gestalten zusammenfügen läßt).

inhalte zurückzuschließen, »weil Denkinhalte in persönlich-codierter Form verarbeitet werden«[199]. Es werden während des Denkens auch keinerlei Attraktoren ausgebildet (wie bei der Erzeugung primärer Informationen).

Unser Gehirn, das alle Erkenntnis erzeugt, ist nicht weltoffen, sondern »ein kognitiv in sich abgeschlossenes System, das nach eigen-entwickelten Kriterien neuronale Signale deutet und bewertet, von deren wahrer Herkunft und Bedeutung es nichts absolut Zuverlässiges weiß«.[200]

Wo aber bleibt die ordnende Funktion der Vernunft? Die Frage ist einfach zu beantworten: »Es gibt sie nicht.« »Es gibt im Gehirn keine höchste Entscheidungs- und Kontrollebene außer der Selbsterfahrung. Die Frage, in welcher Weise die Aktivität der Nervennetze gesteuert und gekoppelt werden soll, wird vom Gehirn anhand der Resultate früherer Aktivitäten entschieden. Das heißt, das Gehirn organisiert sich auf der Basis seiner eigenen Geschichte. Dies ist, was man Selbstreferentialität des Gehirns nennt.«[201]

Selbstreferentialität (Selbstbezüglichkeit) der Kognition

---

199 Ulrich Schaeppi, Menschliches Denken und Künstliche Intelligenz – Unterschiede zwischen der elektronischen und neuronalen Datenverarbeitung, in NZZ vom 24. 2. 1993, 31 f.

200 Gerhard Roth, Erkenntnis und Realität, Das reale Gehirn und seine Wirklichkeit, in: S. J. Schmidt, Der Diskurs des radikalen Konstruktivismus, 229–255, 235. »Das Gehirn ist als neuronaler Apparat ein selbstreferentielles System. Seine neuronalen Zustände sind zirkulär angeordnet, sie interagieren in unendlich rekursiver Weise miteinander. Es kann über die Sinnesorgane von Ereignissen der Umwelt beeinflußt werden, aber die Art und Weise dieser Beeinflussung wird von ihm selbst festgelegt. Zugleich ist das Gehirn ein semantisch selbstreferentielles oder selbstexplikatives System: es weist seinen eigenen Zuständen Bedeutungen zu, die nur aus ihm selbst genommen sind« (ibd., 241).

201 Ibd.

setzt neben der Selbstorganisation der Kognition die Fähigkeiten des kognitiven Systems voraus, sich zu erinnern und sich selbst zu erfahren. Selbsterfahrung ist der Knotenpunkt, das Zentrum aller Organisation des Denkens. Damit wird keineswegs ein »reales Selbst« behauptet, sondern ausschließlich die Erzeugung von »Selbsterfahrung« durch das kognitive System.

Die Frage, ob »erkenntnisunabhängige Realität« in irgendeiner Weise organisiert ist (etwa nach dem Nicht-Widerspruchsprinzip oder sonst einem Ordnungsprinzip), ist nicht entscheidbar zu beantworten.[202] Der radikale Konstruktivismus leugnet nicht etwa die Existenz einer erkenntnisunabhängigen Realität, sondern behauptet nur, daß alle Erkenntnis ausschließlich Erleben eines kognitiven Systems ist. Das kognitive System erfährt sich selbst als erfahrendes.

Die konstruktivistische Kognitionstheorie ist empirisch (hirnphysiologisch) gut bestätigt: »Wir haben mit dem menschlichen Gehirn ein System vor uns, das, obwohl kognitiv abgeschlossen gegenüber der Umwelt, dennoch über die Sinnesorgane von dieser in vielfältiger Weise beeinflußt werden kann. Aber das Gehirn erfährt die Einwirkungen der Umwelt nicht direkt, sondern nur an und in sich selbst . . ., und es muß aus der einförmigen Sprache der Neuronen die Vielfalt der äußeren Welt konstruieren. Dabei handelt es sich keineswegs um eine Re-Konstruktion, wie einige Erkenntnistheoretiker behaupten, denn dazu müßte das Gehirn ja das Original kennen.«[203]

---

202 Die Antwort müßte also lauten: »Wir wissen es nicht nur nicht, sondern können es auch gar nicht wissen.«

203 Gerhard Roth, Erkenntnis und Realität, Das reale Gehirn und seine

Das kognitive System ist also ein sich selbst organisierendes System, das sich aus einem Chaos von potentiellen Informationsproduktionen durch Reduktionen selbst, und zwar nach eigenen Regeln ordnet, ohne seinen Chaos-Charakter zu verlieren. Es handelt sich bei seinen Konstrukten also um scheinbare Ordnungen und bei den Aktivitäten des kognitives Systems um scheinbares Ordnen. In Bifurkationspunkten können geringfügige Änderungen im Signalbereich oder im Strukturbereich des kognitiven Systems in den Ausgangsbedingungen unvorhersehbare Folgen haben.

2. Eine konstruktivistische Erkenntnistheorie

Konstruktivistisch heißt eine Erkenntnistheorie, die davon ausgeht, daß unser kognitives System (Sinne, Verstand,

---

Wirklichkeit, in: S. J. Schmidt, Der Diskurs des radikalen Konstruktivismus, 243. Die Zuordnung bestimmter kognitiver Leistungen zu bestimmten Hirnregionen und -arealen ist keineswegs schon vollständig gelungen. Vermutlich sind jedoch kognitive Funktionen, vor allem die, welche nicht die Bewußtseinsschwelle erreichen, stärker an die Aktivität einer Region gebunden als solche, die langsam aufgebaut werden. Jedoch rufen Schädigungen der linken Hemisphäre bei Rechtshändern eher orts-spezifische Defizite hervor als in die der rechten. Sie erleiden etwa eine durch verarmten sprachlichen Ausdruck gekennzeichnete Aphasie, wenn ihr linkes unteres Frontalhirn geschädigt wurde. Minimale Abweichungen entscheiden, ob es zu einer Behinderung des Schreibens, des Lesens oder des Grammatikverständnisses kommt. Andererseits zeigen Patienten mit einer Läsion am Übergang vom Schläfen- zum Scheitellappen (Gerstmann-Syndrom) Probleme bei so verschiedenartigen kognitiven Leistungen, wie sie beim Schreiben, Lesen und dem Unterscheiden von Seiten eingefordert werden (William Milberg und Marilyn Albert in: Richard G. Lister [Hrsg.], Perspectives in Cognitive Neuroscience, Oxford [Oxford University Press] 1992).

Vernunft) durch eine offene Menge – bei einem jeden Menschen verschieden – miteinander verbundener Hirnfunktionen beschrieben werden kann, die das Erkannte (als Konstruktion, »Konstrukt«, Modell) erzeugen. Selbstverständlich ist eine konstruktivistische Erkenntnistheorie selbst wiederum »nichts« als ein Konstrukt unseres kognitiven Systems.

Eine konstruktivistische Erkenntnistheorie setzt voraus, daß eine konstruktivistische Kognitionstheorie als deren empirisch-wissenschaftliche Grundlage brauchbar ist.[204] Um jedoch eine brauchbare (d. h. wissenschaftstheoretische Bedingungen erfüllende und für die Interpretation realer Erkenntnisprozesse zureichende) Erkenntnistheorie zu erzeugen, ist es notwendig, die Kognitionstheorie um einige wichtige transzendental-logische Postulate[205] zu erweitern. Hierher gehören vor allem diese:

---

204 Das Problem einer konstruktivistischen Erkenntnistheorie besteht darin, daß die ihr zugrunde liegende konstruktivistische Kognitionstheorie sie scheinbar schon als geltend voraussetzt. Diese Annahme ist jedoch irrig. Wie fast jede empirische Theorie setzt die konstruktivistische Kognitionstheorie eine realistische Erkenntnistheorie als brauchbar voraus. Erst wenn sie zur empirischen Basis einer konstruktivistischen Erkenntnistheorie wird, emanzipiert sie sich von ihren ursprünglichen erkenntnistheoretischen Vorgaben. Unserer Erkenntnistheorie liegt also kein Zirkel zugrunde. Auch kann nicht Selbstanwendbarkeit gefordert werden, denn der Objektbereich der Erkenntnistheorie ist Erkenntnis – und nicht eine Theorie von Erkenntnis.

205 Transzendental-logisch ist ein Sachverhalt, der als notwendige Bedingung der Existenz eines anderen postuliert werden muß, damit dieser andere erklärbar wird. Die Bedingung der Möglichkeit von praktisch-brauchbarerer Erkenntnis fordert eine Reihe von transzendental-logisch geltenden Sachverhalten ein, die hier vorgestellt werden.

① Es gibt reale Sachverhalte außerhalb des kognitiven Systems, die in der Lage sind, dieses exogen zu aktivieren. Im Regelfall genügt es, ihr Dasein zu postulieren.

② Das kognitive System erkennt sich selbst in einigen Funktionen des realen Gehirns – nicht nur in seinem Dasein, sondern auch in seinem Sosein – wenigstens grundsätzlich, wenn auch nicht in Einzelheiten, zutreffend.

③ Das kognitive System erkennt zutreffend, daß es (nach ihrem Dasein und Sosein vom »kosmischen Hintergrund«) reale ausgrenzbare Sachverhalte gibt, mit denen es kommunikativ interagieren kann. Es ist der transzendental-logisch stimmigen Überzeugung, »daß wir die Welt, in der wir leben, durch unser Zusammen-Leben konstruieren«[206], daß also einige Interaktionen erkennbar nicht ausschließlich Produktionen des kognitiven Systems sind. Das reale Gehirn kann individuelle Wirklichkeit nur unter spezifischen sozialen Bedingungen entwickeln. »In diesem Sinne ist die von unserem Gehirn konstituierte Wirklichkeit eine soziale Wirklichkeit und keine Monade im *Leibniz*schen Sinne, obwohl sie in der Tat kein Fenster nach draußen hat« *(G. Roth)*.

Insofern die Praxis-Überprüfung (wie aus der Wahl der

---

206 Siegfried J. Schmidt, Radikaler Konstruktivismus, in: Kognition und Gesellschaft, stw 950, 9. Nicht gemeint ist hier der »Social construtionism« oder der »Soziale Konstruktivismus«, der sich mit dem Inhalt und der Geschichte bestimmter gesellschaftlicher Konstruktionen wie der Liebe, der Aggressivität, der Gefühle ..., die im Diskurs zwischen Individuen auftauchen, befaßt. Vgl. dazu etwa: Jochen Baecker u. a., Sozialer Konstruktivismus, in: Kognition und Gesellschaft, 116–145.

transzendental-logischen Postulate erhellt) durch Interaktionen zwischen zwei oder mehreren kognitiven Systemen erfolgt, wollen wir unsere Erkenntnistheorie »interaktionistischen Konstruktivismus« nennen. Er ist (über die potentielle Falsifikation der ihm zugrunde liegenden Kognitionstheorie hinaus) insoweit falsifizierbar, als es möglich ist, daß eine große Zahl idealer Kommunikationsgemeinschaften,[207] die für sich Realität (mit der Chance, über diese Realität wahre Aussagen zu tätigen) erzeugen,[208] zu dem begründeten Ergebnis kommen kann, daß alle Versuche, Konstrukte zu bewähren, nekrophil ausgehen.
Jede Erkenntnistheorie (das hat sie mit allen Theorien gemeinsam) muß zunächst einmal ihren Objektbereich festlegen. Sie hat also auszumachen, was sie mit »Erkenntnis«, »Erkenntnisobjekt« u. ä. bezeichnet. Erkenntnis gründet in Wahrnehmungen. Also ist zunächst einmal auszumachen, was »Wahrnehmung« bezeichnet. Da es schwierig ist, fundamentale Begriffe zu explizieren, wählen wir die Methode einer funktional-generativen Beschreibung: Unser Großhirn erzeugt zunächst aus den elektrischen Signalen über die Ausbildung von Attraktoren Primärinformationen: die »Empfindungen«. Diese Empfindungen werden nun von

---

207 »Ideal« ist eine Kommunikationsgemeinschaft, in der sich Konstrukte aller Beteiligten interaktionell und Biophilie mehrend bewähren können.

208 Daß Realität gesellschaftlich erzeugt wird, steht heute außer Frage. Sie ist ein interaktionistisch erzeugter kognitiver Sachverhalt, der sich bei erfolgreich interagierenden Subjekten mit analogen Strukturen und Funktionen ausbildet. Vgl. dazu R. Lay, Die Macht der Wörter, München (Langen-Müller/Herbig) 1986. Das Buch stellt vor, wie Sprache Welt, Sinn und Gesellschaft schafft.

unserem kognitiven System (etwa mit Hilfe der »inneren Sinne« und/oder apriorischer und aposteriorischer Formen[209]) geordnet. Unser kognitives System erzeugt nach seinen Regeln auf diese Weise sekundäre Informationen. Diesen wollen wir »Wahrnehmung« zuordnen. Wahrnehmung trägt also – im Gegensatz zu Empfindungen – immer schon Bedeutung. Wahrnehmung kommt zustande, wenn die über die Hirnrinde verteilten Erregungsmuster unmittelbar zu dem vereinigt werden und als das erlebt werden, was sie für das kognitive System bedeuten. Es handelt sich also um eine Bedeutungszuweisung zu an sich bedeutungsfreien neuronalen Prozessen.[210] Wahrgenommen werden also stets sekundäre (und tertiäre) Informationen. Wahrnehmung ist, wie *Gerhard Roth* betont, stets Konstruktion und Interpretation.
Da im Gehirn signalverarbeitende und bedeutungserzeugende Strukturen miteinander identisch sind, können die Signale nur das bedeuten, was ihnen eine entsprechende Hirnfunktion an Bedeutung zuweist. Diese Bedeutungszuweisung untersteht Postulaten wie dem der Widerspruchsfreiheit, der Prägnanz, der Gestalt. Bei der Bedeutungszuweisung agiert das Gehirn auf der Grundlage von phylogene-

---

209 Vgl. dazu: Rupert Lay, Wissenschaftsphilosophie, Frankfurt 1990, 71 bis 90.

210 Immer wenn es sich um Bedeutungszuweisungen handelt, ist die Rolle der verfügbaren Denk- und Sprachzeichen (»Lexikon«) und der verfügbaren Zeichenverbindungen (»Katalog syntaktischer Regeln«) von erheblicher Bedeutung. Viele tertiäre Informationen können nur gebildet werden, wenn solche »Kataloge« zur Verfügung stehen. Auch die Art und der Inhalt tertiärer Informationsbildung hängt von den Strukturen, Funktionen und Inhalten dieser »Kataloge« ab. Diese Fragen muß eine konstruktivistische Sprachphilosophie zu beantworten suchen.

tischen Festlegungen und ontogenetisch eigenen Erfahrungen. Werden solche Bedeutungszuweisungen bewußt, werden sie zu bewußten Informationen. Die weitaus meisten Wahrnehmungen erreichen nicht diese Bewußtseinsebene, sondern werden auf der des Un- oder Vorbewußten abgelegt. Nun liegt es nahe, nach einem Subjekt der Wahrnehmung zu fragen. Doch diese Frage ist konstruktivistisch nicht sonderlich sinnvoll: »Wir können Wahrnehmungen nicht selbst wahrnehmen, wir sind Wahrnehmungen. Wahrnehmung ist die Selbstbeschreibung des Gehirns« *(G. Roth)*.
Jetzt bestimmen wir, was »Erkenntnis« meint: Erkenntnis ist jede bewußte Veränderung[211] von (vor allem tertiären) Informationen. Damit eine Veränderung bewußt wird, muß sie als bewußt erkannt werden. Um sie als bewußt zu erkennen, muß das kognitive System einen »Beobachter« erzeugen. Dieser Beobachter ist der Grund jeder Bewußtwerdung. Unbewußtem und Vorbewußtem fehlt dieser Beobachter. Die Einführung des Beobachters durch *Maturana* war eine notwendige Voraussetzung, um aus einer Kognitionstheorie eine Erkenntnistheorie zu erzeugen.[212]

---

211 Jede bewußte Veränderung von Informationen verändert das »Bewußte« sowie das Vor- und Unbewußte. Manche bewußt-werdende Veränderung von Informationen gründet im Vor- oder Unbewußten. Vor- und Unbewußtes sind Speicher, in denen Signale selektiv und projektiv zu Informationen (wohl meist als primäre vom Typ Empfindung) verarbeitet werden (können). Sie werden vom Vor- und Unbewußten gespeichert, assoziiert und dissoziiert, besetzt oder neutralisiert. Es gibt begründete Vermutungen, daß beide außerordentlich aktive Speicher sind, die den des Vorbewußten (in dem etwa »Vorstellungen« verbalisiert werden), erst recht aber den des Bewußten an Aktivität weit übertreffen.

212 »Erkenntnis wird von einem Beobachter als eine operationale Fähigkeit konstituiert, die er einem anderen lebenden System zuschreibt,

Erkenntnissubjekt ist der Beobachter von Wahrnehmungen, die durch dessen Tätigkeit zu Erkenntnissen werden (können). Dazu muß er über einige Zeit mit sich selbst identisch bleiben.[213]
Den Begriff »Erkenntnisobjekt« gewinnt man, wenn der Beobachter nicht nur erkennt, daß die eigene Erkenntnis brauchbar ist (d. h. nicht zu überflüssigen Widerstandserfahrungen mit dem Dasein von »realen Sachverhalten«, sondern auch zur Wahrnehmung führt, daß sich durch eine Praxisorganisation gemäß den Erkenntnissen das eigene emotionale, soziale, intellektuelle, kulturelle Potential eher aktiviert als deaktiviert), sondern auch, wenn »sie den anderen erfolgreich unterschoben werden kann« *(E. von Glasersfeld)*. Von einem »Erkenntnisobjekt« sollte man also nur sprechen, wenn man sinnvoll voraussetzen kann, daß andere Erkenntnissubjekte ähnliche erzeugen. Die Voraussetzung kann nur interaktionell bestätigt werden.
Um von einer Kognitionstheorie zu einer Erkenntnistheorie zu gelangen, führten wir mit *Maturana* bei der Bestimmung von Erkenntnis eine wichtige Unterscheidung ein: die von Operationen im kognitiven System und seinem Beobachter[214].

---

das auch er selbst sein könnte, indem er dessen Handlungen für einen durch diese Zuschreibung spezifizierten Operationsraum als adäquat anerkennt.« Humberto Maturana, Wissenschaft und Alltagserleben, in: Wolfgang Krohn und Günter Küppers (Hrsg.), Selbstorganisation, Braunschweig (Viehweg) 1990, 106–138, 109.

213 Diese Identität ist nicht bestimmt durch die Identität der Strukturen, der Funktionen oder der Inhalte. Diese können durch den informationsursächlichen Input aus dem Außen oder Innen des Systems geändert werden. Die Identität wird vielmehr bestimmt durch die zeitliche Kohärenz im Wechsel.

214 »Beobachter sein heißt, in einem metasprachlichen Bereich operieren

Ein kognitives System funktioniert als »Beobachter«, wenn es beobachtend mit seinen eigenen inneren Zuständen interagieren kann *und* von diesen Interaktionen »Beschreibungen« (Repräsentationen) erzeugt. Mit diesen beobachtenden Interaktionen verändern sich sowohl die inneren Zustände des kognitiven Systems als auch der Beobachter. Insofern der Beobachter Repräsentationen seiner Interaktionen erzeugt, schafft er konstruierend seine eigene Welt.
Mit *G. Roth*[215] unterscheiden wir zwischen einem internen und einem externen Beobachter. Der interne Beobachter schafft die Sachverhalte, die das kognitive System erzeugt, die Eigenwelt, und beobachtet sie. Der externe Beobachter beobachtet die vom internen Beobachter qualifizierten Sachverhalte, die nicht vom kognitiven System erzeugt werden, sondern unabhängig von ihm bestehen. Ihm ist nur die »Oberfläche« dieser Sachverhalte (etwa anderer Personen) zugänglich.
Bei der Bestimmung der Erkenntnisobjekte gilt es sorgfältig von der Erkenntnis ihres Daseins und ihres Soseins zu unterscheiden. Die Unterscheidung zwischen Dasein und Sosein ist, wie schon bei der Aufzählung der transzendentallogischen Postulate deutlich wurde, für jede konstruktivisti-

---

und Unterscheidungen von Unterscheidungen oder Bestimmungen von Bestimmungen machen. Ein Beobachter operiert darum nur in einem konsensuellen Bereich, und er kann nicht außerhalb dieses Bereichs existieren; jede Feststellung, die er trifft, ist notwendig konsensuell« (H. R. Maturana, Kognition, in: S. J. Schmidt, Der Diskurs des radikalen Konstruktivismus, 89–118, 110)

215 Gerhard Roth, Die Bedeutung der biologischen Wahrnehmungsforschung für die philosophische Erkenntnistheorie, in: P. M. Hejl (Hrsg.), Wahrnehmung und Kommunikation, Frankfurt (Lang) 1978, 66 f.

sche Erkenntnistheorie unverzichtbar. Ferner ist sie die Bedingung der Möglichkeit, den konstruktivistischen Ansatz zu falsifizieren. Das Dasein von erkenntnisunabhängigen Sachverhalten läßt Widerstand und Biophilie nicht als bloße Kreationen unseres kognitiven Systems erscheinen. Das »Dasein« eines Sachverhaltes bezeichnet sein »leeres Da«. Es ist ohne jede Bedeutung. Ähnlich verwies schon *I. Kant* auf den Sachverhalt, daß das »Ich« im »Ich denke« des *Descartes* ein völlig leeres Ich sei, das erst durch ein nachfolgendes Verb (etwa: »denke«) Bedeutung erhält (B 404). Wir können es prinzipiell nicht erkennen, da alle unsere Zeichen (Denkzeichen wie Sprachzeichen) ein »So« (bzw. ein »Sosein«) betreffen. So ist »Ich« kein Begriff (kein Denkzeichen«), sondern nur »ich denke«, »ich esse« ... Das reine Dasein von etwas (ohne eine kognitive Zutat des Soseins) ist unmittelbar nicht erkennbar. Wohl aber kann es aus Widerstandserfahrungen und Erfahrungen der Lebensentfaltung als real[216] und darüber hinaus durch die Bedingung der Möglichkeit von Sosein transzendental-logisch erschlossen werden.

Die Selbstreferenz[217] des kognitiven Systems hat zur Folge, daß die Meldungen der Sinnesrezeptoren, die Empfindungen, die Wahrnehmungen, die Erkenntnisse, das Wissen so verändert werden, daß sie »passen«. Wir sprechen hier geeignet von »Cognition management«[218].

---

216 Vgl. R. Lay, Wissenschaftsphilosophie, a.a.O., 91, 93.

217 »Selbstreferentiell« nannten wir ein System, das eingehenden Input nach seinen eigenen strukturell vorgegebenen Mustern verarbeitet und diese nicht an den Input anpaßt. Es bezieht seine Funktionen auf sich selbst. Ein selbstreferentielles System kann also durchaus offen sein: kann Input von außen empfangen und verarbeiten.

218 Dieses »Cognition management« ist Ausdruck der systemischen Träg-

Die Trivialliteratur zur Kommunikation neigt dazu, dieses »Cognition management« als kommunikative Störgröße zu denunzieren (wie etwa im Metaphernrealismus). Es ist jedoch festzuhalten, daß diese Methode, Wahrnehmung, Erkenntnis, Wissen zu organisieren, nicht nur konstruktivistisch-unvermeidlich, sondern auch Grundlage jeder kognitiven Autonomie ist. Diese aber ist Quelle und Voraussetzung jeder anderen möglichen emotionalen, volitiven oder sozialen Autonomie. Von hierher läßt sich unschwer das primäre aller Grundrechte eines Menschen ableiten, von dem her alle anderen zu interpretieren sind: »Ich habe ein Recht darauf, daß andere Menschen mein Sosein akzeptieren, wenn, weil und insofern ich mit ihnen biophil zu interagieren versuche.« Dieses Grundrecht ist nur zu realisieren, wenn sich Menschen darum bemühen, dem Sosein des Anderen interaktionell gerecht zu werden. Nur wenn das Sosein des anderen strukturell oder funktional nekrophil ist, hat der Interaktionspartner das Recht und gegebenenfalls die Pflicht, das dem nekrophilen Handeln zugrunde liegende Wissen gezielt zu labilisieren. Das aber setzt in aller Regel die Beherrschung therapeutischer Techniken voraus.

---

heit des kognitiven Systems. Es versucht möglichst lange, bestehende Erkenntnisse und bestehendes Wissen (vor allem wenn es sich zu Konstrukten verdichtete) stabil zu halten. (Konstrukte sind – wie noch zu zeigen ist – Informationskomplexe, die durch Denkzeichenbildung stabilisiert wurden.) Informationsursächlicher Input wird meist lange Zeit zu solchen Informationen verarbeitet, welche die Stabilität der Konstrukte nicht gefährden. Erst wenn häufigere Versuche, die Konstrukte interaktionell zu bewähren, fehlschlagen, kommt es bei psychisch gesunden Menschen zu einer Labilisierung der Strukturen des kognitiven Systems, das sich jedoch bald auf einem veränderten Level (mit modifizierten Konstrukten) zu stabilisieren sucht.

Durch ähnliche oder gemeinsame Sozialisationsprozesse ist es nicht nur möglich, Erkenntnisobjekte zu konstituieren, sondern diese zu Komplexen vom Typ »Wirklichkeit« zusammenzufassen. »Wirklich«[219] bezeichnet die Qualität von etwas, das individuell konstruiert wurde und sich sozial bewährte. »Wirklichkeit« bezeichnet die mehr oder minder konsistente und kohärente Menge aller einem kognitiven System zur Verfügung stehenden interaktionell-erzeugten »wirklichen Etwas«. Erkenntnis und die Konstruktion von Wirklichkeit sind Funktionen des kognitiven Systems, die zum einen das kognitive System sich selbst erzeugen lassen und zum anderen das Chaos (der Signale) ordnen.

Gemeinhin gilt das Selbstbewußtsein als ein typisches Eigenschaftsmerkmal, das menschliche von »unter-menschlichen« kognitiven Systemen auszeichnet. Selbstbewußtsein ist ein Merkmal eines Inneren Beobachters, der sich selbst in seinen Funktionen (Empfinden, Erkennen, Beobachten, Denken...) beobachtet oder doch beobachten kann. Es gab einmal eine Zeit, in der Philosophen der heute eher eigentümlich anmutenden Ansicht waren, das Selbstbewußtsein sei eine Aktivität einer irgendwie metaphysisch-gedachten Seele. Heute dürfte allgemein akzeptiert sein, daß ein kognitives System, das zureichend komplex ist, einen sich selbst beobachtenden Beobachter

---

219 »Wirklichkeit« bezeichnet die Menge aller Sachverhalte, die ein kognitives Subjekt vorkritisch für täuschungsfrei und irrtumslos als gegeben betrachtet. Der Begriff »Realität« bezeichnet dagegen die Menge aller Sachverhalte, die eine Mehrzahl von kognitiven und interagierenden Subjekten für gegeben halten. »Wahre Aussagen« beziehen sich auf reale Sachverhalte. Vgl. dazu WPh., 98.

zu generieren, diesem Beobachter Selbstbewußtsein zuspricht.[220]

Das Selbstbewußtsein hat keinen örtlich lokalisierbaren Platz im Gehirn. Das Selbst, das also, was der Innere Beobachter als »sich selbst« erkennt, ist, so vermutet *G. Roth*, ein »spezifisch hervorgehobener komplexer Zustand des Gehirns«, der in komplexen, selbstreferentiell organisierten, kognitiven Systemen notwendig auftritt.[221]

Das Selbstbewußtsein ist nicht rein, weil der Beobachter sein Selbst nur beobachten kann, wenn er zugleich auch anderes beobachtet. Es ist zwingend an kognitive Akte des Denkens gebunden. Denken ist ein Phänomen, das entsteht,

---

220 Damit ein sich selbst beobachtender Beobachter und damit Selbstbewußtsein möglich ist, müssen wenigstens vier funktionale Großbereiche des Gehirns aktiv sein:

- Der Hirnstamm und besonders die Formatio reticularis. Sie steuern Wachheit und Aufmerksamkeit. Ein »schlafender« Beobachter kann sich nicht selbst beobachten.
- Das thalamo-corticale System des Zwischen- und Großhirns. Es steuert Sensorik und Sensomotorik der bewußten Wahrnehmung. Der Beobachter kann nur beobachten, wenn irgendwelche sich variierenden Primärinformationen auf Grund externer Signale erzeugt wurden.
- Das limbische System. Es spielt im Bereich des »unbewußten Gedächtnisses« eine wichtige Rolle. Ohne auf das Organ »Gedächtnis« zurückgreifen zu können, ist der Beobachter nicht mit sich über einige Zeit identisch.
- Der Stirnbereich der Großhirnrinde. Er bildet ein System von Handlungskoordination und -planung aus. Auch Wahrnehmung und Erkennen sind Handeln. Wird Wahrnehmung nicht koordiniert und geplant, ist Erkennen unmöglich.

Diese vier Großbereiche sind untereinander hochgradig reziprok vernetzt und bilden ineinandergeschachtelte Erregungskreise, in denen Milliarden von Neuronen tätig werden.

221 G. Roth, Erkenntnis und Realität, a.a.O., 252.

wenn ein kognitives System mit einigen seiner internen Zustände interagiert, als handele es sich bei diesen (etwa bei Denkzeichen) um unabhängige Größen. Es setzt also die Instanz des Inneren Beobachters (samt dessen »Selbsterkenntnis«) als gegeben voraus.
Der Terminus »Bewährung« ist für jede Erkenntnistheorie von zentraler Bedeutung. Theorien, die sich jeder Bewährung entziehen, sind unbrauchbar. Für eine interaktionistisch-konstruktivistische Erkenntnistheorie bedeutet das: Sie bildet ihre Objekte, die wir, weil sie keine Rekonstrukte erkenntnisunabhängiger Sachverhalte sind, Konstrukte nennen, so aus, daß diese sich interaktionell bewähren. Diese interaktionelle Bewährung hat funktionale wie personale Aspekte: Brauchbarkeit und Nützlichkeit. »Brauchbarkeit« bezeichnet das Maß einer funktionalen Optimierung. Diese liegt vor, wenn:

a) eine Handlung oder Unterlassung einen erwarteten Erfolg hat und
b) dieser Erfolg mit einem Minimum an psychischem, sozialem, zeitlichem Aufwand zustande kommt.

Vor allem »Widerstände« mehren die Aufwandsgrößen. Erkenntnisse, die zu (interaktionellen) Handlungen führen, die auf Widerstand treffen (weil sie etwa zu Reaktionen des/der Interaktionspartner führen, die außerhalb des Erwartungshorizonts des Handelnden liegen), können dazu führen, daß:

- entweder Konstrukte modifiziert werden oder
- andere Transferstrategien von Denk- zu Sprachzeichen entwickelt oder verwendet werden.

Führen beide Strategien auch nach verschiedenen Versuchen beider Partner nicht zum Ziel, steht zu vermuten, daß der Aufbau eines sozialen Feldes nicht gelungen ist. Das kann seinen Grund haben in der mangelnden Adaptationsfähigkeit der Konstrukte an die sozialen Vorgaben. Andererseits ist das Fehlen jeden Widerstands kein Zeichen für optimale Adaptation. Es gibt phantastisch organisierte Konstruktwelten, die so abstrakt sind, daß sie niemals zu Handlungen führen können, gegen die Widerstand erfahrbar wird. Sie entziehen sich aller Falsifikation durch (interaktionelle) Erfahrung.

»Nützlichkeit« bezeichnet das Maß einer biophilen Optimierung. »Biophil optimiert« ist eine Handlung oder Unterlassung genau dann, wenn – wenigstens langfristig – durch die Handlung oder Unterlassung eigenes und fremdes personales Leben eher gemehrt denn gemindert wird. Die »Lebensmehrung« ist an der Menge der emotional und sozial gelingenden Interaktionen in verschiedenen Interaktionsfeldern auszumachen. Sie wird subjektiv wahrgenommen als »psychisches und soziales Wohlbefinden«. Konstrukte bewähren sich also, wenn sie zu Handlungen führen, die das personale Leben aller Beteiligten eher mehren denn mindern.

An dieser Stelle berühren sich zum ersten Mal Erkenntnistheorie und Ethik, wenn diese die Biophilie als höchstes ethisches Gut ausmacht. Wir können also die ideale Kommunikationsgemeinschaft als eine Interaktionsgemeinschaft bestimmen, in der alle Mitglieder so zu interagieren versuchen, daß sie ihre Erkenntnisse und ihr Wissen bewähren können. Die Regeln, denen diese Kommunikationsgemeinschaft zu folgen hätte, wären die Normen einer konstruktivistischen Ethik. Hier liegt eine der Stärken einer konstruktivistischen Erkenntnistheorie: Sie verbindet ihren Brauchbarkeitsanspruch unmittelbar mit dem Horizont der Ethik.

Über die Brauchbarkeit und Nützlichkeit von Handlungen und Entscheidungen, die ja stets in Konstrukten ihren Ursprung haben, kann der Beobachter sehr wohl zutreffend erkennen, wenn er vergleichen kann. So kann der Innere Beobachter (etwa über die Versuchs-Irrtum-Methode) feststellen, ob ein bestimmtes Wissen die emotionalen und sozialen Voraussetzungen gelingender Interaktion eher mehrt denn mindert. Auch Dogmen sind Konstrukte, die – wenn sie nicht semantisch trivial sind (wie etwa das vom unversehrten Hymen Mariens in der Geburt Jesu) – von jedem Menschen anderes interpretiert werden, sieht man einmal von einer »gleichschaltenden Gnade« ab.

2. Exkurs: Über Denkzeichen und Sprachzeichen

Es gilt zu beachten, daß alles Denken sich der Konstrukte als Denkzeichen bedienen muß. Es kann die Welt der Zeichen nicht verlassen, wie moderne – keineswegs konstruktivistisch orientierte – Zeichentheorien[222] aufgewiesen haben. Konstruktivistisch ist diese Einsicht trivial, da die Zeichen, die ein selbstreferentielles System als seine Elemente bildet, niemals aus dem System heraustreten können. Wennschon diese Zeichen nur immer wieder auf andere Zeichen verweisen können, geben ihnen die beiden Beobachter »objektive Bedeutungen«. Sie weisen ihnen Sachverhalte zu, die sie selbst als vorgegeben erkennen. Es sind das Sachverhalte des »Selbst« und »In-Welt«.

---

222 In modernen Zeichentheorien meint »Zeichen« keine besondere Art von Sachverhalten, über die man etwa eine Ontologie (die nach deren Seinsweise oder »Wesen« fragt) ausbilden könnte. Zeichen sind vielmehr etwas, »worauf man sich versteht, ohne daß zuvor definiert wäre, was ein Zeichen sei oder sein müsse, damit man es verstehe« (J. Simon, Philosophie des Zeichens, 1989). Es ist eine der täuschenden Überzeugungen der naiven Erkenntnistheorien, daß Zeichen letzten Endes auf etwas verweisen, das kein Zeichen sei (auf einen »realen Sachverhalt« etwa). Wir müssen uns aber nach dem heutigen Stand unseres Wissens damit abfinden, daß wir in Konstrukten leben, die ausschließlich aus mehr oder minder mit Werten und Emotionen besetzten Zeichen aufgebaut sind. Der fundamentale Irrtum der naiven Erkenntnistheorien wird durch die Evolutionäre Erkenntnistheorie dahin gehend gedeutet, daß dieser Irrtum Selektionsvorteile bringe.

Sorglichst ist jedoch darauf zu achten, daß Denkzeichen niemals »an sich« auf das Bedeutete zeigen, sondern erst auf Grund der Aktivität der Beobachter. Die Autopoiesis des Erkennens wird durch solche Bedeutungssubstitutionen in Gang gesetzt, kann sie aber auch zur Folge haben. Ein gesundes kognitives System wird versuchen, die Denkzeichen, denen es semantische, funktionale und emotionale Bedeutungen zuordnet, so zu organisieren, daß gelingende Interaktionen wahrscheinlicher werden. Wir werden später untersuchen müssen, ob auch Sprachzeichen (Worte, Sätze) in solchen selbstreferentiellen Welten eingesperrt sind wie Denkzeichen.
Bei dem Versuch, das Problem des Wie der Sprachverfügung zu lösen, gilt es drei Fragen zu beantworten, die für eine konstruktivistische Sprachtheorie von fundamentaler Bedeutung sind:

① Wie kommen Denkzeichen (Begriffe) zustande?
② Wie kommen Sprachzeichen (Worte, Sätze, »kommunikative Gebärden«) zustande?
③ Wie werden Denkzeichen in Sprachzeichen (beim Sprechen) und Sprachzeichen in Denkzeichen (beim Hören) übersetzt?

Diese Fragen seien hier mit Hilfe moderner neuro-wissenschaftlicher Einsichten, insofern sie sich unserer Problemstellung nähern konnten (d. h. wenigstens ansatzhaft), beantwortet.[223] Mit Hilfe der Positronen-Emissions-Tomo-

223 Vgl. dazu etwa: Antonio R. und Hanna Damasio, Sprache und Gehirn, in: Spektrum der Wissenschaften, Spezial 1: Gehirn und Geist, 1993, 46–55.

graphie (PET– Tomographie mittels Positronen abstrahlenden radioaktiven Substanzen) kann man Schädigungen bestimmter Hirnareale recht genau lokalisieren.
Damit ist es möglich geworden, bestimmten Läsionen bestimmten Störungen in der Sprachbildung zuzuordnen. Zudem erlauben PET-Untersuchungen sehr genaue Beobachtungen der Hirnaktivität gesunder Versuchspersonen bei der Bewältigung sprachlicher Aufgaben. Dennoch sind bislang viele wichtige Probleme ungeklärt:

- Das Wissen um die Hirnstrukturen, die Worte und Sätze bilden, ist lückenhaft, obschon seit *Paul Broca* († 1880) bekannt ist, daß in der dritten linken Stirnwindung des Großhirns sich eine der sprachbildenden Regionen befindet.
- Das gilt erst recht für unser Wissen über die Vermittlungssysteme zwischen Begriffen und Worten.

Dennoch sei hier der Stand der Forschung (1994) vorgestellt.

1. Wie kommen Denkzeichen (Begriffe, Konstrukte) zustande?

Lange bevor Kinder Sprachzeichen verwenden, bilden sie Denkzeichen (Begriffe, Konstrukte). Das Gehirn eines Säuglings ist emsig damit beschäftigt, generalisierbare Repräsentationen (als Konstrukte) zu erzeugen, um zum einen zwischen Selbst und Welt zu unterscheiden und zum anderen sinnvoll mit dem Nicht-Selbst umgehen zu können.

So werden bald Begriffe aus dem Bereich des eigenen Körpers (etwa »Finger«, »trinken«) und denen von und aus Welt (etwa »Schnuller«, »Wauwau«, »Flasche«, »Kissen«) gebildet, die sogar die oberste Konstruktebenen erreichen dürften (»Selbstkonstrukt«, »Weltkonstrukt«). Erst sehr viel später produziert der inzwischen zum Kleinkind herangereifte Säugling die ersten Sprachzeichen.

Für die Ausbildung wie für die Anwendung von Begriffen ist eine ganze Batterie neuraler Systeme in beiden Gehirnhälften verantwortlich. Die Begriffsbildung kommt zustande durch die Aktivierung verschiedenster sensorischer und motorischer Regionen, wird doch die Ausgrenzung des Selbst gegenüber dem Nicht-Selbst erst in Verbindung taktiler und sensorischer Empfindungen möglich.[224]

Früher wurde einmal die Meinung vertreten, daß Begriffe nach Art eines »dauerhaften Abbildes« von Objekten gespeichert werden. Heute nimmt man an, daß das Gehirn eine Art Protokoll der neuronalen Prozesse und synaptischen Verbindungen in den verschiedenen Hirnbezirken anlegt, die zur Ausbildung einer Information (gleich welchen Grades) führen. Werden nun durch Signale ähnliche Erregungsmuster erzeugt, wird das Protokoll aktiviert und die Ähnlichkeit

---

224 Das Gehirn ordnet – wie schon erwähnt – die Empfindungen (Informationen 1. Ordnung) nach universellen, wahrscheinlich angeborenen Mustern (Gestalt, Farbe, räumliche und zeitliche Zuordnung, emotionaler Kontext) und schafft dabei eine Repräsentationsebene für Wahrnehmungen (Informationen 2. Ordnung). Auf einer weiteren Ebene werden durch Denkprozesse Erkenntnisgegenstände, die sich in Denkzeichen vom Typ »Begriffe« (auch in solchen sinnlicher Repräsentanten) objektivieren (Informationen 3. Ordnung), erzeugt. Auf noch höheren Ebenen entstehen Repräsentanzen vom Typ der übergeordneten Großkonstrukte.

erkannt. Dieses Protokoll verzeichnet zahlreiche Ensembles von Neuronen und synaptischen Verbindungen sehr verschiedener Empfindungen und anderer Informationsträger (etwa Begriffe, Konstrukte). Dieser Prozeß aktiviert die gesamte Großhirnrinde. Aus deren elektrischen Aktivitäten ist nicht zu unterscheiden, welchen Grades die erzeugte bzw. verarbeitete Information ist. Denken kann also nicht von Wahrnehmen unterschieden werden.

Damit ein Protokoll aktiviert werden kann, ist es nötig, daß eine Reihe von Vorwärts- und Rückwärts-Projektionen aktiviert werden. In den Vorwärts-Projektionen werden aus der Menge der protokollierten Begriffe die meisten ausgeschieden, bis nur noch das der Signalmenge entsprechende Protokoll übrigbleibt. Mittels der Rückwärts-Projektionen wird festgestellt, daß das Protokoll tatsächlich einen Anwendungsfall fand. Für diese Projektionen sind die »Konvergenzregionen« des Gehirns zuständig. Werden sie aktiviert, bricht ein »elektrisches Gewitter« aus, das oft weit voneinander getrennte Neuronenbereiche in Beziehung bringt.

Von der Begriffsbildung ist sorglichst die Begriffsspeicherung zu unterscheiden. Während der Bildung von Denkzeichen bestimmte Regionen zugeordnet werden können, ist das für die Speicherung von Informationen nicht möglich. Informationen entziehen sich, im Gegensatz zu Signalen jeder physikalischen oder chemischen Beschreibung. Sie sind nicht-materieller Natur und können somit auch nicht mit Begriffen, die dieser »Natur« zugeordnet werden (wie Ort, Energie, Entropie), adäquat beschrieben werden. Der Speicher aller Konstrukte – also auch derjenigen, denen Denkzeichen zugeordnet werden – ist nicht-materieller Natur. Allenfalls könnte man sagen, die gesamte Großhirnrinde ist an dem Abspeichern von Protokollen, welche die Entstehung von Informationen festhielten, beteiligt.

2. Wie kommen Sprachzeichen zustande?

Sprachzeichen existieren in einer doppelten Weise:

- Zum einen sind sie Artefakte, die zwischen Interaktionspartnern vermitteln. Über sie handelt der zweite Teil dieses Kapitels.
- Anderseits sind sie neuronale Ereignisse, die Konstrukte verschiedener Sprachleistungen repräsentieren:
  - *Phoneme:* Das sind elementare, nicht weiter reduzierbare, bedeutungsunterscheidende Spracheinheiten, aus denen durch strukturierte Addition Morpheme gebildet werden (Beispiel: das »ch« in »ich« – »acht«).
  - *Morpheme:* Das sind die kleinsten bedeutungstragenden Einheiten, aus denen durch strukturierte Addition Worte gebildet werden (Beispiel: »lich«, »ung«) oder Worte selbst.
  - *Syntax:* Das ist ein Katalog aller zulässigen Kombinationen von Wörtern zu Sätzen.
  - *Lexikon:* Das ist die Sammlung aller in einer Sprache zulässigen Worte. Jeder lexikalische Eintrag enthält alle notwendigen Informationen über strukturelle und syntaktische Besonderheiten der Worte (nicht aber der Begriffe).
  - *Semantik:* Das ist die Menge aller konstruktivistischen lexikalischen Eintragungen und allen Sätzen zugeteilten Bedeutungen.

- *Diskursregeln:* Das meint (hier) die Regeln, die eine Abfolge von Sätzen bestimmen, damit ein kohärenter Text entsteht.

Alle diese Konstrukte sind Elemente des Selbstkonstrukts und wechselwirken mit anderen Elementen des Selbstkonstrukts (etwa mit Begriffen). Für die Ausbildung solcher Sprach-Konstrukte ist eine wesentlich kleinere Menge neuronaler Systeme nötig als für die von Denk-Konstrukten. Sie liegen in ihrer Mehrzahl auf der linken Hemisphäre des Gehirns. Sie werden aktiviert, wenn das Selbstkonstrukt zu einer interaktionellen Handlung des Sprechens oder des Hörens bereit ist.

3. Wie werden Denkzeichen in Sprachzeichen übersetzt?

Eine dritte Menge von Hirnarealen – ebenfalls zum größten Teil in der linken Hemisphäre liegend – wird aktiviert, um zwischen Denkzeichen und Sprachzeichen zu vermitteln. Sie sind in der Lage, Begriffe in Worte und Worte in Begriffe zu übersetzen. *Willem J. M. Levelt* vom Max-Planck-Institut für Psycholinguistik in Nijmwegen vermutet, daß unser Gehirn zwischen Worten und Begriffen Vermittlungszeichen ausbildet, die er »Lemmata« nennt.[225]

Die lexikalischen Vermittlungssysteme dürften, hierarchisch geordnet, in verschiedenen Hirnregionen liegen: Ver-

225 Vermittlungssysteme für andere Wortarten als Substantive, Verben und Funktionswörter sind heute (1993) erst ansatzweise untersucht.

mutlich bilden sie eine Art Achse, wobei die hierarchische Ebene um so höher ist, je weiter hinten die Region liegt. Man könnte vermuten, daß eingeschränktes begriffserzeugendes Denken auch zu sprachlichen Defiziten führen muß. Das ist jedoch nicht der Fall. Sprachprozesse hängen offensichtlich nicht von reifen Begriffsbildungsprozessen ab. Es sind Fälle bekannt, in denen Kinder mit unvollkommen entwickelten Begriffssystemen sich dennoch die grammatischen Strukturen einer Sprache richtig aneigneten. Offenbar entwickeln sich die für das Ordnen sprachlicher Elemente (syntaktische Operationen) nötigen neuronalen Mechanismen autonom – also unabhängig von der Fähigkeit, Begriffe zu bilden.

3. Exkurs: Über Konstrukte

Dieser Exkurs ist für unser Thema von erheblicher Bedeutung. Wir sprachen und sprechen von Gottesbild/Gotteskonstrukt und Jesusbild/Jesuskonstrukt. Die in den Konstrukten abgelegte und von ihnen begründete Wirklichkeit muß sich interaktionell (sozial) bewähren. Das ist nicht immer ganz einfach, da Raum und Zeit als apriorische Formen unserer Sinnlichkeit, ebenso wie Ursache und Wirkung als apriorische Formen unseres Verstandes, oder auch Innen und Außen[226] nur Eigenschaften von Inhalten der Konstrukte sind, und zwar bei jedem Menschen anders und in anderer Interpretation (durch Formen aposteriori). Sind Konstrukte als Denkzeichen einmal ausgebildet, erhalten sie eine Macht über unser Denken, die kaum unterschätzt werden kann *(E. von Glasersfeld).*

Über die Aktivitäten der Beobachter werden Konstrukte,

---

226 Die Unterscheidung von Innen und Außen ist im wesentlichen gezogen durch die Zuteilung des Inneren Beobachters einer Information zum Selbst oder zum Nicht-Selbst. Diese Grenze ist nicht stabil und wird von Mensch zu Mensch – schon auf Grund seiner ersten Differenzerfahrung zwischen Selbst und Welt im Verlauf der mehr oder minder gelingenden Rückspiegelungsarbeit der Mutter – verschieden gezogen. Nur in pathologischen Grenzfällen, etwa bei Erkrankungen des schizophrenen Formenkreises, kommt es unter Umständen zu einer mehr oder minder dramatischen Aufhebung der Grenze (vgl. R. Lay, Das Bild des Menschen, 264 ff.).

aber auch »unkonstruierte Informationen« bestimmten formalen Strukturen zugeordnet, die vermutlich angeboren sind. Diese Zuordnungsarbeit der Beobachter füllt diese formalen Strukturen material an zu den höchsten Konstruktebenen: Selbstkonstrukt, Weltkonstrukt und Konstrukte vom Typ »Soziale Systeme«.[227] Diese obersten Konstrukte ermöglichen erst, in die Welt der Informationen ein Maß von Ordnung zu bringen, damit Bewährung möglich wird. Sie bezeichnen jedoch keine erkenntnisunabhängige Realität. Das Selbstkonstrukt wird vom Inneren Beobachter geschaffen, das Weltkonstrukt vom Äußeren und die Konstrukte vom Typ »Soziale Systeme« durch die Kooperation von Innerem und äußerem Beobachter, insofern die real der Konstruktbildung zugrunde liegenden »realen« Interaktionen[228]

---

227 I. Kant nannte diese formalen Konstrukte »Ideen«. »Das erste Objekt einer solchen Idee bin ich selbst, bloß als denkende Natur (Seele) betrachtet... Die zweite regulative Idee der bloß spekulativen Vernunft ist der Weltbegriff überhaupt... Die dritte Idee der reinen Vernunft, welche eine bloß regulative Supposition eines Wesens enthält, als der einzigen und allgenugsamen Ursache aller kosmologischen Reihen, ist der Vernunftbegriff von Gott« (B 710–713). An die Stelle des Ordnungsprinzips »Gott« setzen wir heute das »Soziale System«, weil allein über Interaktionen alle Konstruktbildungen und -bewährungen erst möglich werden.

228 In diesen Interaktionen geschieht die wesentliche Begegnung mit Realität, wie sie – transzendental-logisch gefordert – unabhängig von unserem kognitiven System besteht. Solche Interaktionen zeichnen sich von Begegnungen mit nicht-interaktionsfähigen Realitäts-Anteilen dadurch aus, daß sehr verschiedene Sinne zugleich und auf Grund der transzendental-logisch geforderten Affinität der Interaktionspartner zum Selbstkonstrukt sehr viel differenzierter und »geschärfter« Signale aufnehmen. Das hat unter anderem zur Folge, daß wir andere Menschen nicht nur in ihrem Da, sondern teilweise auch in ihrem So (insofern dieses zu interaktionellen Handlungen führt) als reale (nicht

durch enge Kooperation beider Beobachter sich sinnvoll ketten können.
Festzustellen ist, daß von Mensch zu Mensch unterschieden sind:

- die Abgrenzungen der Konstrukte gegeneinander,
- die Dynamik der Konstrukte in sich und untereinander nach Intensität und Qualität,
- der Außenrahmen, der nicht etwa »an sich existiert«, sondern eine Bildung des Selbstkonstrukts in Abgrenzung zum Weltkonstrukt ist. Er umschließt ein Universum.[229]

Das gilt auch für die religiösen Konstrukte von Gott und Jesus. Für einen christlich-religiösen Menschen können diese Konstrukte zu den höchsten überhaupt werden, da sie *die* ordnenden Strukturen für die Konstrukte des Selbst, der Welt, der sozialen Beziehungen sein können.
Da nun aber jeder Mensch über andere Konstrukte verfügt, ist also jede Erkenntnis, jedes Erklären oder Verstehen,

---

von uns geschaffene) Sachverhalte akzeptieren. Die Begegnungen mit den transzendental-logisch als real zu fordernden Sachverhalten sind keineswegs von der gleichen Erheblichkeit. Vor allem kann die (biophile) Nützlichkeit der Organisation und der Struktur unserer Konstrukte bei weitem nicht so schnell und umfassend getestet werden wie im Bereich der Interaktionen. Auch dynamisieren gelingende und mißlingende Interaktionen sehr viel schneller und gründlicher die Konstrukt-Strukturen, als es gelingenden oder mißlingenden Begegnungen mit anderen Informationen, die unser Weltkonstrukt bei geeigneter Signallage zu Sachverhalten bildet, möglich machen. Ähnliches gilt auch, wenn auch in abgeschwächter Form, für den Test der (funktionalen) Brauchbarkeit unserer Konstrukte.

229 Heinrich Heine: »Mit jedem Menschen wird eine Welt geboren; mit jedem Menschen geht eine Welt unter.«

jedes Werten aus der Sicht eines anderen Menschen nicht behebbar »unzuverlässig« *(G. Ungeheuer)*. Der Andere ist auf eine nicht zu erfassende Weise anders. So ist etwa die Information nicht vorhersehbar, die das informationsursächliche Angebot erzeugt. In der Interaktion begegnen sich also zwei mehr oder minder unterschiedene Universen, die miteinander Kontakt aufzunehmen versuchen.

Wird dieser Sachverhalt akzeptiert, bedeutet das, daß anderen Menschen das Recht auf eine möglicherweise völlig andere Eigenwelt[230] zugestanden wird (einschließlich des Rechtes, die Erkenntnissachverhalte völlig anders zu erklären und zu werten), die gegenüber dem eigenen Weltkonstrukt in keiner Weise gemindert wird. Alle Universen sind untereinander gleichberechtigt, wenn sie nicht zu sozialunverträglichem Tun führen, nicht aber gleichwertig, da jeder Mensch sein Leben vor dem Anspruch seiner Konstrukte und deren Wertvorgaben einrichten muß. Anders versuchte er ein »Leben aus zweiter Hand«. Sein eigenes Universum ginge unter oder würde scheitern.

230 Über die unterschiedlichen Weltkonstrukte von Kindern, die nur wenig identisch-sozialisiert sind, liegt reichliches Material vor. Kaum ein Kind konstruiert sein Bild von Welt dem eines anderen ähnlich. Selbst als man achtjährigen Kindern im Unterricht einen Globus zeigte und ihnen diesen im Verlauf von sechs Unterrichtsstunden erklärte: wo überall Menschen leben, daß überall die schweren Dinge nach unten fallen . . ., konstruierten manche Kinder die runde Erde als etwas, in dessen Innen sie leben (als eine Art Himmelsgewölbe), andere wieder als etwas, das sie von außen betrachten, ohne Teil zu sein (wie etwa einen fremden Planeten). Vgl. dazu Stefan von Aufschnaiter u. a., Kinder konstruieren Welten, in: Kognition und Gesellschaft, 380–424, 381 ff.

4. Exkurs: Über das Verstehen

In unseren bisherigen Überlegungen haben wir das Faktum möglichen Verstehens zwischen zwei Handlungssubjekten als gegeben vorausgesetzt. Diese Voraussetzung gilt es nun zu überprüfen.
Wir unterscheiden zwei grundsätzlich verschiedene Formen des Verstehens:

- das Verstehen, das Rekursionen zuläßt. Es ist das das Verstehen zwischen zwei präsentisch Interagierenden.
- das Verstehen von Botschaften.

1. Das Verstehen zwischen präsentisch Interagierenden

Verstehen setzt voraus, daß Sprecher und Hörer in dem Bereich, in dem ihr Sprachspiel stattfindet, im Interagieren zureichend ähnliche Konstrukte aktivieren. Derartige Konstrukte sind immer Geschöpfe der Vergangenheit. In ihnen verdichten sich die kommunikativen Erfahrungen individueller Geschichte. Damit aber Verstehen möglich ist, müssen diese Konstrukte auch eine kollektive Geschichte bergen. Dies gilt besonders für die Konstruktbildung in der ersten Sozialisationsphase. Die Konstrukte, die ein Kind auf Grund der elterlichen Interaktionen in seinen ersten fünf Lebensjahren aufbaut, sind weitgehend von der Einbettung der

Elternkonstrukte in ein konkretes sozio-kulturelles Megasprachspiel, dem unser kognitives System ein sozio-kulturelles Großsystem zuordnet, bestimmt. Die Eltern organisieren ihre Interaktionsangebote nach Maßgabe solch soziokulturell standardisierter Konstrukte. Im Sozialisationsprozeß bildet dann das Kind, um mit den Eltern interagieren zu können, nach Struktur und Inhalt ähnliche Konstrukte aus. Es internalisiert so zentrale Konstrukte des sozio-kulturellen Großsystems und reproduziert dessen »kollektive Konstrukte«[231].

Insofern sich in den kollektiven Konstrukten die Geschichte des Kollektivs objektiviert (vergleichbares gilt auch für die Geschichte eines Individuums, die sich in dessen Konstrukten objektiviert), andererseits aber Verstehen in der Gegenwart des Hörenden stattfindet, muß er sich sowohl die Geschichte seines sozio-kulturellen Makrosprachspiels als auch seine eigene gegenwärtig machen. Er hat also darum die Strukturen der Gegenwart wie der Vergangenheit zu bedenken.

Neben dem kollektiven Konstrukten eines sozio-kulturellen Großsystems bilden Menschen auch in anderen Phasen ihrer Sozialisation kollektive Konstrukte aus: Diese Phasen sind:

- Die Phase der Ausbildungssozialisation (Schule bis Universität). So sind etwa die Konstrukte aller Europäer

231 Selbstverständlich »gibt« es keine »Konstrukte eines Kollektivs«, da nur individuelle Hirnaktivitäten zur Ausbildung von Informationen und zu deren Ordnung zu Konstrukten führen. Wohl aber gibt es innerhalb von Kollektiven Konstrukte, die bei allen Mitgliedern eines Kollektivs sehr ähnlich sind. Diese nennen wir »kollektive Konstrukte«.

über bestimmte naturwissenschaftliche Vorgaben kollektiviert.
- Die Phase der Berufssozialisation. So haben etwa europäisch ausgebildete Ärzte, Ingenieure, Juristen ähnliche kollektivierte Interessen und Werteinstellungen, die durchaus die der primären Sozialisation überlagern können.
- Die Phase der Partnerschaftsbildung. Kommt es in einer Partnerschaft überhaupt zu einer eigentlichen Sozialisation, bilden die Partner gemeinsame Interessen, Erwartungen, Bedürfnisse und Werteinstellungen aus.

Wir begegnen in unserem Kontext einer besonderen Gestalt des Präsentismus: Es gilt nicht, vergangene historiographische Ereignisse in eine Geschichte einzubinden, sondern vergangene Konstruktbildungen sich in der Gegenwart realisieren zu lassen. Solcher Präsentismus bietet die einzige Möglichkeit, Verstehen möglich zu machen. Im Präsens müssen die Interagierenden über zureichend ähnliche Konstrukte verfügen. Vergangenes kann nur verstanden werden in der Gegenwart. Vergangenheit und Gegenwart bilden zwar eine dialektische Einheit (zusammen mit Zukunft). Aber es ist immer die gegenwärtige Vergangenheit (oder Zukunft).

Der Grund für solchen Präsentismus ist leicht zu nennen: Alle unsere Konstrukte sind nur als gegenwärtige erfahrbar, interpretieren und orientieren nur in Gegenwärtigkeit – und das, obwohl sie in Vergangenheit geworden sind und die Eierschalen der früheren Gegenwärtigkeiten mit sich tragen. Das »Organ«, das uns solch Vergangenes gegenwärtig macht, ist das Gedächtnis.

a) Das Gedächtnis

Das Gedächtnis ist das Vermögen, Erinnerungen zu speichern und zu erzeugen. Es reproduziert in Vergangenheit erzeugte Informationen in Gegenwart. Analog zur These *L. Wittgensteins*, nach der Verstehen kein psychischer, sondern ein sozialer Prozeß sei, nehmen wir an, daß Gedächtnis kein psychisches, sondern ein soziales Geschehen sei. Die Erinnerungen (als Inhalte des Gedächtnisses) des Einzelnen bilden sich an soziale Ereignisse (vor allem vom Typ »Interaktion«) gebunden und werden in tatsächlicher oder imaginierter Verbindung mit sozialen Ereignissen gegenwärtig. Das »Individualgedächtnis« ist eine Funktion des Inneren Beobachters. Es ist der Ort, an dem sich die verschiedenen Sprachspiele der Vergangenheit begegnen. Insofern jedem Sprachspiel ein kollektives Konstrukt zugeteilt werden kann, kann man es als gegenwärtigen Kreuzungspunkt verschiedener sozialer Gedächtnisse interpretieren.

Das soziale Gedächtnis, das sich in interagierenden Subjekten (Individuen wie institutionalisierten Sozialgebilden) objektiviert, bewahrt aus der Vergangenheit nur das, was der gegenwärtige Bezugsrahmen zu rekonstruieren erlaubt. Erinnert wird ein Konstrukt. Erinnern ist also stets aktuelle Konstruktbildung und nicht die Rekonstruktion eines früheren Konstrukts. In ein Konstrukt wird nur das eingelagert, was sich in den Sinnrahmen (der Rahmen, der alle Erinnerungen umschließt, die im Augenblick sinnvoll zu sein scheinen) des Konstrukts konsistent und kohärent eingliedern läßt (eventuell nach Modifikation des Konstrukts). Ändert sich der Sinnrahmen, werden Erinnerungen, die nun beziehungslos geworden sind, vergessen (oder anders abgewehrt), andere – inzwischen vergessene – dagegen finden in dem neuen Sinnrahmen einen Ort und werden »wiedererinnert«. Diese Änderungsprozesse verlaufen im Regelfall unbewußt.

Das Gedächtnis ist nicht nur sozial, insofern es Erinnerungen an vergangene und gegenwärtig-anhaltende Interaktionen speichert, sondern auch, insofern es die Bedingung der Möglichkeit zur Bildung stabiler Sozialgebilde darstellt. Die im Erinnern gemeinsamen oder gemeinsam-gemachten Inhalte des Gedächtnisses enthalten eine Menge von Bedeutungen und Regeln, aber auch Wertungen, Orientierungen, Interessen und Emotionen, die für eine gelingende Interaktion innerhalb eines nicht-flüchtigen Sprachspiels nötig sind. Das soziale Gedächtnis ist also bei aller Dynamik, die sich im Gegenwärtigmachen einstellt, wie jedes Gedächtnis auf die Erzeugung von Kontinuität und Dauer angelegt.

Das Gedächtnis konstruiert zunächst die individuelle Vergangenheit. Sie

- wird als Konstrukt von der Gegenwart geschaffen und schafft selbst Gegenwart,
- wird als Konstrukt von vergangenen und gegenwärtigen Sprachspielen erzeugt.

Sie verändert sich durch und in der Veränderung der Konstrukte. Und Konstrukte verändern sich im Verlauf jedes Sprachspiels. Gegenwart (als gegenwärtige) und Vergangenheit (als gegenwärtige) bilden also eine dialektische Einheit.

Ein Verstehen der eigenen Geschichte ist also Subjekten nur präsentisch möglich. Es können nur die vom Subjekt zur Erinnerung zugelassenen Erinnerungen verstehende Gegenwart und verstandene oder verstehbare Vergangenheit konstituieren. Zu verschiedenen Zeiten wird sich bei veränderten Interessen, Erwartungen, Bedürfnissen und Werteinstellungen die eigene Geschichte in verschiedenen Geschichten repräsentieren. Das Wort »eigene Geschichte« hat allenfalls insoweit Sinn, als es die Menge aller möglichen konsistenten und kohärenten Geschichten über selbsterlebte historiographische Daten bezeichnet.

Neben dem Gedächtnis, wie es in individuellen Kognitionssystemen gespeichert ist, kennen wir auch das »kommunikative Gedächtnis«. Es speichert sich in Geschichten.

Wir unterscheiden schriftloses und schriftverfügendes kommunikatives Gedächtnis im kollektiven Gedächtnis: Es ist ohne Hilfe schriftlicher Aufzeichnungen recht kurzlebig. Es speichert bestenfalls Erinnerungen der letzten drei bis vier Generationen.[232] Das kommunikative Gedächtnis bleibt auch in Gesellschaften, die über die Fähigkeit verfügen, Gedächtnisinhalte in Schriftform zu konservieren, als »Oral History« erheblich, obschon in seinem Erfassungsraum auf etwa 80 Jahre beschränkt.[233] Die Geschichten, in denen sich kommunikatives Gedächtnis objektiviert, sind meist recht informell, wenig strukturiert und unspezifisch. Sie spielen, im

---

232 Jan Vasina untersuchte das Geschichtswissen afrikanischer Stämme. Er kam zu dem Ergebnis, daß die mündliche Überlieferung nur zwei Register kenne:
- Die Kunde von der noch frischen Vergangenheit aus den Erzählungen der Zeitgenossen, das »kommunikative Gedächtnis«, und
- die mythische Rede vom Ursprung, das »kulturelle Gedächtnis«.

Beide Register schließen unmittelbar aneinander an. Für die Inhalte des kulturellen Gedächtnisses läßt sich also in der Regel kein Zeitpunkt feststellen – außer dem, daß er irgendwie vor den Zeitpunkten des kommunikativen liegt (vgl. dazu A. und J. Assmann, a.a.O., 62 f.).

233 Vgl. dazu Lutz Niethammer (Hrsg.), Lebenserfahrung und kollektives Gedächtnis – Die Praxis der »Oral History«, Frankfurt 1980.

Gegensatz zu denen des »kulturellen Gedächtnisses«, meist für die Legitimation institutionalisierter Sozialgebilde eine untergeordnete Rolle.
Eine besondere Form des kommunikativen Gedächtnisses ist das »kulturelle Gedächtnis«. Es ist die wohl langlebigste Variante des kommunikativen Gedächtnisses. Es kultiviert in Gestalt von Geschichten, die möglichst unverändert weitergegeben werden, die (scheinbare) Identität von Sozialgebilden. Es handelt in Form von Erzählungen über die Vergangenheit mythischer Erklärungen, vor allem über die Entstehungsgeschichte etwa eines Volkes, einer Religion. Für die hohe Zeitinvarianz sorgen vor allem ein hoher Grad an Strukturierung und Formelhaftigkeit, dann aber auch die Weisen der präsentischen Gegenwärtigsetzung durch Medien in Riten, Festen, Tänzen. So sind die Mythen von der Ursünde oder Schöpfungsmythen, aber auch die Mythen, die von der Entstehung eines Volkes, einer Kirche, eines Staates, eines Großunternehmens handeln, sehr langlebig. Ihre Verwaltung unterliegt nicht selten strenger Aufsicht. Sie stellt in schriftlosen Gesellschaften oft eine erhebliche Machtquelle dar. Das Machtwissen von Häuptlingen und Schamanen hat nicht selten hier seinen Grund. »In schriftlosen Gesellschaften stellt die im Wissen der Ältesten niedergeschlagene Erfahrung eine wichtige Machtquelle dar. Es geht dabei nicht um das praktische Wissen von den notwendigen Überlebensstrategien (Nahrungsquellen, Wanderwege, Jagdgründe etc.), sondern vor allem um das identitätssichernde Wissen über Sitten und Gebräuche, Mythen, Heiratsregeln etc.«[234]

---

234 Mario Erdheim, Die gesellschaftliche Produktion von Unbewußtheit, Frankfurt ^{2}1983, 289 f.

Die Inhalte des kulturellen Gedächtnisses begründen die Identität eines sozio-kulturellen Gebildes. Gehen Inhalte des kulturellen Gedächtnisses unter, entfallen dem Sozialgebilde identitätsstiftende Erinnerungen. Es selbst zerfällt in »Provinzen«.

Von einiger Bedeutung für diese identitätsstiftende Funktion des kulturellen Gedächtnisses ist die Schriftlichkeit. In schriftlosen Gesellschaften fallen im kulturellen Gedächtnis soziales Speicher- und Funktionsgedächtnis[235] zusammen: Es wird nur das erinnert (und überliefert), was nützlich und/ oder brauchbar zu sein scheint. Das, was erinnert wird, wird auch benötigt. Unbenötigtes verschwindet endgültig, weil es über kein Speichermedium verfügt. In schriftlosen Kulturen wirkt das kulturelle Gedächtnis als Anker in der Vergangenheit. Es handelt sich dabei um eine »absolute Vergangenheit«, von der jede Gegenwart gleich weit entfernt ist.

Sozialgebilde dieser Art streben danach, mit Hilfe fester Normen, die sie entwickeln, »auf gleichsam automatische Weise die Wirkungen auszulöschen, die historische Faktoren auf ihr Gleichgewicht oder ihre Kontinuität haben könnten. Diese ... (Sozialgebilde scheinen) eine besondere Weisheit erworben oder bewahrt zu haben, die sie veranlaßt, jeder Veränderung ihrer Struktur, die ein Eindringen der Geschichte ermöglicht, verzweifelt Widerstand zu leisten.«[236] Mündliche Kulturen verfügen wegen ihrer Fähig-

235 Speichergedächtnis bezeichnet die Inhalte des Gedächtnisses, die zwar abgespeichert wurden, aber nicht – wie die Inhalte des Funktionsgedächtnisses – aktuell zur Verfügung stehen.

236 Claude Lévi-Strauss, Das wilde Denken (Paris 1962), Frankfurt 1968, 270.

keit, einmal unnütz Gewordenes endgültig zu vergessen, über ein erhebliches Anpassungsvermögen an veränderte politische, soziale, kulturelle, ökonomische und ökologische Veränderungen. Sie schlagen sich nieder in Veränderungen des sozialen Erinnerns. Neben diesen Anpassungsveränderungen treten in vielen Kulturen auch autopoietische Veränderungen. Diese besorgen eine Evolution des kulturellen Gedächtnisses und damit der Kultur.[237]

Das kulturelle Gedächtnis erfährt mit dem Übergang zur Schriftlichkeit strukturelle Veränderungen. Kultureller Sinn kann auch außerhalb des menschlichen Gehirns gespeichert werden. Inhalte des sozialen Gedächtnisses werden jetzt als Botschaften speicherbar, unabhängig von:

- der akzeptierten und für die Formierung von Konstrukten erhebliche Weitergabe durch die mündliche Tradition und
- der Kodierung und Aktualisierung in den Szenarien der Gegenwarten.

Für das kulturelle Gedächtnis bedeutet das:
- Es verliert durch die Ansammlung einer prinzipiell offenen Menge von Daten seine Konturen. Es wuchert aus und verliert dadurch seine »Gestaltqualität«.
- Seine Erinnerungen können nicht mehr einem Subjekt zugeordnet werden.

---

237 Claude Lévi-Strauss unterschied (a.a.O.) zwischen »kalten« und »heißen Gesellschaften«. In kalten Gesellschaften paßt sich das kulturelle Gedächtnis nur an veränderte Situationen an. Es ist insoweit evolutionshemmend. Heiße Gesellschaften ändern wesentliche Inhalte des kulturellen Gedächtnisses. Sie sind evolutionstreibend.

- Zugleich wird die Grenzziehung zwischen Funktions- und Speichergedächtnis aufgeweicht.

Die im »schriftlichen Speichergedächtnis« eingelagerten und konservierten Botschaften unterliegen – im Gegenwärtigmachen – erheblicher interpretativer Willkür. Die Schriftlichkeit sichert also keineswegs die »historische Identität« eines Sozialgebildes, sondern stellt sie in die Beliebigkeit.

Das Speichergedächtnis der Subjekte ist mit seinen unbewohnten Regionen wesentlich mitverantwortlich für die relative Trägheit der Subjekte auch gegenüber manipulatorischen Einflüssen. Die Meinung, Menschen seien leicht »von außen« (also aus Regionen, mit denen sie kein Sprachspiel verbindet) in vorhersehbarer Weise manipulierbar, setzt einen Realismus der Container- oder Botschaftsmetaphermetapher voraus und ist daher falsch. Dagegen sind Menschen außerordentlich leicht über soziodynamische Prozesse »von innen« (durch die in den Sozialgebilden, denen sie engagiert angehören, ausgebildeten Orientierungen, Werteinstellungen und Vorurteile) zu beeinflussen. Die Fähigkeit vor allem von sozialer Großgebilde (wie Staaten, Kirchen, Großunternehmen, Parteien), die über schriftliche Tradition verfügen, gegebenenfalls Inhalte aus dem schriftlich fixierten »Speichergedächtnis« ins Funktionsgedächtnis wandern zu lassen, ist für die Art und Geschwindigkeit sozialen Wandels mitunter recht erheblich. Die Durchlässigkeit der Grenzen beider Gedächtnisse scheint wesentliche Voraussetzung jeden sozialen Wandels zu sein. Der Umgang mit »Geschichte« in Folge der politischen Veränderungen in Deutschland 1918, 1945, 1989 ... kann das leicht belegen.

Die erwähnte interpretative Willkür hat erhebliche Folgen für die Aktualisierungsformen des kulturellen Gedächtnisses in Subjekten (Individuen und untergeordneten Sozialgebilden). Es ist bei allen Subjekten einer sozio-kulturellen Großeinheit nicht mehr eines, sondern zerfällt in zahllose Provinzen, die jeweils andere Teile des kulturellen Gedächtnisses ins Funktionsgedächtnis einstellen. Daran ändert auch nichts das Reden von einem »Weltgedächtnis«, insofern es (wennschon abstrakt konzipierbar) de facto in der Gesamtheit seiner Erinnerungen keinem Subjekt zur Verfügung steht. Das kulturelle Gedächtnis dehnt einerseits die Menge der in ihm gespeicherten Erinnerungen ins Unendliche aus, auf der anderen Seite aber schrumpft es, was seine Übersetzung in Inhalte des Funktionsgedächtnisses betrifft. Diese Schrumpfung führt zwingend zum Zerfall großer institutionalisierter Sozialgebilde.

Der aber ist heute im vollen Gang, und er wird sich mit der Zunahme der Inhalte des kulturellen Gedächtnisses voraussichtlich beschleunigen. Der Zerfall der Vielvölkerstaaten (Sowjetunion, Jugoslawien, Südafrikanische Republik ...) ist ein politisches Zeichen dieses Sachverhalts. Doch auch die multikulturellen Kirchen sind mitten im Zerfall in Provinzen begriffen, zwischen denen kaum mehr die Gemeinsamkeit der Erinnerungen des kulturellen Gedächtnisses und damit sinnvolle Kommunikation möglich ist. Das aber bedeutet:

- Die Interaktionsfähigkeit kann auf zunehmend weniger Gemeinsamkeiten zurückgreifen.
- Institutionalisierte Sozialgebilde werden immer weiter zerfallen und immer ohnmächtiger und unerheblicher werden, da die in ihm spielenden Subjekte das eigene kul-

turelle Gedächtnis ausprägen und somit auch ein eigenes Szenario aufbauen, in denen sich das individuelle und soziale Gedächtnis erinnernd zu Bewußtsein bringt.

- Das Tempo der Veränderung macht es zunehmend unwahrscheinlicher, Botschaften vergangener Lebenswelten auch nur einigermaßen zutreffend zu entschlüsseln. Die Rekonstruktion sozialen Seins und sozialen Bewußtseins vergangener Lebenswelten wird, da keine historische Kohärenz besteht, nahezu unmöglich. Unsere Fähigkeit, unseren sich zunehmend verengenden Sinnrahmen wieder zu weiten, nimmt rapide ab. Zunehmende Intoleranz und Vorurteilsbildung sind die zwingende Folge. Mit Zerfall der Einheit der Inhalte des kulturellen Gedächtnisses (= Tradition) werden Geschichten in jeder provinzialisierten sozio- kulturellen Einheit anders erzählt werden.

b). Das Verstehen

Von hierher können wir bestimmen, was Verstehen konstruktivistisch bedeutet. Verstehen ist ein Sonderfall des Erkennens. Der Verstehende erkennt, daß er das, was der Sprecher meint, versteht. Verstehen ist also nur möglich, wenn es im Horizont eines vom kollektiven Gedächtnis – etwa in den vier Sozialisationsphasen – ausgezogenen Rahmens geschieht (Verstehen in Institutionen) oder wenn im Interagieren ein neues Sprachspiel dynamisch geschaffen wird (Verstehen in Kommunikationsgemeinschaften). Habituelle oder aktuelle Sprachspiele definieren den Verstehenshorizont.

Verstehen ist, wie alles Erkennen, nicht etwa eine Rekonstruktion von dem Gemeinten eines Interaktionspartners, sondern Konstruktion! Da ein kognitives System zutreffend mit Hilfe des Inneren Beobachters nur seine eigenen Zustände erkennen kann, bedeutet jedes zutreffende Verstehen Selbstverstehen. Ein anderes Verstehen als Selbstverstehen gibt es nicht. Erinnern von Informationen, eine notwendige Bedingung jeden Verstehens, geschieht, wenn der Innere Beobachter Ablagerungen innerhalb der Konstrukte und deren zeitliche Zuordnung erkennt.

Ist denn Verstehen unmöglich? Wenn der Äußere Beobachter erkennt, daß ein bestimmtes Selbstverstehen des Inneren Beobachters durch fremderzeugte Signale, die zu Informationen verarbeitet werden, von einem äußeren Signalgeber (»Sprecher«) in der Absicht, sich verständlich zu machen, angeregt wird, sprechen wir von einer Situation, in der »Verstehen« geschehen kann. Wir können davon ausgehen, daß, wenn der Äußere Beobachter Anzeichen gelingender Konstruktbewährung (konsensuelle Handlungen nach rekursiven) feststellt, dies ein Anhaltspunkt für einen dritten, den »Verstehenden Beobachter« ist, daß er das Gesagte »richtig« (wie vom Sprecher gemeint) verstanden hat.

Wir fügen also unserem kognitiven System die Fähigkeit zu, einen dritten Beobachter, den Verstehenden, zu erzeugen. Der Verstehende Beobachter bildet eine Meta-Instanz, welche die Wahrnehmungen des Inneren und Äußeren Beobachters zu dem verarbeitet, was man Verstehen nennt. Verstehen ist jedoch kein kognitiv-psychisches Geschehen – sonst könnte der Innere Beobachter das Gemeinte verstehen. Es ist aber auch kein äußeres Geschehen, sonst könnte es der Äußere Beobachter wahrnehmen. Als kognitiv-soziales Geschehen spielt es zwischen beiden und wird durch beide vermittelt. Verstehen ist der Prozeß, den der Verstehende Beobachter als solchen erkennt und definiert. Damit ist zwar

»Verstehen« erklärt, aber noch nicht definiert. Da »Verstehen« ein Urzeichen ist, kann nur eine beschreibende Definition versucht werden.
Wir legen nun definitorisch fest: »Verstehen« bezeichnet, unabhängig von der Frage, ob das zu Verstehende in einem aktuellen (spontanen oder institutionalisierten) oder fremden Sprachspiel ereignet(e), den Prozeß (und das Ergebnis eines Prozesses), durch den (immer nur sprachspieldefinierte) Bedeutungen von sozial relevanten Handlungen bzw. deren Ergebnissen und Folgen vom tertiären Beobachter ausgemacht werden. Verstehen kann er also nur soziale (interaktionelle) Handlungen und deren Folgen.
Die vom Äußeren Beobachter erkannten sozialen Handlungen können

- Tathandlungen (wie etwa »Spielen«, »Arbeiten«, »Schenken«),
- Ausdruckshandlungen (wie etwa Gesten, Satzakzente, Modulation der Stimme) und/oder
- Sprachhandlungen (wie Aussagen, Befehle, Fragen, Ratschläge)

sein.

In konkreten kommunikativen Situationen bilden alle drei Handlungstypen zumeist ein komplementäres und vernetztes Informationssystem, das der »Verstehende Beobachter« durch sein Verstehen interpretiert.
Wir fordern nicht, daß Verstehen nur geschieht, wenn Sprecher und Hörer über identische Begriffe verfügen, wenn sie den Denkzeichen dieselben Sprachzeichen zuordnen, wenn sie über dieselbe Methode verfügen, Denkzeichen in Sprach-

zeichen und Sprachzeichen in Denkzeichen (als Informationen zu Signalen und Signale zu Informationen) zu wandeln. Verstehen setzt einzig und allein voraus, daß beide entweder interaktionell erfolgreich ein Sprachspiel schaffen oder im selben Sprachspiel interagieren.
Ebenso sind wir nicht der Ansicht, daß das Erheben von Bedeutungen mit den Methoden der Linguistik (etwa in Lexika realisiert) oder der Philosophie (also vor allem im Fragen nach zureichenden Gründen etwa durch die transzendentallogische Frage nach der Bedingung der Möglichkeit von Verstehen überhaupt) geschehen kann, da wir nicht der Meinung sind, daß »Bedeutungen« in Analogie zu »Dingen an sich« abgehandelt werden können. Sie können nicht vom Äußeren Beobachter erkannt werden, sondern allein vom Verstehenden. Dieser konstruiert im Verstehen Bedeutungen. Konstruieren die Tertiären Beobachter aller in einer Interaktionsfolge Beteiligten ähnliche Bedeutungen, Regeln, Emotionen, konstruieren sie damit ein Sprachspiel.
Ferner sei festgestellt, daß Verstandenes niemals als in einem semantischen Sinne »wahr« (frei sein von Täuschungen und Irrtum) sein kann. Der Verstehende Beobachter kann sich immer täuschen und irren.[238]

2. Das Verstehen von Botschaften

Von besonderer Bedeutung ist für eine Religiosität, die in lang vergangenen Ereignissen gründet, das Verstehen von Botschaften. Diesem Verstehen näherten wir uns schon in

---

238 Dagegen ist eine Bestimmung einer Aussage als »wahr«, die folgende drei notwendige Bedingungen erfüllt, unter bestimmten Umständen sinnvoll:

der Behandlung des »kulturellen Gedächtnisses«. Jedes kulturelle Gedächtnis repräsentiert sich in mündlichen und/ oder schriftlichen Botschaften. Botschaften erlauben keine rekursiven Prozesse, weil einer der Interaktionspartner (der Absender der Botschaft) abwesend ist.
Da Botschaften nicht in aktueller Interaktion (nicht in einem aktuellen Sprachspiel) verstanden werden können, wird ein virtuelles Sprachspiel erzeugt. An die Stelle dessen, der die Botschaften erzeugte, tritt der Bote. Der Bote kann etwa ein geschriebener Text oder eine anders gespeicherte Signalfolge sein.
Wir wollen uns im Folgenden auf das Problem der optisch gespeicherten Signalmengen, die eine Botschaft vermitteln wollen, beschränken. Wie kann man etwa einen Heiligen Text, einen Gesetzestext verstehen? Der Urheber des Textes ist nicht mehr erreichbar. Bedeutet das, daß auch auf jedes konsensuelle Element verzichtet werden muß? Bedeutet das, daß das Verstehen solcher Botschaften der Beliebigkeit ausgesetzt ist?
Unsere Konstrukte stehen uns nur im Präsens zur Verfügung. Das bedeutet, daß auch die in der Absicht, eine Botschaft zu vermitteln, erzeugten Signalmengen uns nur prä-

---

- Sie muß innerhalb eines Sprachspiels von allen beteiligten Verstehenden Beobachtern als frei von Täuschung und Irrtum akzeptiert und verwendet werden (das festzustellen ist nicht ganz einfach).
- Sie muß in einer im Sprachspiel anerkannten Weise die Welt, in der sie gelten soll, angeben.
- Sie muß nützlich sein. Das bedeutet vor allem: Ihre Verwendung muß Konstrukte derart bewähren (helfen), daß personales Leben eher gemehrt denn gemindert wird.

sentisch zur Verfügung stehen. Sie sind der präsentische Bote, mit dem wir in ein virtuelles Sprachspiel eintreten können. Das geschieht, wenn wir den Autor der Botschaft methodisch mit dem Boten identifizieren, wohlwissend, daß wir den Urheber der Botschaft nicht verstehen können, sondern allenfalls seinen Boten. Wir sprechen von »methodischem Präsentismus«.[239]

Ein solcher Präsentismus ist objektiv, wenn der Verstehenwollende mit Mitgliedern seines Sprachspiels sich über die Botschaft und deren Bedeutung ohne destruktive Konflikte verständigen kann. Ein objektiver Präsentismus führt zu diskursfähigen Situationen: Eine »alte Botschaft« wird zum Spielzeug in einem neuen Spiel. Es entstehen »Schulen«, zu denen sich Dogmatiker, Exegeten oder auch Rechtshermeneutiker zusammenschließen.

Ein Verstehen von Botschaften, die sich dem methodischen Präsentismus verweigern und der eigentümlichen Meinung sind, der Bote berichte die authentische Botschaft des Autors der Botschaft, ist weitgehender Beliebigkeit ausgeliefert. Ein Beispiel solcher Beliebigkeit bilden die kontroversen Interpretationen etwa der Heiligen Schriften des Christentums und des Islam. Solches an den Bedürfnissen, Interessen, Erwartungen und Werteinstellungen des Interpreten orientierte Verstehen ist nicht selten der irrigen Meinung, die Lebenswelten vergangener und in Vergangenheit

---

239 Dieser methodische Präsentismus gilt nicht nur für Botschaften aus vergangenen, sondern auch aus gegenwärtigen, dem Verstehenwollenden fremden Lebenswelten (etwa des Islam oder des Shintoismus), wenn dem Verstehenwollenden ein aktuelles Mitspielen aus gleich welchen Gründen unmöglich ist.

abgeschlossener Sprachspiele rekonstruieren zu können, obschon nur präsentische Konstruktionen möglich sind. Er glaubt eine Botschaft objektiv (d. h. im Sinne einer realistischen Interpretation der Botschafts-Metapher) verstehen zu können.

Ein solcher »subjektiver Präsentismus«, durch den der Interpret seine eigenen Bedürfnisse, Erwartungen, Interessen, Wertvorstellungen in einem Pseudosprachspiel realisiert, ist daran erkennbar, daß er zu destruktiven Konflikten zwischen Subjekten, die innerhalb desselben sozialen Großgebildes sozialisiert wurden, führt. Der Dogmatismus erzeugt sich wechselseitig exkommunizierende Sozialgebilde.

Ein humanes Miteinander setzt also zwingend die Akzeptanz des methodischen Präsentismus voraus, wenn es darum geht, irgendeine Vergangenheit (sei es die einer Person oder die einer Botschaft) zu verstehen und sich über sie zu verständigen. Was bedeutet das für ein humanes »Christentum«? Es wird darum wissen, daß Institutionen wie Kirchen niemals die Botschaft eines Menschen authentisch verwalten können, der seit mehr als 1900 Jahren nicht mehr einer rekursiven Interaktion zur Verfügung steht. Es wird darum wissen, daß seine dogmatischen Vorgaben von jedem Menschen anders verstanden werden. Es wird darum wissen, daß die Ehrfurcht vor der individuellen Geschichte jedes Einzelnen eine Exkommunikation nicht möglich macht – und daß nur das Göttliche in und unter uns in die Jesusförmigkeit führen kann. Es wird darum wissen, daß gelebte Religiosität nur als kommunikatives Ereignis möglich wird.

Personen- und Sachregister